# Être adulte en amour

DU MÊME AUTEUR

AUX ÉDITIONS PAYOT

*Les cinq choses qu'on ne peut pas changer dans la vie et le secret pour être enfin heureux*

David Richo

# Être adulte en amour

## Savoir ce que l'on veut, être bienveillant

*Traduit de l'anglais (États-Unis)*
*par Clémence Ma*

PAYOT

Retrouvez l'ensemble des parutions
des Éditions Payot & Rivages sur

www.payot-rivages.fr

TITRE ORIGINAL :
*How to be an Adult in Relationships*
*The Five Keys To Mindful Loving*
(Shambhala Publications, Inc., Boston)

Conseiller d'édition : Pascale Senk.

# INTRODUCTION

« Avoir aimé seul ne suffira pas
Si nous n'avons aussi eu la sagesse
D'avoir apprécié nos amours. »

Sir John SUCKLING

L'amour est la possibilité des possibilités. Quelles que soient la durée et la force de notre amour, jamais nous n'atteindrons ses limites ultimes. Il demeurera toujours un mystère silencieux et nous ne pouvons faire autrement qu'accepter de nous rendre à l'extase et à la souffrance qu'il fait naître. Malgré le danger, il y a en nous quelque chose de gai et d'intrépide qui nous pousse à nous aventurer dans son labyrinthe. Et pourtant, tout l'amour du monde ne nous apportera pas le bonheur et ne fera pas le succès d'une relation. Pour cela, il faut un savoir-faire qu'il est possible d'acquérir ; avec de la pratique, on peut réussir à danser ensemble avec grâce et légèreté même si au départ on est intimidé et maladroit.

L'amour est vécu différemment par chacun, mais pour la plupart d'entre nous, cinq caractéristiques sont présentes. Nous nous sentons aimés quand nous recevons attention, acceptation, appréciation et affection et quand on nous autorise à vivre librement, en accord avec nos besoins et aspirations les plus profonds. Ces cinq « A » se retrouvent sous différentes formes sur le chemin de l'existence. Pendant l'enfance, ils nous sont nécessaires pour développer une bonne estime de soi et un moi sain. Ils nous permettent de construire une identité et une personnalité cohérentes. Le bonheur dans les relations amoureuses adultes se bâtit sur les mêmes éléments. Dans sa forme la plus parfaite, l'intimité consista à donner et recevoir les cinq A qui sont les joies et richesses d'une relation. Ces cinq aspects de l'amour caractérisent également notre destin au service du monde en tant qu'êtres spirituels accomplis. Les plus grands maîtres spirituels tels que Jésus ou Bouddha nous offrent à tous cet amour en cinq dimensions.

Les cinq A sont des bienfaits qui nous sont accordés pendant l'enfance et nous les transmettons ensuite aux autres. Nous n'avons pas à faire d'effort, nous constatons simplement que nous sommes attentifs, admiratifs, etc., envers ceux que nous aimons. Et nous accédons mieux encore à cette grâce par la pratique de la pleine conscience. Ce n'est pas une corvée. Plus nous sommes présents au monde dans la pleine conscience et plus nous *observons* que la compassion *survient* en et par nous.

Notre capacité à donner et à recevoir peut être développée au moyen de la pleine conscience qui nous fait appréhender la réalité sans jugement, attachement, peur, attentes, défense, préjugé ni contrôle. Par la pleine conscience compassionnelle, nous devenons de fervents prosélytes des composantes essentielles de l'amour dont nous cherchons à faire profiter tout le monde, nous compris. Ainsi, la pleine conscience est au centre des pages qui suivent car elle est le raccourci menant à une relation amoureuse réussie.

Cet ouvrage traite des cinq A et de la façon dont ils s'appliquent à l'enfance, au couple et à la maturité spirituelle. Il propose également des pratiques qui vous aideront à surmonter des difficultés anciennes, à enrichir vos relations amoureuses et à accéder à davantage de compassion et à une plus grande conscience spirituelle. Vous vous sentirez devenir un être plus aimant.

Je vous propose un voyage. Je le qualifie d'héroïque car vous aurez à surmonter des épreuves douloureuses et à porter votre attention non plus sur votre ego mais sur les risques qu'il y a à vivre ensemble. Ce livre vous accompagnera sur ce chemin en vous fournissant les outils dont vous aurez besoin pour affronter joyeusement cet environnement nouveau et vous mener à bon port. Nous ferons appel à la psychologie occidentale pour élucider les énigmes de l'enfance, surmonter des difficultés parfois anciennes et permettre le changement. Simultanément, nous utiliserons des pratiques spirituelles tant orientales qu'occidentales qui nous amèneront à nous détacher de l'ego, à développer notre pleine conscience et à cultiver une éthique de la compassion. On parvient à la pleine conscience quand la réalité prend le pas sur l'ego : c'est ainsi que l'on avance vers l'intimité. Les couples qui partagent une pratique spirituelle connaissent une plus grande sérénité et accroissent leur chance d'être longtemps heureux ensemble.

Nos relations amoureuses nous amènent à revisiter tous les sentiments et souvenirs qui forment notre légende personnelle. Nous décidons en général de faire un travail psychologique sur nous-même pour surmonter des blocages et problèmes affectifs et émotionnels : nous prêtons alors attention à nos sentiments, explorons leurs implications et les forçons à nous révéler le chemin qui nous conduira plus profondément en nous-même. La pratique spirituelle de la pleine conscience est bien différente : nous autorisons nos sentiments et nos pensées à faire surface avant de les laisser aller sans chercher à les résoudre ni à les retenir. Chacune de ces approches suit son propre rythme et toutes deux sont indispensables, c'est pourquoi il vous sera proposé tout au long de ce livre d'associer thérapie et pleine conscience.

Vous verrez que j'utilise la métaphore du voyage héroïque pour représenter l'aspiration de l'âme humaine à un état d'esprit capable de réparer ce qui a été abîmé ou perdu. Il implique que le héros ou l'héroïne quitte l'environnement qui lui est familier, lutte pour atteindre un lieu inconnu avant de réintégrer son monde d'origine fort d'une conscience plus grande. Deux êtres se rencontrent dans la passion, s'opposent dans le conflit et finissent par se retrouver dans un engagement mutuel destiné à durer toute la vie. Ce cheminement difficile et risqué est indispensable pour aimer d'une façon adulte, mais il doit s'accompagner de la pleine conscience.

*En résumé, il s'agit de se lever pour se mettre en route tout en restant à l'endroit où nous sommes*. Sans le silence et la méditation nous risquons de tomber dans un activisme limité et extraverti. Mais si nous pratiquons la méditation sans avoir conscience d'avoir entrepris un voyage, nous risquons de nous retrouver enfermé dans une introversion silencieuse.

Le cœur de l'homme contient bien plus d'amour qu'il n'en aura jamais l'usage en une vie. Mais l'amour intime est aussi énigmatique qu'exigeant et nous sommes nombreux à le craindre tout en y aspirant. Ce livre est un manuel dans lequel vous trouverez un programme détaillé destiné à activer cet immense potentiel. Il explore et trace un chemin au travers des territoires tendres et effrayants de notre psyché. Le voyage n'est jamais trop long et il est toujours temps de l'entreprendre.

Psychothérapeute ayant emprunté une voie bouddhiste, je suis aussi un homme à l'histoire tourmentée. J'ai traversé bien des difficultés, mais j'ai fini par trouver le moyen de les surmonter. J'ai découvert que ces difficultés n'étaient pas des puits sans fond mais des portes conduisant à une vie plus riche. Je vous montrerai de quelles façons nous nous enfonçons dans des situations paralysantes et comment ce qui tourne mal nous donne aussi les moyens de nous en sortir et de tirer profit de l'expérience pour s'améliorer.

L'éveil ne peut être personnifié que par des êtres aimants. Aussi les relations amoureuses ne concernent-elles pas simplement deux personnes mais le monde entier qui devient davantage capable d'amour. Le travail et les pratiques auxquels je vous invite ici n'ont pas pour but de rendre la vie à deux plus douce, mais de vous aider à intégrer ses difficultés inévitables avec humour, aisance et générosité. Seul un cœur éveillé peut y parvenir, car ce n'est pas du ressort de l'ego. C'est pourquoi l'intimité se trouve au terme d'un chemin spirituel.

Je forme le vœu que ce livre vous amène à vous poser les questions suivantes, qui sont essentielles :

- Comment puis-je trouver le bonheur auquel j'ai toujours aspiré ?
- Me sentirai-je aimé comme je l'ai toujours rêvé* ?
- Comment réussir à tourner la page sur mon passé ?
- Apprendrai-je à protéger mes frontières, parviendrai-je à obtenir des autres qu'ils les respectent et saurai-je honorer les leurs ?
- Réussirai-je enfin à cesser de vouloir tout contrôler ?
- Oserai-je un jour aimer de tout mon cœur ?

Ce livre est une lettre que je vous écris. J'ai hâte de partager avec vous ce que mes patients, amis et ma propre expérience m'ont enseigné. Mais il attend aussi de vous que vous collaboriez en répondant aux questions qu'il vous pose. Nous savons tous déjà au plus profond de nous-mêmes ce qu'est l'amour, ses vérités et son fonctionnement. Il a fallu d'abord être exilé du jardin d'Éden pour pouvoir en retrouver le chemin. Je ne fais que vous remettre sur la route.

---

* L'auteur s'adresse aux hommes comme aux femmes, ce que l'anglais permet avec plus de légèreté que le français, notamment parce que les adjectifs et participes passés ne s'y accordent ni en genre ni en nombre. Pour éviter les lourdeurs (comme ici « Me sentirai-je aimé(e)... », j'ai choisi le plus souvent la forme masculine. La lectrice me pardonnera et rectifiera. [*N.d.T.*]

## PREMIÈRE PARTIE

# Le foyer que nous quittons

« Quitter son foyer constitue la moitié de l'enseignement du Bouddha. »

MILAREPA

CHAPITRE PREMIER

# Et c'est ainsi que tout a commencé

Nous sommes tous nés avec la capacité de danser à deux, mais nous manquons souvent d'entraînement. Il nous faut apprendre les pas et nous exercer jusqu'au jour où nous nous mouvons avec facilité et grâce. La joie que l'on y trouve se travaille. Ceux qui ont été meurtris sur le plan physique ou moral, ceux qui manquent de confiance en soi devront s'entraîner encore plus que les autres. Certains ont été si abîmés qu'ils ne danseront jamais bien, d'autres ont appris qu'il était mal de danser.

C'est exactement la même chose sur le plan du relationel. Nos premières expériences forment ou déforment nos relations adultes. Enfants, certains ont subi de telles blessures physiques ou psychologiques – que ce soit le résultat de négligences, d'inhibitions ou d'abus – qu'il leur faudra parfois des années de travail et de pratique avant de pouvoir s'engager dans un pas à deux gracieux. La violence dont on a été victime par le passé peut aussi pousser à abuser des autres pour se venger ou rendre à jamais incapable d'avoir des relations adultes.

La plupart d'entre nous cependant ont eu des parents suffisamment bons – des parents qui ont répondu raisonnablement à nos besoins d'attention, d'acceptation, d'appréciation, d'affection et d'autorisation : ce que j'appelle les cinq A. De sorte qu'adultes, nous n'avons pas de difficulté excessive à entretenir avec notre entourage des rapports sains, équilibrés et attentionnés, sans possessivité aveugle ou peur paralysante de l'intimité. Néanmoins, les relations s'apprennent, comme les pas d'une danse. D'aucuns sont doués et les maîtrisent à la perfection pendant que d'autres danseront toujours un peu à contretemps, même si personne ne semble s'en apercevoir. On l'observe plus particulièrement dans le domaine amoureux : certaines histoires ont l'air idéales, alors qu'il leur manque une dimension d'intimité ou d'engagement, ce qui finit par poser un vrai problème quand on s'est marié et que l'on a eu des enfants. Si dans le fond il importe peu qu'un danseur refuse de progresser, les conséquences sont plus graves quand il s'agit d'un couple, que les partenaires vivent ensemble ou séparément.

Il y a aussi ceux d'entre nous qui, enfants, ont souffert d'abus importants et dont les besoins n'ont jamais été comblés : nous avons été meurtris au point que l'intimité nous fait peur. Avec le temps, nous pouvons apprendre à nouer des relations intimes à condition d'explorer nos difficultés anciennes. Cela ne vient pas tout seul et demande de l'énergie. Il nous faudra écouter, travailler, faire le deuil de notre passé, entreprendre une thérapie, partir à la recherche de notre moi profond, nous défaire d'années d'habitudes, nous exercer avec un partenaire, suivre une pratique spirituelle – tout en nous appuyant sur un livre tel que celui-ci. La bonne nouvelle c'est que, comme tout être humain, nous avons été conçus pour accomplir ce travail psychologique. Un jour, la difficulté et les erreurs cèdent la place à l'harmonie et à la fluidité, reflets du chant d'amour qui sous-tend tout.

Nous savons le mal que peuvent faire les blessures d'enfance aux relations adultes, mais je considère en général la première phase de notre existence d'une façon optimiste. Ce n'est pas tant ce qui nous est arrivé qui compte que ce que nous en faisons et le regard que nous portons dessus : positif, comme un obstacle que nous avons réussi à surmonter ; ou négatif, comme une blessure qui nous fait toujours souffrir et se met en travers de nos relations. Si nous parvenons à tourner la page du passé et à réduire ainsi l'impact qu'il a sur notre présent, nous pouvons continuer de défendre notre territoire tout en étant très proche de notre partenaire. Dès lors que nous avons une stratégie pour faire face à l'adversité, rien ne saura nous abattre.

En psychologie, on utilise le terme de « codépendant » pour désigner les personnes incapables de mettre fin à une relation sans avenir. Mais n'oublions pas que notre sens du moi procède directement de la nature des rapports que nous entretenions avec nos parents. Si une relation reproduit le lien paternel ou maternel original, y renoncer risque d'être vécu comme une menace terrible pour notre sécurité intérieure. Dès lors, toute perspective de changement, même pour le meilleur, représente aussi un danger. Nous devons donc nous montrer compatissant envers nous-même le temps qu'il faudra : ce n'est pas parce que nous sommes peureux ou codépendant que nous prenons notre temps, mais parce que nous sommes sensible aux pressions exercées par des régions de notre psychisme qui se trouvent encore sous l'emprise d'un régime ancien.

L'échec de nos relations nous a préoccupé toute notre vie. Répéter est humain, redéfinir est sain. Au fur et à mesure que nous remplaçons, même lentement, nos réactions défensives d'autrefois par d'autres façons d'être, des capacités et des compétences nouvelles apparaissent qui trouvent leur place dans nos relations. Il ne s'agit pas seulement de s'échapper du périmètre protecteur et circonscrit de l'enfance. Nous avons besoin, en tant qu'êtres humains, du soutien vital de nos semblables. Nous devons avoir conscience qu'un écho enthousiaste à notre existence singulière résonne quelque part dans le vaste univers, aussi ravagé soit-il, et qu'à défaut d'avoir une influence sur son apparition, nous pouvons ouvrir notre âme et l'accueillir. Si notre enfance nous avait pleinement satisfait, nous n'aurions pas été poussé à explorer le monde qui nous entoure. L'aventure de l'âge adulte commence au moment où nous quittons, comme nous devons le faire, le nid rassurant créé par nos parents et tentons de trouver un partenaire. En l'absence d'un tel besoin, nous pourrions être séduit par le confort du foyer familial et nous isoler du monde au risque de ne jamais y trouver notre place unique. Cette insatisfaction issue de l'enfance explique aussi pourquoi rien ni personne ne suffira jamais à combler toute l'étendue de notre potentiel humain. La nature ne peut se permettre de perdre aucun de ceux qui la servent, aussi a-t-elle fait en sorte que le cœur ne soit jamais longtemps content. Mais elle nous accorde des moments de bonheur qui nous soutiennent et nous comblent. C'est dans ces moments-là que nous comprenons qui nous sommes, comme l'exprime de façon si émouvante le chevalier dans *Le Septième Sceau*, le film de Ingmar Bergman : « Je me souviendrai de cette heure paisible – les fraises, le bol de lait, ton visage à la tombée de la nuit. Je me souviendrai de nos paroles et je porterai ce souvenir entre mes mains aussi précieusement qu'un bol de lait frais. Ce sera le signe d'une félicité immense. »

Non seulement l'amour d'un autre adulte nous apporte des motifs de satisfaction dans le présent, mais il étend son influence sur le passé, réparant, rénovant et apaisant ce qui faisait mal. Un amour sincère a également des répercussions sur l'avenir et nous amène à évoluer. Un beau jour, nous nous disons : « Désormais, mes besoins sont moins importants. Je n'ai plus autant de reproches à faire à mes parents. On peut m'aimer sans que j'aspire à avoir toujours plus. Je peux me satisfaire de ce que j'ai. » Seuls ceux qui sont parvenus à ce stade aiment de façon intime.

Pour grandir tant sur le plan psychologique que spirituel, nous avons besoin de l'entourage sécurisant, apaisant et fiable des cinq A. Nous sommes comme les petits kangourous dans la poche marsupiale. Le ventre maternel, la famille, le couple, les groupes de soutien, les associations citoyennes ou les communautés spirituelles viennent nous entourer pour former cet environnement rassurant. À tous les stades de notre développement, notre moi intérieur a besoin de se nourrir à l'amour que nous portent ceux qui sont attentifs à nos sentiments et réceptifs à nos besoins.

Ces sources idéales renforcent notre force intérieure, notre capacité à être aimé et notre sérénité. Ceux qui nous aiment nous comprennent et nous ressentons l'attention, l'appréciation, l'acceptation et l'affection qu'ils nous portent. Ils nous prennent tel que nous sommes et nous font la place dont nous avons besoin.

Notre travail consiste alors à devenir une version plus équilibrée de nous-même. Le moi sain – dont Freud disait qu'il est « une organisation cohérente de processus mentaux » – est capable d'observer les situations et les personnes qui l'entourent, de les évaluer et de réagir en avançant vers son but. Ce moi nous amène à faire des choix et à nous engager de façon sensible et responsable. À l'inverse, le moi névrotique est poussé ou retenu compulsivement par la peur ou le désir, le sens de la propriété, l'arrogance, l'attachement et le besoin de contrôle. Parfois, il se montre autodestructeur et nous donne le sentiment d'être une victime. C'est cet ego névrotique que nous devons nous employer à détruire. Sa tyrannie est une menace pour l'estime de soi et la création de liens intimes.

La construction de l'ego est essentielle dans la psychologie occidentale, à la différence du bouddhisme dont le but est de nous faire abandonner les illusions d'un moi autonome et inaltérable. Ces approches ne sont pas contradictoires, car le bouddhisme vise à édifier une saine notion du moi. Il ne demande pas de renoncer à ses compétences et à la confiance en soi, il recommande de nouer des relations profondes, de découvrir le sens de la vie ou d'assumer ses responsabilités. En réalité, il suggère de construire notre moi avant de le laisser aller. En affirmant qu'il n'y a pas de moi limité et fixe, on se réfère au potentiel infini présent en chacun de nous – notre esprit ou notre nature de bouddha. Nous avons le pouvoir de transcender notre moi limité et sommes plus que ce que notre ego borné donne à voir.

Les grands mystiques trouvent dans la méditation une expérience de l'unicité qui les apaise avant de les propulser dans le monde (c'est pourquoi notre voyage est héroïque et paradoxal). Cela ne signifie pas que nous devions tous vivre au service de l'humanité (cet appel particulier demande des dispositions particulières). Nous sommes comblé quand nous parvenons à vivre notre capacité à aimer. Notre pratique spirituelle est parfaite quand notre amour s'exprime de toutes nos façons inégalées et uniques.

## Le pouvoir de la pleine conscience

> « La méditation n'est pas le moyen d'oublier l'ego, c'est une méthode qui permet d'employer l'ego à observer et apprivoiser ses propres manifestations. »
>
> Mark EPSTEIN

L'accomplissement personnel n'est pas le résultat subit d'une illumination ni même celui permanent d'un effort prolongé. Voici ce que disait le poète et maître bouddhiste tibétain Milarepa : « N'attendez pas la prise de conscience complète ; contentez-vous de pratiquer tous les jours de votre vie. » Une personne saine n'est pas parfaite mais perfectible, pas un fait accompli mais une œuvre en cours d'élaboration. Rester en bonne santé demande de la discipline, du travail et de la patience, c'est pourquoi notre vie est un voyage et, par la force des choses, un voyage héroïque. L'ego névrotique veut emprunter le chemin le plus facile. Le moi spirituel veut révéler des sentiers inconnus. La pratique ne rend pas parfait, la pratique est parfaite, qui combine effort et ouverture à la grâce.

Le progrès ou éveil procède de l'esprit de bouddha et nous est accordé comme un cadeau, librement et sans magie, au travers d"une pratique authentique. Faire du pain demande un effort de pétrissage, mais aussi de s'asseoir tranquillement pendant que la pâte lève au rythme qui lui est propre. Nous ne sommes pas livré à nous-même pour ce qui concerne notre évolution psychologique ou spirituelle. Une force supérieure à l'ego, plus sage que notre intellect et plus résistante que notre volonté, vient nous soutenir. Au moment même où vous lisez ces lignes, de nombreux et puissants bodhisattvas et saints se rassemblent pour vous soutenir sur le chemin de votre cœur.

La pleine conscience est une pratique bouddhiste élégante qui nous amène à diriger toute notre attention vers ce qui se passe ici et maintenant en nous libérant de l'habitude que nous avons de nous torturer l'esprit avec les peurs, les désirs, les attentes, les suppositions, les attachements, les préjugés, les défenses, etc., élaborés par l'ego. L'attention portée à la respiration comme expérience physique est le pont qui permet de ramener l'esprit vers l'instant présent. La posture assise classique joue un rôle important dans la méditation en pleine conscience car elle vous encourage à rester immobile et à vous centrer physiquement. De plus, vous êtes ainsi en contact avec la terre qui, du fait de sa matérialité tangible, vous enracine et vous centre face à la tentation du vagabondage de l'esprit. Mais si la posture assise prépare les actions de la journée, la pleine conscience va bien au-delà. C'est, instant après instant, un détachement du moi et une présence calme dans la simplicité qui résulte de l'expérience de la réalité débarrassée des artifices de l'ego.

Le terme de *pleine conscience* porte à confusion dans la mesure où l'acte lui-même implique de faire le vide en soi et non le plein. C'est le seul état non altéré de l'esprit, la pure expérience de notre propre réalité, et la méditation est le véhicule qui y mène. Celle-ci n'est ni un événement religieux ni une forme de prière. C'est une exploration du fonctionnement de l'esprit et de la façon dont il peut être immobilisé pour révéler un espace intérieur au sein duquel la sagesse et la compassion auront tout le loisir de percer et se déployer.

La pleine conscience n'a pas pour but de nous aider à nous échapper de la réalité, mais de voir clairement celle-ci sous les strates épaisses de l'ego qui nous aveugle. La méditation n'est pas une fuite, ce sont les épaisseurs de l'ego qui le sont. Rester présent à cela conduit à lâcher prise alors que, de façon ironique, fuir amène à se raccrocher aux choses. Dans la vallée hantée du paradoxe humain, *nous nous enrichissons et avançons en perdant et en lâchant prise* : la pleine conscience est notre bon berger intérieur.

Dans la pleine conscience nous ne réprimons ni n'encourageons aucune pensée, nous ne faisons que remarquer leur présence avant de retourner à notre respiration, en nous remettant doucement sur notre chemin comme le ferait un parent bienveillant devant un enfant égaré. La médiation est réussie dès lors que nous ne cessons de revenir à notre respiration avec patience et sans juger. L'état de prise de conscience pleine est celui du témoin juste et attentif plutôt que celui du juge, jury, procureur, plaignant, accusé ou avocat de la défense. Nous remarquons ce qui se produit dans notre esprit et le prenons juste comme une information. Cela n'a rien à voir avec le stoïcisme ni l'indifférence, car nous perdrions alors notre vulnérabilité, composante essentielle, nous le verrons, du lien intime. Être témoin, donc, ce n'est pas se tenir à distance, mais être à côté. Nous pouvons alors agir sans compulsion ni inquiétude, en nous sentant proche des événements au lieu qu'ils nous possèdent.

Il y a deux façons d'être présent à l'autre : par la compassion et par le détachement. Dans le premier cas, le regard que nous portons sur les choses est empli d'amour. C'est comme de regarder des photos dans un album de famille. Nous sommes emplis d'une bienveillance dénuée de toute possessivité. Nous regardons et relâchons au moment où nous passons à la page suivante. Dans le second cas, il s'agit du regard de l'indifférence passive. Rien ne nous touche : nous restons impassible, sans attente à l'égard du futur ni déception par rapport au passé, comme lorsque nous voyons sans réagir le paysage défiler sous nos yeux à travers la fenêtre d'un train. Le témoignage en pleine conscience est une présence compatissante, libérée de toute peur et de tout désir de s'accrocher.

La pleine conscience est attention plus qu'observation : nous regardons la réalité comme les dépositaires de sa vérité. Sœur Wendy Beckett affirme que les grands artistes font des chefs-d'œuvre parce qu'ils ont appris à « regarder sans idée préconçue ce qui va et ce qui ne va pas ». C'est cela, la pleine conscience, soit une conscience sans relation avec un contenu (une attention pure détachée de tout enjeu et sentiment), soit la conscience associée à un contenu (une attention sans intrusion de l'ego appelée aussi pleine conscience de l'esprit). C'est en général à cette dernière que je me réfère dans ce livre.

La pleine conscience est ainsi une entreprise courageuse car elle part du principe que nous sommes capable d'accueillir et tolérer nos sentiments, de leur accorder l'hospitalité même quand ils nous font peur, de faire équipe avec eux. C'est alors que nous percevons en nous une force qui correspond à une découverte de soi. De l'estime de soi que nous en concevons naît une capacité à tisser de véritables liens avec les autres. Parce que la pleine conscience nous conduit à abandonner l'ego en renonçant à avoir peur et à nous agripper aux choses, c'est un outil utile pour tisser des relations saines. Cela nous rend présent aux autres d'une façon authentique, sans la protection d'un ego névrotique. Nous nous contentons d'être avec les autres tels qu'ils sont, en les remarquant mais sans les juger, accueillant les actes de notre partenaire comme une information, sans censure ni reproche. Ainsi, nous mettons de l'espace autour de l'événement au lieu de l'encombrer de nos propres croyances, peurs et jugements. En étant présent de cette façon attentive, nous nous libérons de l'identification oppressante aux actions d'un autre. Une relation saine est celle dans laquelle de tels moments de respiration sont de plus en plus nombreux.

La pleine conscience est un chemin qui conduit à donner aux autres les cinq A, composantes essentielles de l'amour, du respect et du soutien. L'expression même de pleine conscience est une traduction de termes sanskrits qui signifient « assister » et « rester ». Ainsi, nous sommes attentif et nous accompagnons l'autre dans ses sentiments et dans les passages difficiles qu'il traverse ici et maintenant. Quand j'accepte quelqu'un de cette façon sereine, moi aussi je me transforme, et nous découvrons ensemble la voie vers une affection et un engagement qui laissent une plus juste place à chacun. Accepter, c'est aussi la première étape vers un relâchement du besoin de contrôle et une autorisation à la liberté. C'est pourquoi cette approbation attentionnée constitue le socle de notre travail sur les relations. *Les cinq A sont le résultat et la condition de la pleine conscience*.

La pleine conscience est inhérente à la nature humaine. Nous avons été créé pour être attentif à la réalité : c'est même une technique de survie. Au fil des années, cependant, nous apprenons à nous échapper pour nous réfugier dans des sanctuaires illusoires édifiés par un ego effrayé par la réalité. Comme il est plus facile de croire en ce qui nous fait du bien, nous nous arrogeons le droit d'attendre des autres qu'ils se conforment à nos besoins. Ces chaînes forgées par l'homme semblent mener vers le bonheur. Mais dès que nous nous engageons à vivre débarrassé des désirs et attachements de l'ego, nous redevenons vrai dans nos relations. Nous nous détendons dans le moment et notre curiosité grandit. Nous n'avons rien de particulier à faire. Nous n'avons plus besoin de fouiller dans notre sac de jouets élaborés par l'ego pour faire face, de sortir les poings pour atteindre notre but. Nous ne sommes plus à la merci de nos fixations ou de notre conception figée de la réalité, nous n'avons plus à nous cacher dans un trou, à élaborer notre défense ou préparer notre retour. Nous pouvons tout simplement laisser les événements se dérouler en étant présent à la réalité telle qu'elle est et en restant nous aussi tel que nous sommes. C'est beaucoup moins stressant que nos réactions habituelles et nous puisons dans les attributs de base du psychisme humain au lieu de faire appel aux leurres imaginés par l'ego au fil des siècles. C'est pourquoi la pleine conscience est également appelée éveil.

Grandir tant sur le plan psychologique que spirituel nécessite un entourage rassurant. À chaque étape de la vie, notre moi intérieur doit être nourri par des personnes aimantes, attentives à nos sentiments, capables de répondre à nos besoins et de faire croître nos trésors intérieurs de pouvoir personnel, amabilité et sérénité. Ceux qui nous aiment nous comprennent et se mettent à notre disposition avec une attention, une appréciation, une acceptation et une affection que nous ressentons. Ils nous laissent l'espace nécessaire pour être ce que nous sommes.

Même si cela paraît étrange, la pleine conscience est en soi un entourage rassurant. Nous ne sommes jamais seul dans la méditation, car tous les saints et les bodhisattvas (ceux qui ont atteint la lumière) du passé et du présent nous accompagnent. Lorsqu'on médite en pleine conscience, on est au contact et dans la continuité d'une longue tradition. En posture assise, on est assisté, tenu et rassuré. Quand le Bouddha s'est assis sur la terre, c'est comme s'il avait été sur les genoux de quelqu'un. Il en va de même pour nous.

La pleine conscience, c'est être adulte. C'est inatteignable pour qui manque de cohésion intérieure, d'un sentiment de continuité personnelle et d'intégration. Pour être un témoin juste, il faut avoir un ego sain, parce que la distance et l'objectivité ne sont pas à la portée de celui dont les frontières sont mal définies, qui ne tolère pas l'ambiguïté et ne sait pas se centrer. La méditation peut apparaître comme une menace à celui qui manque de stabilité et a besoin d'un miroir qui lui renvoie le reflet rassurant et encourageant de ses propres sentiments (ces idées sont développées dans le chapitre 2). La détermination sans faille du Bouddha à reconnaître l'impermanence terrifiera et détruira quiconque manque des fondations solides d'un moi indépendant, autonome et intelligemment protégé. Et pour finir, l'appel à vivre le présent vient au mauvais moment pour celui ou celle qui a d'abord besoin d'explorer le passé et de se libérer de son emprise bornée. C'est pourquoi l'éveil d'êtres aussi beaux et mystérieusement conçus que nous le sommes passe par la double nécessité d'un travail psychologique en faveur de l'individualisation et d'une pratique spirituelle destinée à nous affranchir des limites de l'ego.

La méditation ne doit pas être entreprise sans préparation psychologique. On peut commencer une pratique méditative simple et quotidienne en parallèle d'un travail psychothérapeutique. Ce livre invite à mener tranquillement les deux de front, car une approche spirituelle contribue à une bonne santé psychique et vice versa. Par exemple l'acceptation (attitude spirituelle) nous aide à réagir de façon adaptée à un malheur alors que l'assurance (attitude psychologique) nous pousse à demander un traitement juste pour tout le monde et développe notre capacité à la compassion. Ken Jones, auteur bouddhiste et activiste, affirme que les « systèmes de maturation comme le bouddhisme nous montrent que ce n'est qu'en faisant face vaillamment à ses souffrances et en s'ouvrant pleinement à ses sentiments que l'on parvient à faire l'expérience d'un pouvoir bien supérieur à ce moi apeuré [l'ego] ».

Quand l'ego est déposé, la pleine conscience conduit vers le Soi supérieur, approximation jungienne de l'esprit de Bouddha. Ce Soi est amour inconditionnel, sagesse infinie et pouvoir thérapeutique (les qualités nécessaires à l'évolution). Nous n'en sommes jamais dépourvu. Se trouver sur le plan spirituel, c'est accepter que son destin consiste à mettre l'ego au service du Soi. Ainsi, nous aspirons à une intimité avec l'univers entier et pas seulement une seule personne. Car pouvons-nous attendre d'un partenaire ce qui ne peut venir que du Soi/de l'univers/du pouvoir supérieur ? C'est pourquoi poursuivre un cheminement spirituel personnel est essentiel à une relation équilibrée.

La pleine conscience n'empêche pas le désir, mais celui-ci ne nous possède pas. Nous pouvons le ressentir au même titre que la peur, mais désormais ni l'un ni l'autre ne nous conduit ni ne nous arrête et nous n'en avons plus honte. Au lieu de cela, nous les embrassons sans l'élaboration supplémentaire qu'y ajoute en général le cerveau. Nous apprécions l'un et faisons face à l'autre avant de les dépasser comme Ulysse qui poursuivit sa route malgré le chant des sirènes. Comme le disait le maître bouddhiste Chögyam Trungpa Rinpoche : « Allez de l'avant, abandonnez-vous, vivez… C'est alors que vous réussirez à utiliser les énergies les plus puissantes au lieu qu'elles vous dominent, parce qu'il n'y a rien à dominer si vous n'offrez pas de résistance. »

## Une approche positive du passé et du présent

Avoir des besoins peut être interprété comme un signe de faiblesse alors qu'en réalité, cela pousse à grandir dans la bonne direction. Les besoins enfantins d'attention, d'appréciation et d'affection et l'autorisation à être soi vont naturellement de pair avec le développement et n'ont rien de pathologique. Il est donc sain pour un enfant d'essayer d'attirer l'attention de l'un de ses parents pour qu'il comble ses besoins : il ne s'agit pas d'égoïsme mais de prendre soin de soi et il ne faut pas en avoir honte sur le moment.

Les forces de l'enfance influencent nos choix d'adultes, car le présent n'est qu'un prolongement du passé. Ce que nous n'avons pas achevé dans l'enfance ne marque pas nécessairement une immaturité, mais plutôt une continuité. La récurrence de thèmes hérités de l'enfance dans les relations adultes donne de la profondeur à l'existence puisque nous habitons pleinement les événements à mesure de leur évolution au lieu de les survoler. Le passé ne devient un problème que lorsqu'il nous pousse à répéter de façon compulsive nos pertes ou à prendre des décisions en fonction de motivations inconscientes. Notre travail ne consiste pas alors à abolir nos connexions avec le passé, mais à les prendre en compte sans pour autant en être la proie. La question est de savoir dans quelles proportions le passé entrave nos chances d'établir des relations saines et de vivre en accord avec nos valeurs, aspirations et besoins les plus profonds.

Pour le meilleur ou pour le pire, notre développement psychique est le produit de l'ensemble des relations de notre existence. Le but de l'adulte est de trouver son chemin à travers chacune. Comme Jacob aux prises avec le démon, nous nous débattons avec déférence contre les relations du passé jusqu'à ce qu'elles nous fassent la grâce de nous révéler nos manques et nos pertes. Dès lors, nous pouvons accepter de laisser aller le passé pour trouver la satisfaction de nos besoins en nous-même ou en d'autres personnes qui sauront nous aimer dans le respect de ce que nous sommes. Ce type d'amour restaure ou répare les structures psychiques endommagées ou perdues autrefois, nous commençons à comprendre qui nous sommes, ce qui nous rend à notre tour capable d'aimer les autres de la même façon. Nous recevons et apprenons ainsi à donner, car l'amour enseigne la générosité. De sorte que la maturation ne consiste pas à faire une croix sur ses besoins, mais à enrôler d'autres personnes pour nous soutenir dans l'élaboration d'une réponse généreuse et adaptée à l'âge que nous avons.

Parmi les habitudes héritées de l'enfance, les défenses ont en particulier été considérées comme des signes d'inadaptation et de pathologie. Or nombre d'entre elles sont nécessaires à la survie psychologique. Nous y avons recours quand nous ne nous sentons pas prêt à affronter certains aspects de l'existence – comme par exemple la proximité ou un engagement total. Dès le plus jeune âge, nous avons appris à dissimuler nos aspirations et nos besoins uniques si les exposer nous semblait dangereux, à protéger notre intimité délicate et vulnérable de l'humiliation, du manque ou de la méfiance. En ce cas, il s'agissait d'une force, pas d'une faiblesse.

Il est possible qu'un sentiment d'insécurité éprouvé pendant l'enfance ait perduré et que nous ayons toujours recours à d'anciennes défenses. Peut-être que l'intimité nous effraie aujourd'hui parce que nous redoutons une répétition de trahisons qui nous avaient fait nous blottir derrière un mur de peur quand nous étions enfants. Ce mur est recouvert de graffitis qui viennent saper notre estime de soi : « Ne laisse personne t'approcher de trop près » ; « Ne t'engage pas à fond » ; « Aucune relation ne peut jamais vraiment fonctionner » ; « Personne n'est capable de t'aimer comme tu en as vraiment besoin » ; « On ne peut pas faire confiance aux hommes/femmes ». Notre travail d'adulte, c'est de remplacer ces préceptes qui dictent notre comportement par d'autres, plus sains et plus optimistes. Les principes qui limitent l'étendue de notre énergie vitale, manifestation de notre force de vie unique, sont comme le ralentisseur de vitesse qui empêche un véhicule de donner tout son potentiel.

La plupart d'entre nous ont des aspirations inassouvies qui proviennent de ce qui leur a manqué pendant l'enfance. Chaque lien intime fera resurgir à la fois ces attentes archaïques et les terreurs et frustrations qui accompagnent de façon chronique les besoins insatisfaits. C'est l'occasion idéale de revisiter nos besoins réprimés, de raviver notre énergie et de reconstruire notre monde intérieur en accord avec des principes favorables à la vie. Quand il est solide, le lien qui existe dans une relation intime comme dans la foi religieuse résiste à l'impact des événements et notre résistance constitue le seul obstacle à la croissance qui peut surgir de la souffrance. Quand nous raccommodons l'étoffe abîmée dont nous sommes fait, ce qui a été interrompu dans le passé peut reprendre. Nous reprenons contact avec la personne que nous sommes vraiment et pouvons vivre en accord avec cette essence à nouveau révélée.

La nourriture est indispensable à l'existence. De la même façon, une personne équilibrée sur le plan psychologique aura toujours besoin d'être soutenue par les cinq A

– l'attention, l'acceptation, l'appréciation, l'affection et l'autorisation. S'il est vrai qu'il est impossible de compenser plus tard les besoins qui n'ont pas été assouvis pendant l'enfance (au sens où il est impossible d'y répondre d'une façon aussi absolue, immédiate et infaillible, car ce type de réponse est propre à l'enfance), ceux-ci peuvent être comblés par petites touches tout au long de la vie. Le problème n'est pas d'attendre de la reconnaissance mais d'avoir des attentes irréalistes. Ce dont nous avons manqué autrefois continuera de nous manquer ; ce que nous avons reçu en quantité suffisante, nous pouvons aujourd'hui le recevoir en quantité suffisante.

Si nous ne dépassons jamais vraiment nos premiers besoins, ils deviennent moins encombrants et nous trouvons des façons moins primitives de les assouvir. Un nourrisson demandera par exemple à être bercé et porté alors qu'un adulte pourra se satisfaire d'une remarque encourageante et d'un regard bienveillant. Il arrive qu'un besoin éprouvé depuis la naissance puisse être comblé par d'infimes marques d'un amour attentif même si nous éprouvons encore parfois l'envie d'être bercé.

Si nos parents ont répondu de façon adéquate à nos attentes affectives, nous quittons l'enfance armé de la certitude que les autres nous donneront ce dont nous avons besoin et nous sommes ainsi capable de recevoir tranquillement l'amour des autres, sans angoisse ni compulsion. Nos besoins sont modérés. Nous croyons qu'une autre personne nous aidera à les assouvir pendant que nous l'aiderons à combler les siens. C'est la base d'une vie de compassion et de sérénité.

La mère joue un rôle primordial dans la croissance. Dans la première phase du développement, elle est celle qui contient : ses bras forment l'environnement rassurant dans lequel nous apprenons et éprouvons la sécurité dont nous avons besoin pour être nous-même. Mais pour établir notre identité, nous devons nous séparer d'elle. Ainsi, le premier stade du développement nous met face à un paradoxe : la sécurité qu'il exige a pour but de nous aider à partir ! Si l'étreinte de la mère est trop séduisante ou trop serrée, nous aurons peut-être du mal à couper le cordon. Si alors nous avons entendu et obéi à sa requête « Ne pars pas ! », nous risquons de la transformer plus tard en « Je ne peux pas partir » qui fera qu'une fois adulte nous serons incapable de sortir d'une relation abusive et douloureuse.

Dans la deuxième phase du développement, la mère constitue une base rassurante : nous avons compris que « si je pars, je peux revenir ». Nous nous séparons à partir du moment où nous commençons à nous déplacer, nous quittons la chaleur des bras maternels pour explorer l'inconnu, bien que nous ayons toujours besoin de savoir que notre mère est à proximité. Elle représente le port vers lequel nous pouvons revenir et nous mettre à l'abri. Si ce stade se déroule bien, nous faisons la différence entre absence et abandon, départ et perte. Cette étape du développement est une expansion de la permanence de l'objet grâce à laquelle nous sommes capable de laisser partir quelqu'un tout en restant persuadé qu'il continue de nous aimer et reste disponible. À l'adolescence, le besoin de séparation atteint des sommets, mais nous avons toujours besoin de la sécurité de la base vers laquelle nous retourner le cas échéant.

Dans la troisième phase, la mère devient le co-adulte qui nous aime comme un(e) égal(e) et respecte notre avis. Nous avons réussi notre séparation et établi notre identité, nous vivons à distance dans le respect et le soutien mutuel. Devenir adulte n'a pas pour but de parvenir à une nouvelle réunion avec la mère, mais de trouver en quantité suffisante en nous-même et chez les autres les cinq A qu'elle était censée nous donner.

Dans la première phase, nous n'avons aucun sens de nos limites, nous ignorons où nous commençons et où finit notre mère. Dans la deuxième phase, nous établissons des limites qui peuvent se rigidifier à l'adolescence. Dans la troisième phase, nous honorons nos limites respectives. Ces trois phases du développement ressemblent d'ailleurs aux trois phases d'une relation adulte : la proximité dans la passion, la distance dans le conflit et la réunion dans l'engagement. Le voyage héroïque archétypique est une métaphore étendue du développement humain puisqu'il emmène le héros à travers les trois mêmes phases : quitter le confort de l'environnement familier, trouver une identité autonome loin du foyer et revenir comme un être nouveau et interdépendant. Le retour à la maison est une métaphore de l'intégration de sa force psychologique et spirituelle.

La mère, avec sa conscience d'adulte, ne se contentera pas de calmer son enfant, elle lui apprendra à se calmer lui-même quand elle est absente ou indisponible. « Quelles que soient mes ressources, je t'aide à trouver celles qui sont en toi. » Cette mère montrera comment les facultés naturelles de l'enfant peuvent constituer des ressources intérieures qui le réconforteront. Par exemple, l'enfant qui aime dessiner se verra utilement rappeler le confort qu'il en retire (les arts créatifs ont un effet apaisant, car ils nous mettent en contact avec l'anima, la source nourricière féminine qui vit en chacun de nous). Les composantes des relations parents-enfant saines se retrouvent dans les modes relationnels adultes et dans une spiritualité mature. Votre partenaire ne devrait pas vous apporter la réponse à plus de 25 % de vos besoins et il vous faudra apprendre à trouver le solde en vous. De la même façon, le vrai maître spirituel est celui qui enseigne à ses disciples que l'éveil ne vient pas du maître mais constitue une réalité intérieure. Ainsi, nos parents, nos partenaires et nos maîtres nous ramènent à notre parent, notre partenaire et notre maître intérieurs.

Dès la naissance, l'intensité caractérise les relations d'amour. C'est l'amour qui maintient la mère à proximité. L'humanité lui doit d'exister encore. La mère est rattachée à son enfant par ce lien et par son sourire et lui assure sa survie. Ainsi, dans notre mémoire cellulaire, présence équivaut à sécurité et distance au danger. C'est pourquoi la perspective de l'abandon est terrifiante. Simultanément, le jeu entre la mère et son enfant est encodé dans notre mémoire comme un composant essentiel de l'amour authentique. Pour faire court, nos caractéristiques les plus sophistiquées et nos structures psychologiques les plus chères que sont notre sensibilité et notre capacité à nous soucier des autres procèdent de l'amour originel que porte la mère à son enfant et d'un effet miroir, non de pulsions biologiques.

Le père peut-il être celui qui contient par rapport à l'expérience de fusion et de séparation si cruciale à la croissance ? C'est peu probable. Son rôle est de faire en sorte que nous ne soyons pas contenus trop longtemps ! Les femmes offrent un lieu rassurant où exprimer nos sentiments et nos choix ; les hommes montrent qu'il existe une porte de sortie sûre vers le vaste monde. Et quand les pères en viennent par leurs exigences à saper le droit de leur enfant à être lui-même, c'est au grand-père de se manifester en prodiguant à son petit-enfant une attention masculine encourageante sans rien attendre ni imposer en retour.

Nous commençons notre existence dans un espace qui nous contient, l'utérus, et progressons vers un espace ouvert. L'alchimie, qui est la transformation d'un matériau en son opposé, a lieu elle aussi à l'intérieur d'un espace fermé. Il faut un récipient pour transformer le plomb de l'ego en l'or du Soi supérieur. C'est alors seulement que l'ogre de la peur pourra être affronté et conquis. La thérapie et les groupes de parole peuvent se révéler le moyen de surmonter les périodes de transition difficiles (comme par exemple les Alcooliques Anonymes pour celui qui cherche à sortir de l'addiction). Notre identité ne s'épanouit pas dans la solitude parce que nous sommes dialogique par nature : « Ce n'est que dans les bras d'un autre que peut être prononcé ou plutôt risqué le premier "Je suis" », disait le psychiatre britannique D. W. Winnicott.

Nos besoins affectifs originels ont été comblés dans le contexte protecteur de l'utérus, les bras de celle qui nous a nourri, la chaleur du foyer et la protection parentale qui forment les lieux nécessaires à un développement serein.

Dans un environnement aussi sûr et englobant, l'enfant a le sentiment de vivre dans une poche de sécurité au sein de laquelle il a aussi la place d'exprimer ses émotions librement. Il sait que ses parents sont capables d'y faire face et de les lui renvoyer dans un effet miroir d'amour approbateur – en résumé, qu'il y a de la place pour l'expression de son vrai moi.

En revanche, quand ses besoins ne sont pas satisfaits, l'enfant aura, une fois parvenu à l'âge adulte, du mal à faire confiance à un pouvoir supérieur ou à admettre son besoin de spiritualité (*pouvoir supérieur* est l'expression par laquelle je désigne ce qui, à mon avis, constitue la source des cinq A). Pour croire en quelque chose, il faut avoir confiance en une source nourricière invisible mais quand les sources visibles nous ont abandonné, il est probable que nous aurons quelque difficulté à faire confiance aux invisibles. Et pourtant, Jung dit que nous aspirons au spirituel autant qu'à la sexualité. Aussi, refuser totalement l'existence d'un pouvoir supérieur revient à ignorer un instinct intérieur. Le fanatisme religieux, une religiosité négative ou abusive pleine de honte et d'obligations forment l'autre face du même problème.

Lorsqu'au moins l'un des cinq A n'a pas été comblé pendant l'enfance, un puits sans fond se creuse en nous, un besoin impérieux et impossible à satisfaire de trouver les pièces manquantes de notre passé rude et mystérieux. Il est douloureux de faire le deuil d'une enfance frustrée. Nous redoutons la souffrance parce que nous savons que nous serons incapable d'en contrôler l'intensité, la durée ou le spectre, alors nous cherchons les moyens de la contourner. Et pourtant, c'est en l'accueillant que nous nous faisons du bien et nous libérons de nos dépendances. Paradoxalement, c'est en explorant nos blessures affectives que nous progressons vers un sentiment d'intimité plus équilibré.

*Suis-je concerné ? Ai-je toujours eu peur de faire le deuil de ce dont m'ont privé Maman et Papa et ai-je espéré que mes partenaires, des inconnus ou des passants innocents me le donneraient ? Suis-je incapable de le trouver en moi parce que j'ai consacré toute mon énergie à l'attendre des autres ?*

Retrouver notre passé pour nous en débarrasser sont les deux buts contradictoires que nous poursuivons au travers de nos relations affectives. Faut-il dès lors s'étonner de leur complexité ? Celle-ci n'a rien à voir avec ce qui se joue entre deux adultes, mais plutôt entre deux enfants qui se tirent mutuellement par la manche en hurlant : « Regarde ce qui m'est arrivé quand j'étais môme ! Fais en sorte que cela cesse et que les choses s'arrangent ! » En réalité, nous demandons à un passant innocent de trouver une solution à un problème auquel il ne connaît rien et pour lequel il n'a guère de compétence. De plus, tout le temps et l'énergie investis dans cette transaction nous distraient de la première partie de notre mission : réparer notre propre vie.

Le sol froid de notre psychisme forme comme un laboratoire cryogénique dans lequel les besoins inassouvis de notre enfance sont maintenus en l'état dans l'attente d'être réchauffés et comblés, sans que souvent nous prenions la mesure de l'étendue de nos blessures et de notre douleur. Le chemin vers l'amour trouve son origine dans notre passé qu'il faut apaiser avant de progresser vers l'extérieur et les autres.

Même dans le cas où les besoins infantiles ont été comblés, il peut s'avérer utile de travailler sur soi une fois parvenu à l'âge adulte. Si pendant l'enfance, des parents attentionnés ont veillé à ce que notre environnement soit rassurant et confortable, il arrive qu'une fois adulte, nous passions notre vie à rechercher les gens ou les choses capables de reproduire ce miracle. Le fantasme récurrent de la recherche du « partenaire parfait » est le signe psychologique évident d'un travail personnel à accomplir. Pour un adulte équilibré, le partenaire parfait n'existe que de façon temporaire. Il n'y a pas une seule source de bonheur et une personne ne peut suffire à rendre la vie parfaite (ce n'est pas par hasard que c'est dans les contes de fées que cela se produit). On ne peut attendre d'une relation qu'elle comble tous nos besoins ; elle ne fait que les mettre en lumière et apporter une contribution modeste à leur satisfaction. Nous sommes en droit de nous poser la question suivante : *aurais-je appris ce que j'avais à apprendre si j'avais rencontré le partenaire idéal ?*

Le partenaire idéal est le mirage que nous apercevons après avoir traversé le désert de l'amour insuffisant. Les mirages se produisent quand on manque d'eau – autrement dit quand une chose à laquelle nous aspirons depuis longtemps nous fait défaut. Ce sont des phénomènes dont il ne faut pas avoir honte. Il faut les noter, les prendre comme des sources d'information sur le travail que nous avons à accomplir avant de les relâcher. En agissant ainsi, nous parviendrons à la vraie oasis, un cadeau de la nature envers ceux qui ne désespèrent pas, poursuivent leur chemin sans se laisser arrêter par les mirages.

Il faut prendre comme un cadeau de la vie le fait que rien n'est jamais satisfaisant de façon permanente et définitive. Et pourtant, beaucoup d'entre nous sont persuadés qu'il existe quelque part une personne ou un objet qui *les satisfera pour toujours*. Une telle croyance chimérique associée à la quête incessante et désespérée qui s'ensuit peut avoir des effets négatifs et pervers sur la confiance en soi. La pleine conscience permet de s'abandonner à la réalité dans toute son impermanence et ses frustrations. De cette position nous comprenons alors que nous recherchons un partenaire pour qu'il se tienne à nos côtés, non pour qu'il change la donne ou nous permette de fuir la réalité. Cette découverte est merveilleuse. *Nous trouvons un équilibre agréable entre le fait de nous abandonner à l'insatisfaction fondamentale de la vie et celui de maximiser nos chances d'être comblés*. Dès lors que nous avons découvert le chemin heureux qui relie les sommets enneigés de la désillusion et du désespoir, quelques jours ou même quelques moments de satisfaction modérée de nos besoins suffisent à nous combler.

« Modération » est le mot-clef permettant de donner et de recevoir les cinq A, car un flot ininterrompu finirait par lasser même un nourrisson. Notre esprit et notre imagination nous font désirer ce qu'en réalité nous ne tarderions pas à fuir si nous y avions accès en permanence. De sorte que ce qui semble être un compromis insatisfaisant est en réalité le meilleur des choix pour un adulte.

On peut profiter du sanctuaire hospitalier d'une oasis et de ses eaux généreuses pour un temps plus ou moins long, mais pas pour toujours : vient un moment où la source se tarit et notre cœur aspire à la suite. Le désert et ce qui se situe au-delà, quels qu'en soient les mystères et les difficultés, nous appellent sans qu'il soit possible d'y échapper ou d'y renoncer. Aussi merveilleux que soit notre foyer, nous avons en nous le démon du voyage. L'idée de changement nous excite en toutes circonstances. C'est peut-être ce qu'entendait le poète George Herbert par ces lignes où Dieu dit d'Adam, sa toute nouvelle créature : « Cependant, qu'il garde le reste,/ Mais... dans une brûlante agitation/ Qu'il soit *à la fois* riche et las. »

> « Tant que vous continuerez d'aspirer à quelque chose d'extérieur, vous resterez insatisfait car il y a une part de vous qui ne vous appartient pas complètement... Comment être entier et comblé en étant persuadé que cette part [de vous-même] dépend de quelqu'un d'autre ?... Si c'est conditionnel, ce n'est pas complètement à vous. »
>
> A. H. Almaas

## Les cinq A, clefs de notre intimité

Depuis toujours nous savons au plus profond de nous que les cinq A sont nécessaires à la satisfaction des besoins et à un développement sain : attention, acceptation, appréciation, affection et autorisation. Enfant, nous avons vu dans quelle mesure nos parents remplissaient ou non leur mission. Par la suite, nous sommes parti à la recherche d'une personne qui serait davantage à la hauteur de la tâche ou qui le serait de façon plus régulière. Un peu comme si l'on regardait une reproduction de *la Joconde* et que l'on remarquait des défauts dans le dessin ou les couleurs. On sait à quoi devrait ressembler le tableau, et on se met en quête d'une meilleure reproduction. Adulte, nous recherchons le partenaire idéal qui sera au début une réplique de nos parents avec des caractéristiques qui leur manquaient (par exemple, un homme autoritaire mais loyal). Lorsqu'on est plus mûr, on ne veut plus que les traits positifs (un homme loyal qui nous laissera nous épanouir librement). Au sommet de la maturité, on cesse d'exiger la perfection pour prendre en compte la réalité. On puise dans ses ressources intérieures et on est capable de mener à bien son projet seul (la personne qui s'y associe ne lui est pas indispensable, mais elle est comme une cerise sur un gâteau). Au début, nous attendons de nos parents qu'ils satisfassent les cinq A, puis nous confions cette mission à notre partenaire et un jour, c'est nous qui en faisons cadeau aux autres et au monde.

Parce que nous sommes des êtres de dialogue, l'estime de soi naît des relations que l'on a avec d'autres qui nous apportent les cinq A. Ceux-ci ne viennent pas de surcroît, ils sont les composants mêmes d'un ego équilibré et individualisé : l'attention qu'on nous porte conduit au respect de soi ; l'acceptation engendre le sentiment d'être quelqu'un de bien ; l'appréciation génère le sentiment de sa propre valeur ; l'affection nous convainc que nous sommes digne d'amour ; l'autorisation nous encourage à rechercher la satisfaction de nos valeurs, aspirations et besoins les plus chers. Si, à un moment donné, il y a eu défaillance de l'un au moins des cinq A, il est possible que nous nous le soyons reproché, de sorte que toute notre vie nous aurons l'impression lancinante que c'est à nous de réparer. Or une telle réparation est futile et trompeuse puisque notre véritable tâche est d'explorer le monde pour y trouver ce qui nous a manqué avant de le découvrir aussi en nous.

Nous ressentons un manque quand nous parlons sans être écouté, quand nous nous montrons mais sommes rejeté, quand nous demandons à être aimé sans être embrassé ou quand nous faisons des choix qu'on nous interdit de poursuivre. À l'inverse, que d'autres répondent à ces aspirations et nous nous sentons comblé, en harmonie avec nous-même. Un adulte peut sans honte exiger la satisfaction des cinq A si elle ne lui est pas proposée spontanément. Il ne fait que demander son dû qui lui permettra d'accéder à sa complète humanité. Cet appel tendre et délicat à être aimé est précisément ce qui fait de nous, humains, des individus dignes de l'être.

La nature n'a jamais eu pour projet que deux personnes, nos parents biologiques, comblent tous nos besoins. Il peut arriver que l'un meure ou nous abandonne, nous laissant avec des manques. Mais d'autres peuvent venir les remplir, car nous portons en nous les archétypes de la mère et du père, réceptacles psychiques de l'énergie maternelle et paternelle. Une tante ou un oncle, un frère ou une sœur, un grand-parent, un professeur, un prêtre ou quiconque nous donnera un seul des cinq A fera l'affaire. Il n'existe pas de couple parental capable de satisfaire à tous nos besoins. Il est nécessaire et sain de s'abreuver à d'autres sources tout au long de l'existence et nous avons en nous un désir archétypique qui nous pousse à garder l'œil ouvert. À l'âge adulte, nous ne devrions plus nous attendre à ce qu'une seule personne réponde à l'ensemble de nos besoins.

Par ailleurs, que nous soyons enfant ou adulte, l'expression des cinq A se transforme tout au long de la relation : l'attention qu'une mère exprime à ses enfants varie suivant leur âge ; il en va de même pour un partenaire selon la phase dans laquelle se trouve la relation (je reviendrai plus loin sur les phases relationnelles). *S'attendre à ce que rien ne change, c'est passer à côté de l'analogie qui existe entre le mode relationnel adulte et le fait de grandir*. La qualité et la quantité des bienfaits générés par l'amour se modifient avec le temps. Ce n'est pas parce qu'on est moins généreux, mais parce qu'on a pris conscience que les besoins et les ressources étaient en perpétuelle évolution.

Les cinq A sont les composantes essentielles de l'amour, du respect, de la sécurité et de l'encouragement. Ils forment aussi l'essence de la pratique spirituelle : ce que nous cultivons par la méditation et le chemin de la compassion. Les exercices que je vous propose au fil de ces pages s'appuient sur des techniques et des suggestions destinées à insuffler une prise de conscience méditative et compassionnelle aux relations. *Ce ne sont pas des recettes destinées à vous permettre de rester ensemble à tout prix mais des clefs donnant accès à une mise en œuvre de l'amour, but de notre existence et satisfaction de nos besoins.* Exprimer les cinq A est incroyablement profitable pour chacun. Nous en faisons cadeau aux autres et développons notre amour à travers ce don. C'est grâce à eux que nous pouvons dessiner en nous le cercle vertueux de l'amour. Aimer, c'est devenir aimant.

## L'attention

> « Se cacher est une joie, ne pas être trouvé un désastre. »
>
> D. W. Winnicott

Tout mammifère sent de façon instinctive qu'il a besoin d'une attention parentale totale et qu'il la mérite. C'est pourquoi, pour peu qu'un de ses parents ne se montre qu'à moitié attentif, l'enfant le remarque et en éprouve un malaise. Quand elle nourrit sa portée, la mère léopard ne pense pas à sa toilette. Elle n'exige pas non plus de ses petits qu'ils la nettoient ou qu'ils s'occupent du repas. Elle dirige son attention vers un seul objectif, ce qui leur donne à tous plus tard un bon sens des priorités. Devoir prendre soin d'un parent ou essayer de comprendre ce qu'il veut perturbe la vie psychique des enfants, car cela se situe à l'opposé de ce qu'ils attendent instinctivement.

Quand l'on fait attention à vous, vous êtes le centre d'intérêt. Cela signifie que l'on se soucie de vos besoins et sentiments. Vos parents étaient-ils au moins aussi attentifs à vous qu'à ce qui passait à la télévision ? Votre père s'intéressait-il autant à ce que vous ressentiez et à vos peurs qu'à sa voiture ? Se concentrait-il sur vous aussi longtemps que sur un match de football ?

Pour autant, épier tous vos faits et gestes, même dans le but de vous protéger, ce n'est pas de l'attention mais de l'intrusion ou de la surveillance. Scruter, ce n'est pas faire preuve d'attention aimante. L'excès de protection est une négation de votre pouvoir (et par conséquent de vous). L'attention authentique se manifeste à tout moment, pas seulement quand vous avez un problème. Entendre déclarer que « les enfants sont faits pour être vus et non entendus » est odieux pour un parent concerné par le bien-être de son enfant. « Mon père s'est tourné vers moi comme s'il avait attendu toute sa vie que je pose ma question », déclare un personnage d'un des romans de J. D. Salinger. *M'a-t-on écouté de cette façon ? Est-ce que je comptais autant ?*

Le fait d'avoir été sevré d'attention pendant l'enfance a pu nous pousser à prendre soin de nous-même, à développer notre créativité, à rechercher l'attention d'autres adultes que nos parents, en un sens à retourner à notre avantage ce qui était à l'origine un déficit : cela nous a ouvert des horizons. Dans le même ordre d'idées, notre capacité à entrer en contact avec les autres à l'âge adulte peut être directement liée à la prise de conscience que nos besoins infantiles n'ont pas été satisfaits autrefois. C'est en assumant nos manques passés que nous identifierons les éventuels déficits de nos relations présentes et cesserons de rechercher ce dont nous avons besoin là où il n'y a rien.

L'empathie est générée par l'attention en miroir que se renvoient deux personnes. L'attention, c'est remarquer et entendre des mots, des sentiments et des faits. Dans les moments d'attention authentique, nous avons l'impression que nos actions et nos paroles sont comprises de façon profonde, entière et vraie comme nous le sommes nous-même ; de notre côté, nous sommes sensible aux sentiments, besoins, réactions corporelles, capacité à l'intimité ou degrés de soumission (quand par exemple quelqu'un agit sous la contrainte) exprimés par autrui. Il est en revanche impossible de parler d'empathie dès lors que l'on porte un jugement, car l'empathie demande que l'on se montre neutre à l'égard de tous sentiments, humeurs et état intérieur tout en bénéficiant de l'ouverture intrépide que procure la pleine conscience. Fort d'une capacité d'attention pure, on est apte à distinguer la réalité au-delà des masques sociaux. C'est ainsi que l'attention se transforme en compassion.

Ce qui n'a pas trouvé l'attention nécessaire reste tapi au fond de soi ou devient une source de honte. Celui qui a manqué d'attention enfant n'osera pas défendre ses intérêts plus tard ou sera incapable de croire qu'on puisse un jour rechercher sa compagnie. Il aura tendance à vivre dans la peur et l'isolement. Nous redoutons d'exposer certaines régions de notre topographie psychique parce que nous désespérons de trouver un jour le miroir humain adapté à nos besoins.

L'attention crée une zone de confiance et de sécurité qui va en s'élargissant. Persuadé que nos besoins enfouis et nos espoirs racornis seront enfin satisfaits, nous nous sentons encouragé à les pousser à émerger et à prendre leur envol plutôt que rester à attendre que cela se produise. C'est l'amour qui s'exprime sous la forme de la pleine attention : nous nous y sentons en sécurité et nous sommes certain que l'autre dit la vérité.

L'attention, qui est le premier A, est le cœur de la pleine conscience. Elle suppose d'avoir une vision correcte de ce qui intéresse l'autre et d'être libéré des projections de l'ego. Elle doit être associée à une réelle curiosité pour la vérité mystérieuse et surprenante que chacun incarne. Le parent ou le partenaire qui ne nous connaît que superficiellement ne fait souvent que projeter ses propres interprétations sur nous. Il génère des croyances, ou biais, qui peuvent durer des années et l'empêcher d'avoir accès à l'information qui lui montrerait vraiment qui l'on est, à savoir un riche potentiel et pas seulement une liste de caractéristiques. L'intimité profonde ne peut se produire que lorsque l'on grandit dans le cœur des autres et que l'on n'est pas cantonné dans leur cerveau. L'identité est un kaléidoscope. À chaque tournant, nous la renouvelons et celle du moment reflète la réalité des cartes que l'on a entre les mains ici et maintenant. Le motif est toujours différent parce que les changements sont incessants comme dans un kaléidoscope, et c'est ce qui nous rend si beaux. Les parents et les partenaires qui nous font le cadeau de leur attention se réjouissent de voir les *mandalas* se modifier sans cesse en nous.

Chacun désire l'attention d'autrui non pour avoir un public mais une écoute. On se concentre sur vous avec respect sans mépris ni volonté de vous ridiculiser ; vos intuitions sont prises en considération ; on vous prend au sérieux ; on vous fait crédit. Vos sentiments comptent tant aux yeux de ceux qui vous aiment qu'ils sont attentifs à leur apparition et qu'ils parviennent même à vous faire exprimer ceux que vous n'osez ou ne vous sentez pas capable de montrer.

Celui qui donne son attention sait aussi, le cas échéant, manifester son mécontentement, car la colère n'est pas enfouie, le ressentiment n'est pas cultivé. Tout cela s'exprime avec respect et un désir sincère de communication et d'échange. L'attention, comme les quatre autres A, advient dans une atmosphère sécurisante de confiance.

## L'acceptation

Dans le bouddhisme, le « regard de la compassion » désigne le regard que l'on pose sur les autres êtres humains avec acceptation et compréhension. L'acceptation, c'est être reçu avec respect et soutenu dans l'ensemble de nos sentiments, choix et traits de caractère ; rassurés et confiant dans notre savoir, nous sommes capable de nous donner aux autres. La capacité à l'intimité croît en parallèle du sentiment de sécurité qui dépend de la façon dont on a été accepté dans les premières années de sa vie. Mais même plus tard, l'acceptation plus ou moins durable manifestée par d'autres adultes peut compenser celle dont on a été privé enfant : ainsi l'intimité est à la portée de tous. Il en va de l'acceptation comme des autres A, il n'est jamais trop tard pour la trouver ou apprendre à l'exprimer.

Un manque d'acceptation pendant l'enfance peut générer honte ou sentiment d'inadéquation. Mais il est aussi possible que nous ayons réussi à compenser en trouvant en nous-même notre centre d'évaluation : moins dépendant de l'approbation des autres, nous sommes moins sensible à la critique et la flatterie à l'âge adulte. Nous avons appris très tôt à plonger nos racines dans notre psyché, ce qui a renforcé notre estime de soi et facilité notre acceptation des autres. N'attendant rien d'eux, nous sommes capable de les apprécier tels qu'ils sont. *En nous refusant leur acceptation, nos parents sont passés à côté de tant de choses !*

Accepter ses enfants, c'est ne pas former des projets à leur égard. Ces représentations parentales, qui commencent parfois avant la naissance et prennent les formes les plus diverses (comme par exemple : « ce sera un garçon », « cet enfant me rapprochera de ma femme/mon mari », « ma fille accomplira ce que je n'ai pas pu accomplir »), sont un rejet subtil de notre individualité avec ses limites et son potentiel. Les parents ne peuvent nous accepter qu'après avoir eux-mêmes réussi à déconstruire les représentations qu'ils avaient élaborées à notre égard et à les remplacer par la personne que nous sommes en train de devenir. Cela implique qu'ils ne soient pas déçus au prétexte que nous aurions rompu un pacte que nous n'avons jamais conclu. L'acceptation est inconditionnelle dans la mesure où cela signifie de valider les choix et modes de vie de l'autre quand bien même nous ne les approuvons pas. C'est à l'opposé du jugement moral. L'acceptation est une forme de pleine conscience pure. Nous constatons et ressentons tout ce qui est pour nous concentrer simplement là-dessus.

L'acceptation est un mot qui n'a pas bonne presse dans certains courants psychologiques. Et pourtant, quel que soit son âge, il est parfaitement normal de chercher à être accepté. L'acceptation est une composante nécessaire de l'estime de soi et nous avons besoin qu'elle nous soit manifestée par ceux que nous respectons. Elle ne devient un problème et un élément contre-productif que lorsque nous abandonnons notre vrai moi pour partir à sa recherche.

Dans l'attention, vous êtes entendu et remarqué. Dans l'acceptation, on vous prend tel que vous êtes sans vous comparer à vos pairs : vous êtes jugé digne de confiance, compris et approuvé totalement dans ce que vous avez d'unique. On soutient vos pas avec bienveillance, même s'ils suivent un sentier peu fréquenté ; on accepte vos sentiments, même s'ils dérangent ; on comprend vos faiblesses, même si elles irritent. Vos traits de caractère sont non seulement tolérés, mais encouragés et aimés. Vous êtes parfaitement vous, et cela suffit. Vos parents n'attendent pas que vous vous conformiez à un modèle, ils veulent vous voir émerger en tant que personne unique et peu leur importe que vous soyez différent d'eux ou de leurs attentes initiales. Oui, il existe vraiment des gens qui aiment ainsi. Vos parents croyaient-ils en vous ? Sont-ils venus à votre rencontre ? Pouviez-vous compter sur eux ? Vous défendaient-ils ? Refusaient-ils de vous laisser tomber quelles que soient les circonstances ? Le psychologue Heinz Kohut a écrit : « Plus une personne est certaine qu'elle est acceptée, plus elle sait qui elle est et plus elle a solidement internalisé son système de valeur, plus elle saura offrir son amour avec assurance et authenticité... sans sentiment inutile de rejet et d'humiliation. »

## L'appréciation

L'appréciation donne de la profondeur à l'acceptation : « Je t'admire ; ta présence me comble ; tu comptes à mes yeux ; je te respecte ; je t'accepte dans toute ta diversité ; je t'apprécie comme unique. » Pour avoir accès aux richesses que représentent la valeur personnelle et la confiance en soi, nous avons besoin de tels encouragements. L'évolution de l'homme est rendue possible grâce à ses réalisations et à la validation qui s'ensuit. Mais elle vient aussi de la foi que l'un a en la valeur de l'autre. Le parent qui est persuadé du potentiel de son enfant en génère chez celui-ci. Des croyances défendues longtemps et continuellement répétées donnent le pouvoir de les faire exister. Plusieurs siècles de croyance dans la capacité thérapeutique de la foi par exemple font que les guérisons par la foi se multiplient. Dans ce cas précis comme pour les quatre autres A, la satisfaction des besoins d'une personne instille en cette dernière la qualité concernée.

L'appréciation inclut aussi la gratitude envers toute gentillesse exprimée et tout cadeau reçu. Et comme l'échange se trouve au cœur de l'intimité, l'appréciation tend à rapprocher. Quand nous donnons, nous attendons instinctivement qu'on nous remercie. Cela n'a rien à voir avec l'éducation ou de l'égoïsme, mais cela exprime l'espoir que la négociation se soit bien déroulée. En l'absence de gratitude, quelque chose manque à la relation.

Est-ce que vous vous sentez concerné par la description suivante ? Quelqu'un a su vous remarquer et vous apprécier à votre juste valeur dans ce que vous avez d'unique sans jalousie ni besoin de vous posséder et vous l'a exprimé de façon verbale et non verbale : on a compris ce dont vous étiez capable, vos sentiments ont été pris en considération et on a ainsi validé le mystère que vous formez ; on a su vous dire une parole de félicitations, vous donner une tape sur l'épaule quand vous excelliez, un regard aimant quand vous n'étiez que vous-même, un remerciement pour un geste que vous avez eu ou pour être tout simplement vous.

Selon le psychologue John M. Gottman de l'université Washington à Seattle, le ratio appréciation/reproche chez les couples stables est de cinq à un. De fait, *chaque reproche cache une aspiration envers l'un des cinq A* et l'échec ou le rejet sont parfois la manifestation d'un manque par rapport à au moins l'un d'entre eux. Par conséquent, dire à son partenaire qui se plaint avec colère « J'ai l'impression que tu ne te sens pas apprécié », c'est faire preuve de compassion et de pertinence.

## L'affection

Donner et recevoir de l'amour est notre besoin premier. Nous exprimons l'amour de façon émotionnelle, spirituelle et physique. Un geste ou une étreinte affectueuse de la part d'une personne qui vous aime vraiment peut pénétrer le corps et réconforter l'âme. Un seul geste peut suffire à effacer nos peurs même les plus profondes.

Il est impossible de définir l'amour de façon universelle parce que l'expérience de l'amour est unique à chacun. L'amour en général n'existe pas plus qu'il n'existe de signature commune à tous. Je découvre ce que cela veut dire quand je me sens aimé pour la première fois ; ce souvenir est ensuite encodé dans chaque cellule de mon corps et il est possible que l'amour que je ressentirai plus tard doive répliquer cette expérience initiale.

Si je me suis senti aimé pour la première fois quand on m'a pris dans ses bras parce que je souffrais, quand on a tenu compte de mon avis ou quand on m'a fait un cadeau, mon corps s'en souviendra toute sa vie et lorsque cela se reproduira, j'aurai l'impression que c'est cela l'amour. Si par exemple j'ai éprouvé cette sensation quand on m'a offert un cadeau, je passerai mon temps à essayer d'obtenir des autres qu'ils m'aident ou me donnent quelque chose ; ou si j'ai interprété un clin d'œil comme un signe d'amour, je risque de me raccrocher à la personne qui m'a fait de l'œil même si l'œillade avait été provoquée par une poussière.

À l'âge adulte, l'amour consiste à revivre celui dont chaque cellule de notre corps se souvient. Nous voulons être aimé comme nous l'avons été autrefois. La plupart d'entre nous savent en quoi cela consiste, mais il nous faut apprendre à exprimer nos besoins. Votre partenaire n'est pas devin. C'est donc à chacun de dire à l'autre quelle est sa « marque » d'amour préférée. La réciproque est vraie : il faut aussi apprendre à aimer l'autre et à interpréter ses demandes. Dès lors, on se rend compte que l'amour ne relève pas des sentiments mais que c'est le choix conscient de donner et recevoir d'une façon unique et exigeante.

Comme l'écrivait le psychanalyste Heinz Kohut : « Les yeux de la mère s'illuminent devant les manifestations corporelles de son enfant. » L'affection implique d'être aimé tels que nous sommes – sur le plan physique, vestimentaire, de la conformité avec la mode, etc. Notre manière d'être présent en dit plus sur qui nous sommes qu'aucune de nos actions passées ou présentes. Le contact intime se fait avec une présence vivante, pas avec un ensemble de caractéristiques sexuelles ou de promesses amoureuses. Adulte, nous nous persuadons qu'une plastique magnifique nous rendra heureux. Que nous est-il donc arrivé pour que nous en venions à penser qu'un joli visage suffirait à combler nos besoins ? L'attirance se fonde largement sur l'intuition et sur ce que l'on a vécu sur le plan physique et psychique. Et pourtant, nous ne devrions pas le prendre pour nous. Renoncer à l'ego, c'est arrêter de se sentir concerné par tout.

Le terme *affection* vient d'*affect*, qui signifie sentiment. L'*affection* fait référence à une proximité tant sur le plan physique que sentimental. Physiquement, cela parcourt toute la gamme du toucher, de l'étreinte à la sexualité. C'est aussi une qualité de sentiment qui peut prendre différentes formes : la gentillesse, la considération, l'attention, la taquinerie, l'affection, ou un geste romantique comme offrir des fleurs, se souvenir d'un anniversaire... L'affection découle d'un pur sentiment d'*appréciation* que l'on porte à autrui.

Quand l'affection n'est qu'une stratégie pour aller au lit, il ne s'agit pas d'intimité mais de manipulation. Dans une relation adulte, l'intimité accompagne toujours un rapport sexuel, mais elle peut être présente en dehors. L'affection se manifeste différemment si l'on est dans la phase romantique d'une relation ou au contraire dans une phase de conflit. Dans le premier cas, elle prendra peut-être une dimension plus sexuelle alors que dans le second elle impliquera probablement un patient travail pour traverser les difficultés. En définitive, dans une relation équilibrée, la sexualité devrait être une manifestation des cinq A : attention, acceptation, appréciation, affection et une autorisation à donner libre cours à ses fantasmes.

L'adulte circonspect saura faire la différence entre le partenaire qui ne pense qu'à satisfaire son bon plaisir et celui qui s'inspire du lien unique qui les unit l'un à l'autre. Le véritable amour ne se trouve pas au rayon du prêt-à-porter, il est fait sur mesure pour chacun des deux partenaires. La douleur que l'on ressent lorsqu'une relation prend fin vient en partie du fait qu'il faut renoncer à cette manifestation unique d'amour.

L'affection recouvre aussi la proximité ou présence aimante. Nous recevons une affection réelle quand une personne s'engage à être souvent auprès de nous. Il ne s'agit pas de cohabitation constante, mais de disponibilité fiable. C'est à l'opposé de l'abandon et de la mise à distance. Un enfant est abandonné à chaque fois qu'un parent néglige de remédier ne serait-ce que par une parole ou un geste à l'éloignement qu'il a pourtant remarqué. En grandissant, cet enfant pourra dire : « Je me suis senti abandonné et blessé à chaque fois que ma mère a vu ma souffrance et ne m'a pas réconforté » ; ou bien : « Quand j'étais petit, j'avais l'impression qu'on me prenait quelque chose quand on m'embrassait ou qu'on m'étreignait. Aujourd'hui quand on me touche, j'ai peur de me perdre. » C'est en regardant et en acceptant cette souffrance et celle qui a conduit nos parents à agir comme ils l'ont fait que l'on éprouve de la compassion envers soi-même et toutes les personnes qui, avec leurs faiblesses, peuplent notre histoire touchante.

La pleine conscience est le chemin vers une présence aimante. Les cinq A sont donnés de façon inconditionnelle au travers d'un contact attentionné lequel n'est lui-même pas conditionné par les manifestations de l'ego que sont la peur, les exigences, les attentes, les jugements et le contrôle.

Est-ce que vous vous retrouvez dans la description suivante ?

On vous aime tel et pour ce que vous êtes. Votre besoin d'affection est comblé quand vous êtes aimé de façon inconditionnelle tout le temps et absolue le plus souvent. Amour et affection vous sont manifestés tant par des mots que par des gestes et vous confèrent le sentiment d'un pouvoir personnel (Freud disait : « Bénéficier de l'amour d'une mère, c'est devenir un conquistador. ») Dans l'enfance, le contact physique est gratuit et sans contrepartie sexuelle. Il est ainsi possible de se sentir en sécurité et aimé pour qui nous sommes plutôt que pour notre contribution à la satisfaction des besoins inappropriés de l'un de nos parents. Vous saviez faire la différence entre ceux qui vous donnaient pour vous rassurer et ceux qui vous prenaient pour combler leur propre manque.

La compassion est une forme d'affection, c'est la réaction de l'amour à la douleur. Cela suppose d'être prêt à reconnaître la douleur et à vouloir comprendre ce que vous ressentez par rapport à elle. Cette empathie que l'on vous témoigne tout au long de votre vie a une qualité apaisante : c'est l'équivalent de l'amour et de l'attention parentaux.

L'opinion des parents est essentielle quand on est enfant. Lorsque l'on ne se sent pas aimé, on ne se sent pas digne de l'être et on s'en sent en outre responsable. Plus tard dans la vie, l'amour sera lié à la nécessité d'être à la hauteur des attentes du partenaire et à un sentiment d'obligation. On peut ressentir cela toute sa vie sans savoir ce que cela recouvre.

N'oublions pas cependant que l'affection n'est qu'un aspect de l'amour. On a beau vous cajoler et vous bercer, cela ne suffira pas si, plus tard, on ne vous autorise pas à faire des choix librement.

## L'autorisation

La chaleur d'un environnement suffisamment rassurant, que seules les familles capables d'un accueil total peuvent offrir, fait comprendre à l'enfant qu'il peut sans crainte être lui-même, connaître et montrer ses besoins et désirs les plus profonds. Le sens de l'équilibre et d'une cohérence qui s'élabore par la suite permet le développement de forces profondes sur lesquelles s'appuyer, un parent intérieur attentif et nourricier qui sait tolérer la diversité des sentiments, aussi contradictoires ou douloureux soient-ils, et pousse à rechercher des relations saines, riches des cinq A.

Mais tout le monde n'a pas la chance d'avoir ce type d'enfance. Certains parents peuvent imposer par exemple des règles strictes sur la nourriture, le sommeil, l'habillement, la toilette pour satisfaire à leurs propres besoins et standards, et affirmer ensuite que de telles structures sont cruciales pour l'équilibre et la bonne santé des enfants. Peut-être qu'à la maison nous ne nous sentions pas autorisé à être nous-même, parce que nous avions l'impression qu'en étant vrai, nous risquions de perdre l'amour de ceux dont nous avions le plus besoin. C'est alors que nous sommes peut-être devenu celui ou celle que l'autre voulait que nous soyons. Si nous voulons un jour faire l'expérience de l'intimité, le faux self qui s'est mis en place alors doit céder le pas à une version plus proche de ce que nous sommes vraiment. Si être nous-même nous a toujours paru dangereux – si nous avons dû dissimuler notre vraie personnalité –, il est possible que nous n'ayons aucune confiance en nos capacités ni en nos qualités. Nous avons l'impression d'être un imposteur. Essayer de vivre en accord avec les besoins et désirs des autres c'est comme être un cygne et essayer d'être un canard juste parce que vous vous trouvez dans la mare aux canards.

Les adultes équilibrés sur le plan psychologique ont été élevés dans la tolérance, pas dans la sévérité. Répondre aux premiers besoins (comme à tous les autres d'ailleurs) dans une atmosphère de joie et de pardon donne de meilleurs résultats. Dans un tel jardin, les crocus ne cessent d'apparaître, révélant des boutons de stabilité personnelle et de pouvoirs auto-nourriciers, qualités nécessaires à une intimité future. Il peut arriver que ceux qui ont été brimés pendant leur enfance choisissent un(e) partenaire autoritaire et se disent « il faut que je file droit, sinon… ». Les tentatives de manipulation passent inaperçues et nous nous trouvons pris au piège de relations qui ont l'air normales, mais sont pleines d'exigences et d'attentes.

Et pourtant, même au milieu des cendres de la soumission permanente, il n'est pas exclu que nous trouvions un jour notre liberté intérieure, que nous privilégions les échanges bilatéraux et la coopération plutôt que la domination. La soumission répond aux besoins, valeurs et souhaits les plus profonds d'autrui et non aux nôtres. Mais l'obéissance peut un jour tourner à la défiance.

Une fois notre équilibre trouvé, nous n'autorisons plus les autres à avoir barre sur nous ; néanmoins, nous pouvons comprendre et ressentir leur souffrance à partir du moment où nous avons compris que, le plus souvent, le contrôle est une forme de compulsion et non l'expression d'un mépris. Ils se comportent ainsi parce qu'ils ont le sentiment terrifiant qu'ils ne pourront pas assumer que le hasard décide pour eux. Se libérer de la compulsion du contrôle et éprouver de la compassion envers ceux qui ne peuvent pas s'en empêcher demande une assistance spirituelle. Une force supérieure à l'ego doit entrer en jeu, car ce dernier n'abandonnera pas facilement la partie.

Renvoyer aux autres une image de liberté implique d'encourager l'expression de leur vitalité et de leur passion plutôt que l'étouffer pour se rassurer. La véritable acceptation implique de laisser à l'autre la possibilité de s'envoler. Autoriser, c'est faire un pas de côté quand l'autre a besoin de prendre l'air au risque qu'il nous quitte. C'est le signe d'un courage formidable. Les poèmes d'Emily Dickinson nous disent que personne n'a réussi à l'« enfermer dans un placard ». Certains ont d'emblée le cran de résister au contrôle, d'autres l'acquièrent sur le chemin de la vie : il est impossible d'empêcher quelqu'un de devenir ce qu'il doit être. Dès lors, « elle ne me laisse pas être moi-même » devient « elle ne peut pas m'arrêter ». Cette formule s'applique aussi à l'amour : « Il ne me laisse pas l'aimer » pourra se transformer en « Il ne pourra pas m'empêcher de l'aimer ». L'inconditionnalité est la clef du pouvoir personncl.

Est-ce que la situation suivante vous est familière ?

Vous cherchez de façon instinctive à faire jouer toute la gamme des émotions et des actions au fur et à mesure de votre développement et vous ressentez dans l'atmosphère qui règne à la maison l'autorisation sincère qui vous est donnée d'être vous-même, de nourrir vos propres pensées et de les exprimer sans avoir à craindre d'être puni, de faire vos propres choix et même d'être différent. Vous êtes libre de mener à bien les deux tâches principales de ce qui constitue le processus d'accession à l'âge adulte : vous séparer de vos parents et devenir une personne unique. La relation n'est jamais en danger quels que soient les sentiments que vous exprimez. Vous vous dites : « J'ai toujours su que je pouvais dire ou ressentir ce que je voulais ici. » Vos parents vous autorisent à voir, dire, parler, toucher, vous séparer, vous protéger et à poursuivre les talents, relations et centres d'intérêt qui vous sont propres.

Il est rare que l'on vous dise : « Tu n'as pas le droit d'avoir peur », « Tu as intérêt à ne pas faire n'importe quoi ou à ne pas être triste (et même à être heureux) » ou encore « Comment oses-tu dire non ? ». Quand l'amour est la force vitale d'un couple ou d'une famille, chacun de ses membres a la possibilité de devenir complètement lui-même. C'est l'alternative au contrôle, qui lui ne produit qu'un faux moi.

Si vous n'avez pas reçu la liberté en cadeau, peut-être qu'enfant vous aurez entendu des phrases comme : « Tu ne seras jamais aussi bon que ton frère à l'école » ; vous est-il arrivé de vous dire : « Qu'est-ce que je peux faire pour qu'on fasse attention à moi ? » ; saviez-vous dans le fond que ce que vous aviez à faire, c'était être vous-même ? Vos parents vous dressaient-ils un tableau effrayant du monde extérieur ? Vous disaient-ils : « Il faut toujours faire bien attention » au lieu de « Tu sauras prendre soin de toi » ? Avez-vous été surpris quand vous avez eu peur la première fois où vous êtes allé à l'école, quand vous avez eu l'impression qu'on voulait vous forcer à rentrer dans un moule (à moins qu'au contraire vous vous y attendiez parce qu'on vous avait prévenu que c'était la jungle dehors) ?

Quelle est la différence entre contrôler et mettre des limites ? Dans le premier cas, il s'agit d'être conforme à ce que les autres ont besoin que vous soyez. Les limites, elles, vous aident à être vous-même, car vous vous sentez en sécurité à l'intérieur du périmètre qu'elles définissent. De façon paradoxale, la liberté a besoin de limites qui nous contiennent et nous permettent de nous épanouir. Les premières limites que nous rencontrons sont les bras qui nous entourent puis le mot *non*. Un sanctuaire n'est-il pas entouré de murs qui le définissent et protègent les fidèles ?

Il y a un lien entre la liberté et la confiance en soi : quand on vous empêche d'exprimer vos besoins et désirs les plus profonds, vous perdez foi en leur valeur et en votre jugement. Vous survivez en dénichant les règles et en les suivant, ce qui vous permet de cacher ce dont vous avez réellement besoin. Votre but dans la vie, c'est faire plaisir aux autres plutôt que vous affirmer.

Celui qui s'est senti libre à l'intérieur de sa famille fera plus facilement confiance à une autorité bienveillante telle qu'un professeur attentif ou un thérapeute, quelqu'un qui ne fait pas de reproches ni ne porte de jugement unilatéral – deux éléments de l'ego qui font naître une opposition à l'autorité. Comme nous l'avons vu plus haut, en laissant apparaître notre capacité à l'intériorisation, nos parents partagent peu à peu leur pouvoir avec nous, un processus nécessaire à l'élaboration d'un bon sentiment de soi. Nous comprenons ce que Shakespeare a voulu dire dans *Mesure pour mesure* en parlant de notre « souveraineté inconnue ». L'autorité et la hiérarchie sont utiles et légitimes quand elles nous rendent capables de prendre des initiatives, pas quand elles nous subjuguent et nous affaiblissent. Quand l'autorité, qu'elle soit civile ou religieuse, est l'équivalent d'une éducation équilibrée, elle est honorable et a droit à notre respect.

## Pratiquer la présence inconditionnelle pour lutter contre les cinq états de l'ego

Ensemble, les cinq A composent la présence inconditionnelle. Mais il existe par ailleurs cinq habitudes mentales qui peuvent venir fausser une présence inconditionnelle authentique et donner aux autres l'impression qu'on ne les aime pas. Ces réactions sont presque involontaires et communes à tout le monde. Elles nous envahissent l'esprit sans y être invitées, déforment la réalité et polluent notre expérience pure du moment présent et des personnes que nous rencontrons. La pratique spirituelle de la pleine conscience vient nous sauver des griffes de ces importuns.

- La *peur* que nous éprouvons ou le souci que l'on se fait à propos d'une situation ou d'une personne : « Je te vois comme une menace ou j'ai peur que tu ne m'aimes pas, alors je me mets sur la défensive. »
- L'*envie* que nous avons qu'une situation ou une personne réponde à nos besoins, exigences, espoirs et attentes, y compris sur le plan affectif : « J'attends cela d'une situation/de toi. »
- Le *jugement*, qui peut prendre la forme de l'admiration, de la critique, de l'humour, du moralisme, du préjugé positif ou négatif, de la censure, de l'étiquetage, de la louange ou du reproche : « Je suis prisonnier(e) de mes opinions. »
- Le *contrôle* que nous imposons quand nous forçons les autres à accepter nos idées et projets : « Je campe sur mes positions et je dois à tout prix te donner mon opinion, te convaincre et te faire changer d'avis. »
- L'*illusion* recouvre la réalité et peut prendre la forme du déni, de la projection, du fantasme, de l'espoir, de l'idéalisation, de la dépréciation ou du vœu : « J'ai mon opinion sur toi/la situation et cela m'empêche de te voir/de voir les choses tel que tu es/telles qu'elles sont vraiment » (l'illusion centrale de l'existence étant celle de la séparation).

Qu'elles soient justes ou pas, ces interprétations orchestrées par l'ego interfèrent avec nos expériences du présent. Elles sont réductrices et plaquent nos drames personnels sur la réalité : impossible dès lors d'être un témoin équitable. En ce sens, elles sont la cause du karma. La porte de l'éveil s'ouvre quand la pleine conscience fait régner le silence, ne serait-ce qu'un instant ; celle de l'empathie et de la compassion quand nous sommes capables de regarder en face, sans jugement ni peur, l'expérience humaine, aussi banale ou altérée soit-elle.

Devant chaque porte, nous prononçons la formule magique, qui est un oui inconditionnel à la réalité.

Les cinq états de l'ego ne sont pas mauvais en soi. Une fois qu'on les a identifiés, ces valeureux pirates peuvent être recrutés pour servir sur le navire invincible de la pleine conscience. Il ne s'agit pas de les désavouer mais de rediriger leur énergie à notre service et au service des autres. Ainsi, la peur favorise une sage prudence ; le désir pousse à aller vers les autres et à avancer ; le jugement permet l'évaluation ; le contrôle est nécessaire dans la plupart de nos activités ; le fantasme donne naissance à l'imagination et à la créativité.

Nous ne pouvons dispenser aux autres les cinq A tant que ces cinq états d'esprit ou humeurs sont actifs, car ils empêchent un contact authentique et nuisent à une perception directe de la réalité. *Tout au long de ce livre, je me référerai à ces cinq états mentaux comme aux strates ou épaisseurs de l'ego*. S'il est impossible d'empêcher l'esprit de s'y aventurer, la pleine conscience réduit l'impact de ces distractions. La pleine conscience est le chien de garde ou plus exactement l'œil de la psyché : sans cesse à l'affût des prédateurs de réalité, elle nous prend en flagrant délit et nous ramène en lieu sûr.

Quand nous abordons les autres avec les cinq A, nous sommes totalement dans le moment présent et il nous est alors possible d'être proches. En revanche, quand nous venons vers eux sous l'influence des cinq humeurs, nous sommes prisonniers de nos priorités et la distance se crée. Quand on vise l'intimité, on passe du lieu où paresse l'ego au paradis de l'amour attentif.

La présence inconditionnelle d'une personne qui nous aime renvoie au passé et répare des blessures héritées de l'enfance, comme le sentiment de ne pas être désiré. Mais on ne peut pas attendre d'un être humain une présence permanente totale et inconditionnelle. Le mieux que puisse faire un individu, c'est offrir des moments, voire des heures de présence pendant lesquelles il ne sera pas pollué par les cinq humeurs. Il ne faut pas s'attendre à pouvoir assurer plus qu'une présence intermittente. Si nous étions parfait et pleinement satisfait de notre sort, qu'est-ce qui nous pousserait à nous lancer dans cette quête qui rend la vie merveilleuse ? Les adultes savent cela depuis longtemps. La réponse des religions à ce problème a été de nous assurer de l'existence d'une présence aimante, entière, éternelle et inconditionnelle. Certains trouvent cette réalité au plus profond de l'âme. Ainsi, même dans le monde spirituel, nous sommes ramené à nous-même ; les autres sont des partenaires, pas des prestataires.

Pour finir, n'oubliez pas qu'il est toujours acceptable de ne pas savoir la réalité ou la signification des choses. Cette capacité à supporter le mystère, Keats la nommait « capacité négative » ou « être dans l'incertitude, le mystère et le doute sans recherche irritée de faits ou de raison ». C'est dans la pleine conscience que l'on agit ainsi : supporter notre méconnaissance tout en restant assis tranquillement. C'est à partir de cette position qu'un sens unique finit par apparaître au rythme qui lui convient. C'est une alternative à la frénésie de l'ego qui cherche à imposer une signification artificielle à partir de la panoplie d'humeurs standard qu'il a à sa disposition.

Les humeurs sont réductrices dans la mesure où toute réalité et toute personne sont un champ de potentialité, un vaste espace ouvert au-delà des limites. Sans les limites élaborées par l'esprit, tout est parfait et d'une provocation exubérante en l'état. La joie est l'énergie qui se produit une fois qu'on est s'est libéré des humeurs. Nous ne nous sentons plus obligé d'essayer de comprendre ce que fabriquent les autres. Nous sommes libre de déployer notre pleine conscience.

## Pratiques : de quels merveilleux outils disposons-nous pour devenir un adulte autonome ?

La pratique, ce n'est pas se forcer à s'améliorer mais se faire confiance pour avancer. Les propositions ci-dessous n'ont qu'un but : vous fournir un ensemble d'outils efficaces qui vous permettront de devenir un adulte autonome, équilibré sur le plan psychologique et conscient d'un point de vue spirituel, dans le cadre d'une relation de couple autant que dans et pour le monde. Le travail psychologique et spirituel doit se faire de façon simultanée et non séquentielle : le travail psychologique contribue à l'éveil spirituel ; les pratiques spirituelles renforcent la clairvoyance psychologique. Les couples qui s'appuient sur des outils thérapeutiques pour avancer peuvent bien entendu renforcer l'harmonie de leur relation. Mais en partageant une pratique spirituelle, ils renforceront leurs liens au niveau de l'âme. Les âmes sœurs sont celles dont les chemins spirituels se sont croisés. S'asseoir ensemble pour méditer crée un lien aussi puissant qu'une étreinte sexuelle parce qu'il n'existe pas de meilleur outil de communication et de résolution des conflits que la pleine conscience. Aussi, la méditation est autant une pratique amoureuse que spirituelle.

Les outils pratiques proposés dans ce livre consistent essentiellement en questions destinées à vous pousser dans vos retranchements afin que vous admettiez votre propre vérité. Vous y répondrez dans votre carnet et, quand nécessaire, en discuterez avec votre partenaire. Tant mieux si, au terme de votre discussion, vous vous mettez d'accord sur des principes de changement. Mais ce n'est pas le but et vous devez ne vous préoccuper que de la part qui vous revient. Ne cherchez pas à élaborer le programme de changement de votre partenaire ni même à juger de ce qu'il/elle devrait faire ou dire.

Peut-être éprouverez-vous le besoin de discuter de vos pratiques avec une autre personne de confiance en plus de votre partenaire. Ce sera par la même occasion le moyen d'appliquer ce que vous apprenez à vos relations amicales et même à tout le monde. Car ce programme a aussi pour but d'ouvrir la voie vers un amour universel plus puissant.

Travail psychologique et pratiques spirituelles ne doivent pas être des entreprises férocement individuelles. L'effort en est une composante importante, tout comme la grâce et le recours à des forces intérieures. Chaque fois que vous pratiquez, pensez à vous appuyer sur des puissances supérieures à l'ego. Quand on comprend que nos efforts ont des visées plus larges que notre situation personnelle, on se sent encouragé, soutenu et en confiance.

Les pratiques nous montrent l'étendue de notre potentiel à être un adulte équilibré et capable d'aimer. Elles mettent aussi en lumière nos nœuds et les résistances que nous opposons à l'amour. Elles renforcent notre estime de soi au fur et à mesure que nous voyons croître notre potentiel d'amour et s'abaisser les barrières qui nous empêchent d'y accéder. Quelle que soit l'idée que nous nous faisons de nos faiblesses, nous avons en nous les ressources nécessaires pour trouver la plénitude. Ce livre vous offre des temps de réparation et d'ajustement qui peuvent contribuer à rendre la douleur moins violente et moins intimidante.

Les sections consacrées à la pratique développent les idées et les thèmes qui auront été explorés dans chaque chapitre. Je vous invite à les lire, que vous décidiez ensuite d'appliquer ou non l'exercice. Elles sont un complément au texte. Cependant, toutes les pratiques ne seront pas adaptées à votre personnalité : certaines s'adressent aux introvertis, d'autres aux extravertis ; certaines ont été conçues pour répondre à des problèmes précis et ne conviendront donc pas à tout le monde. Mais je pense que vous trouverez l'ensemble du livre plus intéressant si vous touchez un peu à tout. Choisissez celles qui vous intéressent, qui vous intriguent ou qui vous correspondent.

La richesse que vous en retirerez sera à la fois sincère et puissante.

Pour finir, soyez attentif/ve à vos sensations physiques au fur et à mesure que vous avancez dans votre lecture et vos pratiques. Elles sont un formidable indicateur du travail que nous avons à accomplir, des nœuds qui nous bloquent et de ce qui nous fait tenir debout.

## Méditer au quotidien

C'est la première pratique. Commencez par quelques minutes par jour et augmentez progressivement jusqu'à atteindre l'idéal de vingt minutes quotidiennes. Asseyez-vous dans un endroit tranquille, les yeux ouverts ou fermés, le dos droit et les mains sur les genoux ou les cuisses. Soyez attentif(ve) à votre respiration. Quand des pensées ou des soucis vous viennent à l'esprit, identifiez-les comme telles puis laissez-les aller et retournez à la conscience de votre respiration. Ne cherchez pas à arrêter de penser. À la fin de la méditation, levez-vous lentement et voyez si vous pouvez maintenir la même conscience tout au long de la journée. Un jour, la respiration devient plus réelle et plus intéressante que nos histoires.

Il y a toutes sortes de techniques de méditation et de postures et il vous faut trouver celle qui vous convient le mieux. Plusieurs livres proposent de bonnes introductions comme *Esprit zen, Esprit neuf* de Shunryu Suzuki [1], *Qu'est-ce que la méditation ?* de Rob Nairn [2], *Pensées sans penseur* de Mark Epstein [3].

---

1. Shunryu Suzuki, *Esprit zen, Esprit neuf*, Paris, Seuil, 1977.
2. Rob Nairn, *Qu'est-ce que la méditation ?*, Paris, Rivages, coll. « Rivages poche – Petite Bibliothèque », 2011.
3. Mark Epstein, *Pensées sans penseur*, Paris, Calmann-Lévy, 1995.

## Lâcher prise

Dans la vie, il est nécessaire d'avoir un certain contrôle – par exemple garder le contrôle de son véhicule ou de sa santé – car cela sert à organiser sa vie de façon responsable. Le contrôle est dit névrotique quand on voudrait que tout et tout le monde se conforme à nos désirs. C'est le contrôle qu'on a recherché après avoir constaté les données implacables de l'existence et qu'on s'est senti impuissant face à elles. Nous étions à ce moment-là encore incapable de dire : « Je vais rester dans cette mauvaise passe et voir s'il n'y a pas quelque chose à en tirer. J'ai l'impression que cela me rend plus fort. » Dire oui à notre expérience de cette façon consciente renforce. Êtes-vous capable de vous engager à relâcher votre volonté de contrôle et d'en faire votre projet du moment ?

## S'ouvrir aux critiques

Celui qui veut vraiment faire grandir l'amour qu'il porte en lui ne peut plus compter sur son seul cerveau comme source d'information. Les personnes de confiance qui vous entourent ont beaucoup à vous apprendre sur vous-même et vous êtes prêt à entendre ce qu'ils ont à dire aussi de vos côtés plus sombres. Vous désirez être ex-*posé* pour justement pouvoir abandonner vos poses et laisser émerger votre moi authentique. Vous êtes ouvert au regard que posent les autres sur vous et à leur feed-back : c'est même au cœur du travail que vous allez faire sur vous. Le maître zen Wuzu rappelle que « les anciens étaient heureux qu'on leur rapporte leurs erreurs ». Et si votre ego ne peut pas supporter d'être questionné, remis en cause ou même critiqué, alors c'est ici que commence le travail que vous avez décidé d'accomplir : une condition *sine qua non* de celui-ci repose sur la volonté de laisser aller l'ego. Je m'engage à trouver une part de vérité dans tout ce qu'on dira de moi.

Pour commencer, demandez à votre partenaire de décrire une chose qui l'irrite chez vous. Soyez attentif(ve) à vos réactions : à quels moments portez-vous un jugement sur ce qu'il/elle dit ? Voulez-vous contrôler ses réactions ? Avez-vous peur ? Voulez-vous lui faire changer d'avis ? etc. Quand il/elle a fini, dites-lui ce qui est venu interrompre votre écoute attentive et reconnaissez là les manifestations de l'ego. Décidez de les relever lors de futures conversations pour les remplacer par une écoute venue du cœur, là où reposent les cinq A. Cela se produira de soi-même grâce aux habitudes de pleine conscience que vous mettez en place à travers la méditation, en revenant à chaque fois vers votre respiration sans vous laisser distraire par vos états d'esprit/humeurs.

La pratique suivante fait appel à la pleine conscience pour réagir de façon appréciative tout en se protégeant face à une critique négative.

- Approchez la personne avec qui vous avez un problème avec l'intention consciente de lui faire don des cinq A. Dites-le-lui et gardez-le dans votre cœur quand vous l'écoutez. Cela correspond à une écoute aimante qui vous sera utile en toutes circonstances.
  — Je suis très attentif/ve à toi.
  — Je t'accepte tel/le que tu es à ce moment précis.
  — Je t'autorise à être toi-même.
  — Je t'apprécie pour tout ce que tu as été et tout ce que tu es.
  — J'ai une réelle affection pour toi quoi qu'il arrive.

- Cherchez le regard de votre interlocuteur pour établir un contact tout en l'écoutant de toute votre attention, sans défense, colère ou intention de vengeance ni de lui prouver ses torts.

- Notez l'impact que vous avez sur l'autre et les sentiments que vous provoquez chez lui/elle. Ne cherchez pas à vous protéger derrière le déni. Gardez-vous de minimiser ou de contourner cet impact en faisant état de vos bonnes intentions. L'impact compte plus que l'intention.

- Engagez-vous à prendre ce que l'autre a à vous dire comme une information, pas une censure.
- Manifestez-vous cependant si les remarques qu'on vous fait comportent des reproches, des insultes, vous tournent en ridicule ou vous rabaissent. Vous ne l'autoriserez pas alors que vous êtes en train de prendre soin de vous.
- Excusez-vous à chaque fois qu'il convient de le faire, imaginez les changements possibles et demandez à votre partenaire de vous soutenir dans votre démarche.

Cette pratique instille la vertu de l'humilité et vous rend plus ouvert(e) et plus accessible.

## Répondre à ses besoins et à ceux de l'autre

Dans le film *Le Sixième Sens*, le personnage principal, un jeune garçon, réussit à se libérer de la peur qu'il éprouve envers les fantômes qui le hantent en leur demandant : « Mais qu'attendez-vous de moi ? » En se focalisant sur les besoins des autres, on cesse de les craindre. Les besoins viennent du cœur et c'est lui qui les écoute. Réfléchir avec le cœur implique de mettre de côté ses peurs, jugements, critiques, attachement formaliste à la morale, contradictions et projections. C'est ce qu'on appelle une communication réussie et elle se produit grâce à la pleine conscience. Présents dans l'ici et maintenant sans interférence mentale, l'esprit libéré des préjugés, nous sommes à même de remarquer quand l'autre a besoin de notre attention, acceptation, appréciation, affection et autorisation. Le philosophe Martin Buber parlait de « connexions empathiques » qui ne peuvent se produire que lorsque vous êtes en position de témoin et pas de juge. Tenez un journal de bord où vous noterez les phrases suivantes que vous compléterez avec tous les détails qui vous viennent à l'esprit :

Je vois toujours mon/ma partenaire de la même façon, à savoir : __________.
Je suis convaincu/e que son comportement ne changera jamais : __________.

Aussi longtemps que nous sommes persuadé que l'autre est incapable d'évoluer ou qu'il/elle est tel(le) qu'on l'imagine, nous opérons à partir de l'image que nous avons et pas de la conscience de ses besoins. Cette habitude mentale peut se modifier en faisant don à l'autre des cinq A et en entendant ses besoins. La personne qui sait que nous lui avons collé une étiquette une bonne fois pour toutes ne nous accordera pas sa confiance et, par conséquent, ne nous exposera pas ses besoins. Quand la communication échoue, la défense ou l'agressivité prennent le relais.

En vous fiant aux indications données par les cinq A, interrogez-vous pour savoir ce que vous attendez le plus de votre partenaire ou d'un ami. Demandez-lui ce qu'il/elle, de son côté, attend de vous. Veillez à ne pas confondre besoins et demandes, projets ou solutions. Dire par exemple « J'ai besoin que tu m'écoutes » exprime une demande, pas un besoin ; dire « J'ai besoin d'avoir plus de place dans cette relation » exprime un projet, pas un besoin ; dire « J'ai besoin de boire un verre » exprime non pas un besoin mais (l'idée que vous vous faites de) la solution. Faites part à votre interlocuteur/rice de vos désirs, projets et idées de solution présents puis identifiez le besoin qui se cache derrière et demandez-lui de vous entendre. Ainsi, derrière le désir d'être écouté se cache peut-être le besoin d'une attention authentique, sans faille à ce que vous dites et ressentez dans le respect et l'appréciation sincère.

## Se sentir aimé

Commencez cet exercice en vous remémorant des moments de votre enfance pendant lesquels vous vous êtes senti(e) aimé(e) et essayez de voir s'il y a un rapport avec le type d'amour que vous recherchez adulte. Puis demandez à votre partenaire ce qu'il/elle ressent comme de l'amour et comparez. Peut-être que vous ne vous sentez pas aimé(e) alors que votre partenaire vous aime vraiment pour la simple raison que vous n'avez pas la même interprétation de l'amour. C'est comme entendre une langue étrangère et penser que c'est du charabia. Demandez la traduction. La difficulté de l'intimité adulte réside dans la nécessité d'élargir notre conception originale de l'amour pour répondre à la façon d'aimer propre à l'autre. Nous pouvons quand même demander ce que nous voulons tout en essayant de nous accommoder de son approximation et en cherchant à nous ouvrir à d'autres versions de l'amour.

Réfléchissez aux questions suivantes dans votre journal : Qu'est-ce que je ressens comme étant de l'amour ? Qui me fait éprouver ce sentiment ? Est-ce que je me sens aimé d'une façon qui résonne sur le plan corporel ? Qui a été la première personne qui m'a donné l'impression d'être aimé(e) ? L'ai-je assez remerciée ? Puis-je dire à mon/ma partenaire ce que je ressens comme de l'amour ? Puis-je lui retourner la question ? Qu'est-ce que je ferai de l'information ? L'amour que j'offre est-il enfantin, parental ou adulte ? L'amour que je recherche est-il enfantin, parental ou adulte ? Quand nous ne ressentons guère ou peu d'amour, il peut arriver que l'on recherche des preuves d'amour. Plus nous les recherchons, plus notre partenaire se sentira menacé, testé et sur un siège éjectable. Est-ce que je suis dans l'une de ces positions ?

## Toucher

Devenir adulte ne fait pas disparaître nos besoins fondamentaux. Nous éprouvons tous le besoin d'être étreint par moments, quel que soit notre âge. Cela vient de l'instinct de validation personnelle. Nous restons sur le qui-vive pour repérer l'effet miroir et l'étreinte dont nous avons manqué enfant. Le corps de celui ou celle qui vous aime, se soucie de vous et vous respecte devient le moyen de réparer la négligence dont vous avez pu être victime autrefois.

Certains d'entre nous craignent avec logique la déception qui surgirait d'avoir trouvé l'intimité avec quelqu'un et de la perdre à nouveau. Nous voulons être sûr que notre partenaire potentiel mérite notre confiance et c'est toujours un pari. Si nous parvenons à dépasser la peur inhibante, nous parviendrons sans doute à nous ouvrir au toucher des autres, aussi limité soit-il, et trouverons qu'il comporte un pouvoir thérapeutique. Être tenu par des bras tendrement attentionnés – par exemple sur les genoux ou bercé – est une source d'amour en miroir qui a pu nous manquer pendant l'enfance. Cela peut vous sembler embarrassant au début, mais cela ne dure pas : une fois que la glace est rompue, cela devient naturel. Faites-en l'expérience de temps à autre avec votre partenaire. Nous ne dépassons jamais nos besoins en toutes formes de proximité enfantine rassurante et il ne faut pas en avoir honte.

## Offrir son soutien

Le soutien affectif implique un don généreux des cinq A. Cependant, comment savoir exactement quel est le type de soutien dont a besoin votre partenaire dans différentes circonstances ? Par exemple, si elle pleure, serait-il plus adapté de la prendre dans vos bras ou de lui laisser de l'espace ?

Pour le Petit Prince, le pays des larmes était un lieu secret. Nos expériences ont parfois des aspects impénétrables et obscurs que l'on est soi-même incapable de nommer. Peut-être votre partenaire ignore-t-elle elle-même ce dont elle a besoin à ce moment précis et le soutien peut consister à respecter ce mystère intérieur. Il arrive qu'on ne sache pas comment aider. Alors, comme Hamlet, on intime à son âme d'être sage.

À d'autres moments, la sollicitude pourra prendre la forme d'un questionnement. Quand votre partenaire semble troublée et désireuse de communiquer, cherchez à savoir quel type d'aide lui serait nécessaire. Vous l'encouragez ainsi à se sentir à l'aise en faisant appel à vous. Voici quelques exemples de questions à poser : « Je vois bien que tu souffres. S'il te plaît, dis-moi comment je peux être là pour toi ? » ; « Je voudrais te soutenir dans ce moment. Indique-moi ce qui t'aiderait le plus » ; « Je suis là pour toi, n'hésite pas à faire appel à moi de la façon qui te sera la plus utile » ; « Si tu ne sais pas comment je peux t'aider, sache que je suis tout simplement à tes côtés ».

## Être attentif à ses états d'esprit (ou humeurs)

Il existe cinq formes de présence aimantes : l'attention, l'acceptation, l'appréciation, l'affection et l'autorisation, et la pleine conscience y conduit. Le contact établi en pleine conscience est un don inconditionnel des cinq A libéré des états de l'ego tels que la peur, l'exigence, l'attente, le jugement ou le contrôle. Regardez le tableau ci-dessous et inscrivez dans votre journal les moments où vous vous connectez à votre partenaire des deux façons différentes. Montrez-lui vos résultats et demandez-lui de réagir et de faire des changements.

| *Les cinq A (fondés sur la pleine conscience)* | *Leurs opposés (fondés sur les humeurs)* |
|---|---|
| ▪ Se montrer attentif/ve. | ▪ Ignorer, refuser d'écouter, ne pas être disponible, avoir peur de la vérité. |
| ▪ Accepter. | ▪ Essayer de transformer l'autre pour qu'il/elle ressemble à vos critères, désirs ou fantasmes. |
| ▪ Exprimer son appréciation. | ▪ Critiquer. |
| ▪ Montrer son affection. | ▪ Agir de façon égoïste ou abusive. |
| ▪ Autoriser. | ▪ Vouloir contrôler, se montrer exigeant ou manipulateur. |

## S'engager en faveur des cinq A

Les cinq A forment en eux-mêmes des buts. Les donner et les recevoir sont aussi les pratiques spirituelles grâce auxquelles nous obéissons à notre destin héroïque de faire don au monde des bénéfices et trésors trouvés en chemin. Voici l'explication spirituelle que l'on peut en donner :

- L'attention, c'est avoir conscience du lien qui existe entre toutes choses.
- L'acceptation, c'est prononcer un oui inconditionnel aux faits peu enthousiasmants de l'existence.
- L'appréciation, c'est adopter une attitude de gratitude.
- L'affection, c'est l'amour que nous éprouvons envers les autres et envers l'univers.
- L'autorisation, c'est donner aux autres et protéger en soi le droit à vivre librement et sans contrôle extérieur.

Transformez ces cinq buts en engagements que vous répéterez ensuite une ou plusieurs fois par jour comme dans les exemples suivants :

- Je me sens à l'unisson de tous les êtres humains et de la nature. Je remarque leur souffrance et leur joie. Les décisions que je prends me rapprochent d'eux.
- J'accepte les faits de l'existence, ceux qui me semblent positifs comme les autres. Je me rends à l'idée que je ne peux changer et j'ai confiance dans le fait que cela me servira sur le chemin de la vie.
- Je suis reconnaissant envers tout ce qui a été et ouvert à tout ce qui sera. J'apprécie tout ce que je reçois.
- Je montre mon amour envers toute pensée, parole et action.
- Je chéris mon droit à vivre en accord avec mes besoins les plus profonds, valeurs, et désirs. Je reconnais aux autres ce droit et je le respecte.

Pratiquez ceci dans une méditation : inspirez et formulez un des cinq A à voix haute ou silencieusement sous forme d'un adverbe (« attentivement », « affectueusement », etc.). Passez d'un mot à l'autre à chaque inspiration ou répétez le même mot. L'adverbe vient en général modifier un verbe ou un adjectif. L'utiliser ainsi seul fait donc automatiquement naître un sentiment d'incomplétude de l'esprit car nous cherchons un objet. Celui-ci peut être une émotion difficile ou une expérience que vous traversez, à moins que ce ne soit votre prochaine rencontre.

Une autre pratique consiste à inspirer et expirer sur deux mots, l'un des cinq A associé à une vertu sur laquelle vous travaillez comme par exemple « compassion attentive », « générosité appréciative », etc. Vous pouvez aussi convoquer une question ou une personne particulière qui vous occupe l'esprit et, tout en respirant de façon consciente, dire : « Je tiens dans mes bras __________ de façon compatissante ou attentive », etc.

# CHAPITRE 2

# Ce qui nous a manqué en amour

## L'amour est un miroir

> « Une personne désire être confirmée dans son être par une autre... Secrètement et timidement, elle attend un Oui qui lui permette d'être et qui ne peut venir que d'un autre être humain. Le pain céleste de l'être-soi se transmet d'un individu à un autre. »
>
> Martin BUBER

Si nous sommes tous nés avec la capacité de ressentir l'ensemble du spectre des émotions humaines, cette capacité demande à être activée pour pouvoir être utilisée à plein. Autrement dit, nous avons en nous le logiciel, mais celui-ci doit être installé par un tiers (en jargon informatique on dirait « exécuté ») qui vient réfléchir nos sentiments comme dans un miroir en prenant en considération d'une façon positive et inconditionnelle nos besoins, valeurs et désirs uniques. Dès lors, on se sent aimé en étant débarrassé des productions de l'ego que sont la peur, l'attachement, le contrôle, les attentes, les agrippements, les préjugés, les mécanismes de défense et le jugement. Si par exemple, la peur que nous éprouvons est accueillie en pleine conscience avec attention, acceptation, appréciation, affection et autorisation, nous serons à même de la reconnaître et de la ressentir avec tranquillité par la suite. À l'opposé du miroir on trouve la honte.

Voici une illustration de l'effet miroir et de son contraire : un enfant est paniqué par sa première rentrée scolaire. Sa mère lui dit : « Je sais que c'est impressionnant et tu as le droit d'avoir peur. Je vais t'accompagner à l'école aujourd'hui et je resterai un moment avec toi. Puis je partirai et en chemin je penserai à toi. Je reviendrai te chercher juste à l'heure de la sortie et on ira manger une glace ensemble. Il n'y a pas de honte à avoir peur, mais cela ne doit pas t'empêcher de t'amuser à l'école et après ! » Cet enfant, et plus tard l'adulte qu'il deviendra, fera confiance à sa capacité à survivre à la peur. Celle-ci ne signifiera pas « arrête-toi » mais « continue d'avancer courageusement et en t'appuyant sur les autres ». La peur a été légitimée, exécutée d'une façon tranquille et permanente, car elle a été réfléchie par les cinq A.

Comparez maintenant cette réaction à celle de la mère qui dit à son enfant : « Arrête de pleurnicher comme un bébé. De toutes les façons, tu iras à l'école que ça te plaise ou non ! Regarde les autres, tu es le seul à avoir peur. C'est ridicule ! » La première mère a réfléchi la peur et l'a traversée avec son enfant, lui donnant confiance en lui. La seconde s'est moquée de son enfant et de ses sentiments, lui montrant à quel point il était inadapté et elle lui a fait honte. Privé du soutien dont il avait besoin, cet enfant/adulte devra trouver ailleurs le miroir qui lui a manqué et la tranquillité qui en découle.

Le réfléchissement en miroir peut aussi être une réaction à la joie. Voici deux types d'attitudes diamétralement opposées : vous rentrez tout excité à la maison après l'école et vous racontez à vos parents vos « exploits » à la gym. Ils vous écoutent avec attention, se montrent ravis, vous félicitent, vous embrassent, vous encouragent et vous promettent de venir vous voir la prochaine fois. Mais il peut arriver à l'inverse que votre élan de joie soit brisé net par des paroles du type : « Allons, allons, du calme. Rien d'extraordinaire après tout. Attendons de voir ce que ça donne la prochaine fois. » La première approche mène à la confiance en soi, la seconde installe le doute et la honte.

Faire honte à quelqu'un, c'est une forme d'abandon ; par conséquent, s'accrocher à sa propre honte, c'est s'abandonner soi-même. C'est pourquoi nous redoutons tant l'abandon. C'est une absence de miroir alors que notre survie affective dépend du reflet qui nous est renvoyé. C'est aussi la raison pour laquelle la perte d'un partenaire fait si peur. Éprouver du chagrin, c'est se sentir seul et privé de miroir, mais si vous pleurez en compagnie d'un autre qui vous soutient, vous vous réfléchissez l'un l'autre. C'est pourquoi les funérailles sont des moments partagés : chacun réfléchit la peine de l'autre. Les blessures cicatrisent à la fois par le lâcher-prise et par le contact.

Il est très difficile de laisser le partenaire dont vous réfléchissez la souffrance vivre sa propre histoire. Et pourtant la pleine conscience ne suppose pas de trouver des solutions à la place de l'autre, mais plutôt de le soutenir dans son chagrin ou dans ses choix. Nous respectons sa liberté tout en nous tenant à ses côtés s'il a besoin d'aide. C'est le même protocole qu'avec les adolescents : nous ne les regardons pas se faire du mal dans l'indifférence, nous les informons des conséquences. Mais à un moment donné, il faut les laisser faire leurs propres choix à leurs risques et périls. Une mère n'empêchera pas sa fille de faire des erreurs ; en revanche, elle l'aidera à en affronter les conséquences.

Le réfléchissement en miroir nous aide à survivre sur le plan affectif – autrement dit, à traverser les événements en étant capable d'y faire face sans se laisser emporter ni tomber dans l'amertume. Faute d'un miroir adéquat, nous risquons de penser par la suite qu'il nous faut absolument nous adapter à l'autre, faute de quoi les liens qui nous unissent et nous sont indispensables en pâtiront. Notre inconscient n'est pas qu'un océan de souvenirs refoulés ou de pulsions inacceptables ainsi que le suggère Freud. Il contient une variété de sentiments jamais validés, car ils ont manqué de l'attention nécessaire et ont, par conséquent, été réprimés ou enfouis. Si le miroir a été suffisamment puissant dès nos premières années et si nous nous autorisons à éprouver nos émotions de façon libre et authentique, c'est comme si s'était mis en place un filet de sécurité dans lequel nous laisser tomber en cas de crise. Dans la vie, il arrive que l'on prenne des décisions que personne ne réfléchit ni n'approuve. Il faut alors, pour protéger sa santé psychologique et spirituelle, soit chercher ailleurs un système de soutien qui servira de miroir, soit, quand il n'y a aucun soutien à trouver nulle part, assumer seul ses choix et se faire confiance. *Suis-je capable de me tenir sous la lune, de sentir son reflet, comme celui de la nature, et de m'en contenter pour l'instant ?*

Les adultes équilibrés apprécient les personnes qui leur renvoient ce qui ne leur a pas été réfléchi pendant leur enfance alors que les autres cherchent à s'emparer de ce dont ils ont besoin. Dans une relation mature, l'autre nous sert de miroir et nous découvrons en nous les mêmes pouvoirs. Nous les mettons en commun : *grâce au miroir, j'apprends à endosser ta fonction*. C'est comme dupliquer une cassette tout en conservant l'original.

Certains parents ont peur des sentiments de leurs enfants. Quand un fils dit à son père « Tu ne comprends pas ! », il peut vouloir dire : « Je ne peux pas t'exprimer ce que je ressens parce que tu ne sauras pas y faire face. » Il protège son père d'une confrontation avec des sentiments qu'il juge effrayants. Il arrive que l'on continue toute sa vie de penser implicitement que l'autre est trop fragile pour recevoir nos sentiments. Quand nous ne croyons plus au miroir et à la possibilité de faire confiance, nous renonçons précisément à ce qui rend l'intimité possible. Car l'intimité est un reflet mutuel.

Il est maintenant clair que les cinq A répondent à un besoin essentiel : celui d'avoir un miroir, accord parfait de l'approbation affective et du soutien. Quand, enfant, nos sentiments sont minimisés, interdits ou méprisés, nous devenons insensible à toute la gamme de nos émotions et une partie de nous s'engourdit. Imaginez la joie que l'on peut éprouver face à une personne qui nous accueille et nous aime avec tous nos sentiments. Une telle relation nous ouvre et nous libère ; en d'autres termes, elle fonctionne. Cela va dans le sens des découvertes de la psychologie du soi ou *self-psychology*, qui se concentre sur le pouvoir thérapeutique d'une attention empathique soutenue et de l'utilisation de la pleine conscience dans les relations, et qui les enrichit.

En revanche, à quelles souffrances et déceptions nous exposons-nous quand nous nous attachons à une personne qui ne nous accepte pas tel que nous sommes, dans toute la richesse de nos sentiments, et dont l'amour se révèle être une mystification. Faut-il s'étonner que nous nous blindions à nouveau ? Car, dans le fond, si l'intimité nous effraye, n'est-ce pas par peur d'être rejeté comme nous l'avons été pendant l'enfance ? Et de fait, cette peur n'est-elle pas légitime ?

Il ne sert à rien de séduire ou prendre au piège quelqu'un pour qu'il serve de miroir. Il y a cependant une alternative. On peut demander directement à ceux en qui nous avons confiance de remplir cette fonction : « Accepterais-tu d'écouter mon histoire et de me tenir la main pendant que je dis ces mots ? Te rends-tu compte de tout ce que j'ai accompli ? » Ou on peut s'ouvrir au réfléchissement qui nous est donné comme une grâce et constitue un cadeau généreux des autres et de l'univers. Car la nature est aussi un miroir, elle nous entoure et nous soutient, à nous de nous en apercevoir. La bienveillance de l'univers transparaît dans les enseignements du Bouddha sur la compassion universelle. À partir du moment où nous comprenons que l'effet miroir est souvent une forme de grâce, nous nous affranchissons du désespoir de ne pas le trouver.

Le visage compatissant du Bouddha forme aussi une sorte de miroir qui réfléchit toutes nos peines et nos joies. Ce phénomène se produit encore une fois de deux façons différentes : la désactivation de l'ego qui a peur et s'accroche et la compassion envers notre détresse d'humains. C'est comme une force qui nous aide à affronter les aléas de la vie. L'esprit de Bouddha signifie simplement que malgré la séparation nous ne sommes pas seul.

Le réfléchissement en miroir engendre en chacun un sens du Soi semblable à ce que le psychologue Heinz Kohut appelait « internalisation transmutative : ne faire qu'un avec une source idéalisée de force et de calme ». En compétition avec ses parents pour avoir le pouvoir, l'enfant est frustré jusqu'au moment où il est capable d'intérioriser le pouvoir parental. Il développe alors un sentiment de maîtrise et d'estime de soi. Adulte, il saura comment intérioriser le soutien des autres et développera ainsi sa capacité à se soutenir lui-même. L'internalisation transmutative nous donne un parent intérieur nourricier, un soi adulte et cohérent en mesure de protéger notre enfant intérieur.

Dire « Je suis Bouddha », c'est une forme spirituelle d'internalisation transmutative. Dans la pratique consacrée à Avalokiteshvara, le bodhisattva de la compassion, l'initié commence par honorer le bodhisattva et termine en affirmant qu'il n'y a pas de distinction entre lui-même et cet être éveillé. Un temple peut être considéré comme un miroir de ce que nous sommes dans notre nature essentielle – autrement dit notre nature de Bouddha, la conscience du Christ, le souffle de Dieu, le Soi supérieur.

Nous sommes réfléchi par le divin parce que notre humanité comporte une part divine qui ne sera jamais endommagée ni diminuée. C'est une autre implication de la pleine conscience qui nous libère d'une identification réductrice avec notre ego et nous éveille à la richesse de notre identité avec toute nature et toute divinité. L'équivalent du divin est la *bodhichitta*, l'esprit illuminé du Bouddha en nous-même.

## Lorsque nous nions avoir souffert de manques

> « Un moucheron qui aurait eu aussi peu –
> À manger que moi – serait mort de faim –
> Pourtant, j'étais une enfant vivante –
> Le besoin de Nourriture
>
> Me tenait – comme une serre –
> [...]
> Je n'avais pas non plus – comme le Moucheron –
> Le privilège de m'envoler
> Pour me chercher à Dîner [...]. »

Emily DICKINSON*

J'ai eu une enfance urbaine, mais je passais chaque été plusieurs semaines à la ferme de ma tante Margaret. À l'âge de quarante-quatre ans, pendant une session de thérapie corporelle reichienne, j'ai eu brusquement une vision de l'intérieur du réfrigérateur de ma tante, qui était plein alors que le nôtre était la plupart du temps vide. C'est à ce moment-là que je me suis rendu compte qu'enfant, j'avais eu faim souvent. Je n'en avais plus de souvenir conscient, mais mon corps, lui, en avait gardé la mémoire : abondance à la ferme et indigence à la maison. Ainsi, pendant l'enfance, nous avons pu refuser de voir que nos besoins n'étaient pas couverts et il arrive que ce type de déni dure toute la vie. La nourriture est-elle une métaphore de l'affection qui faisait aussi défaut à la maison ? Est-ce la raison pour laquelle j'ai aujourd'hui de larges réserves dans un garde-manger chez moi ? Mon corps est-il prisonnier du passé et agit-il par peur de manquer encore aujourd'hui ? Est-ce là une des origines de la radinerie ?

« Mes parents faisaient de leur mieux » : cette formule peut signaler un refus de reconnaître la privation dont on a souffert. Mais le corps ne ment pas. Nous savons de façon

---

* Emily Dickinson, *Poésies complètes*, trad. de Françoise Delphy, Paris, Flammarion, 2009.

viscérale et instinctive que ce dont nous avions besoin était absent ou nous était interdit. Dans une relation adulte, il arrive néanmoins que nous nous entêtions dans notre refus de reconnaître à quel point l'essentiel continue de nous faire défaut et de prendre en considération, traiter et combler le manque. Faut-il s'en étonner, tant le travail de prise de conscience est considérable ? Au milieu des privations du passé sur lesquelles je n'avais aucune prise, j'ai pu décider que *de toutes les façons, je ne veux pas de ce qui n'est pas là*.

Cependant, la négation des privations recouvre un cri silencieux, un sanglot étouffé. Notre esprit rationnel a beau minimiser l'impact de ce qui nous est arrivé sur le plan physique, affectif ou sexuel, chaque cellule de notre corps sait et ressent ce qu'il a réellement été. Notre corps est la seule part de nous-même qui ne ment pas et à qui on ne peut mentir. Des phrases telles que : « C'était pour mon bien », « Cela partait d'une bonne intention » ou « Ils ne l'ont pas fait exprès » ne veulent rien dire pour le corps qui ne comprend que « Cela fait mal » ou « J'ai si peur » – ou encore la colère, la tristesse et l'impuissance.

Si le regard que nous portons sur un abandon ou une trahison excuse aujourd'hui ceux qui les ont commis, c'est aussi une autre manière subtile d'éviter le travail de deuil qui nous incombe et porte non sur l'intention de l'autre, mais sur les conséquences de ses actions sur nous. Cependant, forcer l'émergence du souvenir peut répéter le traumatisme. La réaction à l'abus passe notamment par l'apprentissage de la dissociation qui est peut-être tout ce dont nous sommes capables pour le moment. Une fois que nous serons prêt, à un moment qui n'appartient qu'à nous, nous pourrons nous associer à nouveau à la souffrance que nous avons escamotée.

S'il a été maltraité ou négligé, il est possible que l'enfant qui est en nous porte encore un désir ambigu : la part saine veut guérir du passé pendant que l'autre veut le répéter, le revivre de manière compulsive et par conséquent continuer à faire état de ses besoins insatisfaits. Lors d'une crise ou d'un accident, nous sommes poussé par la nécessité d'en parler à tout le monde à plusieurs reprises. C'est une façon d'absorber le choc, mais ce n'est qu'en faisant le deuil de son passé que l'on parvient à s'en libérer. Le travail peut être compliqué par le fait que nos deux moitiés restent actives jusqu'au moment où l'une prend l'ascendant sur l'autre. Oui, j'ai vraiment quelque chose en moi qui cherche à nuire à mon bonheur. Comment lui donner de l'espace, le réconforter et ainsi mettre un terme à son influence néfaste ?

## Ce qui nous blesse nous réconforte

Si nos besoins premiers n'ont pas été satisfaits pendant l'enfance, il arrive que nous acceptions d'être maltraité dans nos relations adultes. Nous n'arrêtons pas d'y revenir pour obtenir davantage alors qu'il ne peut y avoir que moins (« Tu ne cesses de me faire mal et je suis incapable de te quitter »). Si nous avons passé notre enfance à nous répéter : « Il y a quelqu'un ici qui me déteste mais je ne peux pas partir » ; « aujourd'hui on va me faire mal pourtant je dois rester » ; « quelqu'un voudrait que je m'en aille et je n'ai nulle part où aller », comment imaginer que partir soit facile maintenant ? Malheureusement, chaque jour qui passe et où nous restons dans une situation douloureuse nous persuade un peu plus de notre impuissance.

L'enfant victime d'un amour parental abusif est persuadé d'être à l'origine du problème tant il est impossible que le tort vienne de ses parents. En se disant « Tout cela, c'est pour mon bien », il devient complice de l'abus. Cette conformité et soumission à une autorité injuste engendre une haine de soi qui s'exprimera ensuite par de la violence ouverte ou dissimulée. C'est ici que l'on trouve les racines de la vengeance. Nous pouvons réduire notre haine de soi en lui portant une attention bienveillante – sans honte, peur, censure, etc. – et en l'accueillant avec une compassion envers soi-même et les autres.

Enfant, nous avons appris à nous protéger et élaboré des stratégies mentales et physiques nous permettant de nous habituer à la douleur ou de nous endurcir. Nous nous sommes conditionné à nous échapper tout en restant. Aujourd'hui, ces stratégies sont contre-productives. Quelle ironie ! En nous protégeant grâce au déni et à la dissociation, nous ne faisons que réussir à rester à la merci de l'abus. C'est intenable.

Le miroir que nous tend l'autre (en nous acceptant tel que nous sommes) nous rend notre pouvoir ; l'abus nous empêche d'y accéder. Dans une relation abusive, nous nous convainquons que nous ne pouvons partir parce que les choses vont *peut-être* s'arranger. Notre pouvoir se trouve ainsi réduit de deux façons : parce que nous sommes persuadé de notre incapacité à sortir de la maltraitance et parce que nous nous raccrochons à l'idée infondée que notre tourmenteur va changer. Ce sont les mensonges que nous avons appris quand nous avons fini par nous habituer au malheur et à la douleur. Comme l'écrivait Shakespeare : « Je pleure pour avoir ce que je crains de perdre. »

Dans certaines relations abusives, on a l'impression de ne pas pouvoir vivre sans l'autre. Quand on ne connaît que le drame, on se persuade que les relations amoureuses ne peuvent pas être différentes. On parvient même à entraîner son partenaire à jouer dans le seul type de pièce que l'on connaisse, la tragédie, avec ses entrées et sorties fracassantes et son intrigue faite d'abandons et de réconciliations, de séduction et de rejets, de blâmes et d'adoration, triangulation, infidélité, addiction, etc. Quand tout va bien, il arrive que l'on s'ennuie, voire que l'on se sente mal à l'aise. Le stress peut sembler normal à celui dont le foyer familial était un lieu de drames. C'est comme si nous étions condamné à recréer les paysages stériles de notre passé désertique alors même que quelque chose en nous voudrait s'en débarrasser.

Parfois, la maltraitance est si subtile qu'elle passe presque inaperçue. À force, le sarcasme, le ridicule, la moquerie, le propos désobligeant ou la critique permanente ressemblent moins à de l'abus qu'à un bruit de fond. Si l'un des deux partenaires ne répond pas aux besoins de l'autre, mais s'il ne fait rien de très grave non plus, le couple reste ensemble parce que personne n'envisage la possibilité d'un changement ou une séparation : *l'autre ne sera jamais assez méchant pour qu'on aille jusqu'à la rupture ni assez gentil pour répondre à nos besoins*. Dans un cas comme dans l'autre, nous prétendons espérer le changement, mais nous ne faisons rien pour que celui-ci advienne. Si nous n'avons aucune stratégie de changement, il ne s'agit pas d'espoir mais de désespoir et d'un refus de changement. Or décider de ne pas changer, c'est pour finir faire un choix. Quel message nous envoie notre compagnon d'infortune ? « Reste avec moi et je ne te donnerai pas ce que tu veux » ou « Reviens et je ne te donnerai toujours pas ce que tu veux » ? Est-il possible de se laisser prendre au piège indéfiniment ? Un jour, on finit par accepter de voir les choses en face et de prendre les mesures qui s'imposent.

Être, comme l'écrivait Emily Dickinson, « l'oiseau qui reste » à affronter les frimas quand la sagesse conduirait à s'envoler vers le Sud c'est s'imposer un sort bien cruel, comme dans une relation à laquelle nous nous accrochons alors que l'autre ne comble pas nos besoins. Seule une miche de pain nous rassasierait, et pourtant nous quémandons des miettes auprès de quelqu'un qui non seulement a peur de donner une miche, mais se montre à peine disposé à nous jeter des miettes.

Réussir un jour à dire « ça suffit » et déménager dans des régions ensoleillées après avoir vécu hiver après hiver dans des contrées froides demande du cran mais procure une chaleur bien agréable. Pourtant, nous sommes parfois conditionné par l'idée que nous n'avons pas droit au confort ou que nous sommes condamnés à avoir des relations amoureuses dysfonctionnelles, à être malheureux et insatisfait. Cette perspective rend parfois incapable d'envoyer tout balader même quand la situation est douloureuse : « À quoi bon ? »

Se résigner à l'abus est dangereux, car le désir de mourir peut se révéler aussi fort que celui de vivre. « Rien de ce que je pourrai faire ne l'empêchera de me faire du mal » ou « Malgré tous mes efforts, je n'obtiendrai jamais son amour » ont pour conclusion redoutable : « Dans le fond, rien ne sert à rien et ça m'est bien égal. » C'est un désespoir sans fond qui peut resurgir sous la forme d'une estime de soi dégradée, de maladie, anorexie, boulimie, automutilation, activités à risques, tendances aux accidents, certitude qu'on n'aura jamais droit à une vie meilleure, etc. Tout cela se résume à un désir de mort.

Il arrive aussi que l'on s'attache à un partenaire précisément parce qu'il nous protège de la nécessaire recherche de la vérité. Il nous fait la promesse implicite que nous n'aurons jamais à prendre en considération ni à traiter en profondeur aucun problème pas plus qu'à modifier notre comportement défaitiste. « Je ne crains rien ici car il est superficiel et redoute autant que moi d'affronter la réalité des choses. »

Les partenaires qui aiment en pleine conscience n'adoptent jamais un comportement blessant l'un envers l'autre. Ils se disciplinent et gardent l'œil sur les mauvais éléments qui risquent de mettre en pièces le trousseau fragile de l'intimité et se nomment représailles, violence, ridicule, sarcasme, ironie, insulte, mensonge, compétition, punition et humiliation.

## Ce qu'apporte la famille

La société moderne qui vante les vertus de l'individu oublie volontiers la place qu'occupe encore la famille. Si identité désigne ce qui nous rend identifiable, nous sommes tous les branches d'un arbre familial : je me regarde dans la glace et je vois les yeux de mon père ; je crie après ma femme et j'entends les mots de ma mère ; je câline mes enfants et je sens les bras de ma grand-mère ; je gronde, manipule, contrôle, ou exige des choses de mes enfants et je me souviens de la façon dont j'étais traité à leur âge ; je m'accroche avec un voisin bruyant et voilà que l'ego caractéristique des mâles de ma famille s'en mêle. Je porte le nom de ma famille ; il y a une place qui m'attend dans le caveau familial. J'ai hérité des traits de mes ancêtres en venant au monde et je les laisserai derrière moi en quittant cette terre. Ma vie est un chapitre, pas un livre.

Cependant, il y a des différences entre mes parents et moi : je m'excuse quand je blesse les autres ; j'ai plus de ressources qu'eux lorsque je dois faire face à des problèmes relationnels ; j'ai pris conscience d'un certain nombre de choses et je me suis adouci grâce à tous les livres de développement personnel que j'ai lus et aux thérapeutes que j'ai rencontrés. Mes ancêtres n'ont jamais eu cette chance.

Aucune famille n'est parfaite. Au mieux, nous pouvons espérer qu'elle fonctionne la plupart du temps, avec quelques ratés ici et là et, quand les choses vont trop mal, que nous trouverons une solution.

Pour moi, une famille fonctionnelle est celle où les cinq A sont présents la plupart du temps et qui n'abuse d'aucun de ses membres. De plus, les sentiments et les manques sont exprimés tant entre les parents qu'entre les enfants et les parents à chaque fois qu'on en prend conscience. Dans ce genre de famille, les parents n'ont ni peur ni honte de reconnaître leurs torts devant leurs enfants (et vice versa) si les circonstances le justifient. Les événements de la vie sont pris en considération patiemment et avec douceur en fonction des réactions, intuitions, sentiments des uns et des autres. Les membres de la famille ont tout le loisir de ressentir les choses comme ils l'entendent et d'y répondre à leur manière. Les crises ne se transforment pas en secrets dont personne n'ose parler. La liberté de parole existe dans tous les domaines. *Est-ce qu'on m'a jamais demandé ce que je ressentais lorsqu'il y avait une crise dans la famille ?*

Je crois que nous nous sentirions tous beaucoup plus forts si nos parents nous avaient tout simplement fait part de leurs sentiments et de leurs inquiétudes : « Jeanne, ton père a écrit du front. Il a souvent peur et il est malheureux, mais ça l'aide de penser à nous et il reprend espoir. Je suis triste de lire ça. Et toi ? » Ce type d'invitation au dialogue montre combien une attention juste et en miroir peut contribuer à désamorcer les sentiments d'isolement, d'impuissance et de peur.

La frustration n'est bonne pour aucun enfant, et elle n'a rien à voir avec l'effort. Un enfant s'efforce de mettre son blouson pendant que l'un de ses parents le laisse faire sans l'aider. L'enfant apprend ainsi la persévérance, il finit par parvenir à ses fins et par enfiler son blouson. Mais quand l'enfant est frustré parce que la tâche est vraiment trop difficile pour lui et qu'il est prêt à tout laisser tomber de désespoir, le bon parent intervient pour l'aider. Dans les familles saines, l'effort et l'assistance ont leur place, pas la frustration ni l'humiliation. C'est ainsi qu'on implante des antidotes au désespoir dans la psyché.

Dans les familles fonctionnelles, les parents se séparent si l'un des deux a un comportement addictif ou abusif et refuse de se soigner. L'autre ne laisse pas la situation s'installer, il prend les mesures qui s'imposent et les enfants ne servent jamais à combler des besoins inadéquats de leurs parents. Le parent qui prend soin de ses enfants les protège et se protège en même temps. Il fait tout ce qu'il peut pour satisfaire aux besoins de ses enfants et veiller à leur sécurité. Et si ce n'est pas possible, il s'en va avec eux.

En devenant adulte, nous apprenons à remplir pour nous-même le rôle que la famille fonctionnelle était censée tenir. Devenir adulte, c'est avoir un parent intérieur attentif et bienveillant qui ramène dans le droit chemin notre enfant intérieur quand il désobéit, le protège quand il est menacé et le réconforte quand il a peur.

Né en 1763, le poète japonais Issa avait été maltraité pendant son enfance : « Ne crains point/Chétive petite grenouille !/ Je suis là pour t'apporter mon soutien. » Souvent, le sentiment de solitude résulte non pas d'un manque de personnes autour de nous pour nous distraire, mais de l'absence d'un adulte intérieur capable de prendre soin de notre enfant intérieur qui se sent d'une certaine façon abandonné. (La solitude est aussi un moyen de ressentir les transitions, de faire un pas de côté ou une pause, de s'engager dans un processus spirituel ou de se trouver.) Il arrive alors que l'on ne supporte pas sa solitude et que l'on recherche à tout prix de la compagnie. Quand il ne peut s'appuyer sur son parent intérieur, l'enfant intérieur lui substitue n'importe qui ou n'importe quoi. Un parent intérieur fiable et attentionné saura lui tenir compagnie de façon tendre et rassurante quand il est terrorisé et le protégera d'attachements inappropriés. Sans éliminer la solitude, cela élimine son impact et on pense aux mots de l'auteur et enseignante Natalie Goldberg : « Utilisez la solitude. La souffrance qu'elle génère crée l'urgence de renouer avec le monde. Servez-vous-en pour vous propulser plus profondément dans vos besoins d'expression – vos besoins de parler et de dire qui vous êtes. »

Les Romains savaient à quel point la vie de famille est difficile. Ils avaient compris que l'homme ne pouvait seul pourvoir aux besoins des siens, les garder en bonne santé : pour faire fonctionner un groupe humain il fallait l'aide du ciel et de la terre. Ils priaient donc et invoquaient pour cela le concours des dieux qui avaient chacun leur domaine de compétence (les dieux personnifient la grâce, un don particulier qui nous vient de façon imprévue et nous permet de transcender les limites de l'ego et de la volonté) : Vesta était la déesse du foyer autour duquel se rassemblait la famille pour trouver chaleur et compagnie, et on lui préparait de la nourriture. Les Lares étaient les esprits des ancêtres, invoqués en reconnaissance du fait que les parents ne sont pas les seuls éléments nourriciers : nous avons aussi besoin de l'assistance des générations précédentes. Les Pénates étaient les petits esprits de la table et des buffets. Janus au double visage protégeait les ouvertures de la maison du monde extérieur, attentif d'un côté aux affaires domestiques et de l'autre aux dangers en provenance du monde extérieur. Il y avait par ailleurs trois dieux de la porte d'entrée : le premier pour la porte elle-même, le deuxième pour les gonds et l'autre pour le seuil. Junon, la déesse du mariage et de la famille, veillait au bien-être mental et physique des membres de la maisonnée. Toutes ces présences invisibles contribuaient au bon fonctionnement de la famille. L'imagerie religieuse joue le même rôle d'invocation de puissances tutélaires et bienfaisantes qui transcendent le simple humain.

Pour les Grecs également, les frontières entre le monde des dieux et celui des hommes étaient poreuses. Dans la pièce *Agamemnon* d'Eschyle, le personnage éponyme, au moment où il est poignardé par sa femme dans son bain, s'écrie : « J'ai été frappé d'un coup mortel au plus profond de moi. » Ses mots montrent bien que nos blessures les plus profondes, celles qui ont trait à la trahison et à la séparation, nous sont infligées dans le cadre de nos relations familiales et amoureuses. Dans la Grèce ancienne, les pièces de théâtre faisaient partie des fêtes religieuses ; elles portaient sur des sujets psychologiques, souvent familiaux, car on ne faisait alors pas la différence entre le psychologique et le religieux. Le meurtre d'Agamemnon par exemple, perpétré dans l'eau et par une femme, s'appuie sur le thème archétypal de la dissolution dans l'onde d'un ego arrogant par des esprits féminins. De la même façon, en alchimie, la dissolution fait partie du processus par lequel le plomb de l'ego se transforme en or du Soi. Mythes et rituels ne cessent de refléter les desseins et le destin de la psyché, montrant encore une fois que notre travail doit être tout autant psychologique que spirituel.

## Transformer les blessures en espoir

Dans la mesure où les cinq A sont les composantes du soutien affectif, en être privé provoque un sentiment de déconnexion et d'isolement physique, affectif et spirituel. L'absence de l'un de ces éléments est ressentie comme un manque, un trou, une déficience, mais après tout, être humain, n'est-ce pas être imparfait ? D'ailleurs, l'imperfection peut aussi avoir des côtés positifs.

| *Une carence en* | *peut ouvrir sur* |
|---|---|
| ▪ Attention. | ▪ Des capacités d'introspection. |
| ▪ Acceptation. | ▪ Une exploration des aspects positifs et négatifs du Soi caché. |
| ▪ Autorisation. | ▪ Une recherche de mes propres besoins, valeurs et désir et les assumer. |
| ▪ Appréciation. | ▪ La faculté de m'apprécier et d'apprécier la force qui me contient moi et l'ensemble de l'univers. |
| ▪ Affection. | ▪ Un amour inconditionnel pour moi et les autres, la générosité d'aimer avant d'être aimé – autrement dit, à une réelle force d'initiative. |

Quand on voit les choses sous cet angle, la non-satisfaction de nos besoins se transforme en une force gravitationnelle qui nous attire vers les profondeurs de notre moi adulte. *L'application des cinq A sur nos carences nous donne accès à l'endroit de l'âme où nous trouverons satisfaction*. Nous découvrons notre richesse dès lors que, comme Alice, nous plongeons dans le trou. Le Pays des Merveilles correspond aux profondeurs de l'âme humaine, avec ses défis à la logique et ses lumineuses possibilités.

La pleine conscience est l'outil qui permet de transformer nos vides en un riche potentiel émotionnel. Quand nous l'utilisons, nous entrons dans la conscience pure de notre situation que nous chérissons sans jugement, peur, reproche, honte ni attente. Cette loyauté envers ce qui est nous permet de transformer nos manques en connaissance de soi. *La pleine conscience nous montre que le trou est en réalité un tunnel, pas une grotte aveugle*. Notre vide se révèle être un espace de transition comme les passages plus sombres d'un concerto, un mouvement plutôt que l'ensemble de l'œuvre. Le vide signifie que nous n'avons aucun sentiment de sécurité, aucun filet dans lequel nous laisser tomber. La pratique comme les relations amoureuses saines forment un filet, un parachute, un attrape-cœur. *De quel type de soutien ai-je besoin quand je regarde dans les trous de ma psyché ?*

Se réconcilier avec le passé, ce n'est pas se remémorer les blessures d'antan pour les réparer, mais se les approprier et les explorer jusqu'à ce qu'elles évoluent et révèlent leur vérité. Demeurer auprès de ses blessures, c'est trouver son Amour intérieur, sa réalité personnelle la plus profonde. Être maltraité et rester, c'est accepter d'être une victime ; se tenir aux côtés de son moi blessé, c'est une victoire spirituelle. La douleur devient une porte vers notre propre vulnérabilité, le lieu primitif de notre moi le plus tendre. En décidant de rester, nous respectons nos blessures comme des temples qui nous font du bien par le simple fait que nous y pénétrons et nous y attardons. Ce travail fait de nous des pèlerins, pas des ouvriers. Si nous avons été blessé parce que l'amour nous a fait défaut, il nous sera paradoxalement possible de le trouver juste en nous asseyant et en prêtant attention au manque que nous avons un jour éprouvé. Nous trouvons la solution à notre perte originelle non pas en la comblant entièrement avec les sentiments d'un tiers à notre égard, mais en lui trouvant aussi une place en nous. Notre ego cherche l'amour, mais c'est en nous qu'il faut d'abord le trouver. Une fois ce travail accompli, nous sommes capable d'aller vers les autres, comme des millionnaires prêts à partager leurs richesses et non comme des miséreux cherchant à s'approprier celles des autres.

Le héros des mythes et des légendes ne connaît pas la peur et pourtant chaque histoire comporte un épisode pendant lequel il est dépouillé de son pouvoir, comme Robin des Bois dans le donjon, Jonas avalé par la Baleine, Dorothy endormie dans le champ de coquelicots et tant d'autres. Tous ces incidents forment les métaphores des moments de calme qui accompagnent la pratique de la pleine conscience. Ils reconnaissent la légitimité de l'impuissance et de l'inaction comme autant d'étapes utiles sur le chemin humain.

Récemment, le mouvement du développement personnel a insisté sur le fait que nous devrions refuser d'être des victimes. Il est probable qu'au passage, à force de ne voir les choses que sous un seul angle, nous ayons oublié la relation dynamique qui existe entre l'absence de défense d'un côté et les ressources de l'autre. Ces deux opposés sont en réalité complémentaires. S'il est dangereux de n'être qu'une victime et inacceptable de se faire maltraiter, il est approprié d'être victime d'une dépression quand on vous trahit. L'impuissance, à condition qu'elle ne dure pas, aide à se débarrasser de l'ego et du contrôle et peut se révéler utile, y compris pour les vrais héros.

Il est même vrai que les pertes, les difficultés, les déceptions, les blessures et les trahisons semblent nécessaires pour passer de l'enfance à l'âge adulte. La chienne repousse ses petits qui veulent continuer à téter lorsque l'heure du sevrage a sonné, car elle veut qu'ils apprennent à se débrouiller seul. Partout la souffrance et l'angoisse de séparation accompagnent le pouvoir nourricier. Nous sommes furieux quand nos parents nous refusent quelque chose, mais ce refus en même temps nous fait grandir. Nous apprenons à négocier, nous construisons notre caractère. Comme Cendrillon et Blanche-Neige, il nous faudra peut-être passer un peu de temps auprès de notre marâtre avant d'intégrer notre archétype d'orphelin et nous encourager à embrasser notre destinée d'adulte (bien qu'orphelin désigne en général une personne qui a perdu au moins l'un de ses parents, le mot ici fait référence à la partie de nous qui a survécu intacte à une famille maltraitante ou toxique).

C'est ainsi que Tom Daly, soldat dans la guerre contre l'Irak, a pu dire : « Souvent, les événements de notre vie que nous considérons comme les plus difficiles sont en réalité des étapes initiatiques qui nous affranchissent des paradis artificiels et malsains de l'innocence, de la grandeur, de la passivité, de la violence ou de l'addiction. » Sans de telles initiations, nous résisterions à la croissance et au changement et refuserions même d'assumer nos responsabilités envers les autres ou d'affronter notre destin qui est de transcender notre ego personnel. Sous cet angle, les maltraitances et trahisons les plus précoces peuvent être vues comme des épreuves révélatrices. Il n'est pas question ici d'excuser, mais de dépasser l'événement pour s'en sortir. Chacune des perturbations, interruptions et faillites parentales que nous subissons nous donne la force d'affronter le futur et son lot de séparations, déceptions et échecs. Ce pouvoir se gagne dès lors que nous acceptons de revisiter notre passé et de rester auprès de nos souffrances suffisamment longtemps pour en récolter tous les fruits.

Les opposés ne cessent de se croiser dans le déploiement du monde des hommes. En nous incitant à nous ouvrir aux expériences, la joie laisse entrer le chagrin. L'enfant qui grandit devient capable de comprendre les oppositions apparentes qu'il remarque chez ses parents : « Ma mère se montre parfois disponible et parfois non, et pourtant je peux l'aimer et être certain qu'elle m'aime dans chacun de ces moments. » Nous avons tous traversé des phases plus ou moins difficiles dans nos relations avec nos parents. Si, devenus grands, nous regardons derrière nous et ne voyons que la matraitance – ou, au contraire, les moments de bonheur –, c'est le signe qu'il nous reste à devenir adulte, à savoir être capable d'envisager les deux opposés avec sérénité.

La trahison, par exemple, nous pousse à quitter la maison, à mener notre propre existence et par conséquent à compter sur nos propres forces. C'est elle qui a conduit

Joseph vers son destin : vendu comme esclave par ses frères, il deviendra par la suite vice-roi d'Égypte aux côtés de Pharaon. Ce genre de paradoxe, où un mal se transforme pour finir en un bien, se retrouve tout au long de l'histoire : Dante a été exilé de Florence, la cité qu'il aimait passionnément, avant de pouvoir écrire *La Divine Comédie* ; Homère et Milton étaient devenus aveugles au moment où ils se sont lancés dans l'écriture de leurs épopées ; Beethoven était sourd quand il a composé ses plus célèbres symphonies. Dans chaque cas, l'artiste a produit la grande œuvre à laquelle il était destiné après avoir subi la souffrance et la perte. Nous aussi nous sommes des artistes et nous sommes confrontés aux mêmes types de destin et de défi. *Le passé ne s'efface pas, mais nous ne sommes pas obligés de le revivre. S'il est impossible de faire comme s'il n'avait pas existé, pour autant nous ne devons pas nous y accrocher*.

Dans la mythologie égyptienne, Osiris est découpé en morceaux par son frère, le sombre Seth. Osiris accédera à l'immortalité quand refusant de l'oublier, sa sœur et épouse, la fidèle Isis, retrouvera les morceaux de son corps et les réunira pour leur insuffler une étincelle de vie. Les assauts répétés portés à notre sentiment de soi eux aussi nous coupent en morceaux. Nous vivons ainsi jusqu'au moment où nos pouvoirs féminins réparateurs nous indiquent la voie de notre unité. Autrefois, certains rites shamaniques passaient par un démembrement rituel initiatique. Comme avec le Christ, Dionysos et Osiris, la fragmentation est souvent une phase transitoire nécessaire pour passer de l'humiliation et de l'abus à la confiance en soi et à l'amour compassionnel. Les héros blessés ne peuvent sauver les autres que parce qu'ils ont connu la fragmentation puis la restauration. Au milieu des ruines, il existe un chemin vers l'amour.

Faute d'accomplir un travail sur nous-même, nous restons convaincu d'être la somme de tous les malheurs que nous avons traversés. En réalité, c'est la somme des événements de notre vie *et* notre travail qui nous permettent d'embrasser notre destinée. Dans une relation saine, il est possible de dire sans crainte à l'autre : « Viens me rejoindre dans mon chaos non pour m'aider à l'éliminer mais pour me permettre de le tolérer. » C'est grâce aux cinq A que nous restons auprès de nous-même d'une façon prolongée et empathique et mobilisons des forces enfouies pendant très longtemps sous des couches de souffrance. C'est une attitude plus efficace que toutes les tentatives visant à déraciner le problème. C'est aussi la différence entre une réaction agressive à une attaque et une réaction d'amour non violent.

Quand on va chercher sous nos sensibilités blessées, nos vices, nos erreurs et nos regrets, on trouve encore un milieu nourricier qui sera le terreau de notre croissance. Quelles que soient les circonstances, nous ne perdons jamais notre amour inconditionnel pour la lumière. Nous construisons dessus. Les difficultés et les trahisons sont les puissances adverses qui nous guettent au seuil de notre croissance comme elles le faisaient pour les héros mythiques au cours de leur voyage, mais ces forces hostiles ont toutes leur talon d'Achille, qu'il s'agit de trouver. Toutefois, il n'y a pas d'initiation sans cicatrice : chez les peuples premiers, celles-ci étaient infligées par les aînés et les parents ; les jeunes d'aujourd'hui ont recours aux tatouages et au piercing.

## Un voyage héroïque

Le voyage héroïque archétypique ne conduit pas de A à B, mais part de A pour revenir à A après que l'on a marqué un point comme dans certains jeux de balle.

Les phases de ce voyage correspondent exactement à celles d'une relation amoureuse : dans le premier cas, le héros quitte l'environnement qui lui était familier, surmonte une série d'épreuves et rentre à la maison avec une épouse, un trésor, une amulette ou un pouvoir guérisseur ; dans le second, on quitte le foyer familial et ses proches, on traverse toutes sortes de difficultés en territoire inconnu pour aller à la rencontre de soi dans le cadre d'un engagement conjugal. Dans la mesure où nous avons les mêmes besoins dans l'intimité amoureuse que dans l'enfance, le voyage nous ramène donc à notre point de départ mais sans la peur de la solitude qui nous a initialement poussé à nous mettre en route. Les obstacles que nous rencontrerons au cours de notre progression vers l'intimité, et qui prennent la forme des conflits propres à la vie de couple, se transformeront en des ponts vers une communion et un engagement véritables quand on aura su les surmonter. Les aléas rencontrés en chemin *sont* en réalité le chemin. L'amour adulte est l'objectif du voyage de l'homme. Le héros est destiné à devenir l'amant de sa partenaire puis à entrer en partenariat avec le monde, car le travail ne peut pas être exclusivement personnel et la pratique, qu'elle soit psychologique ou spirituelle, nous prépare à éclairer le monde et à nous mettre à son service. L'amour est de fait un voyage qui mène *de* la solitude *à* la communion *au travers de* la proximité et de l'opposition.

Ainsi, la dernière étape du voyage, comme l'acmé d'une relation équilibrée, est de revenir au point de départ pour y apporter les pouvoirs sacrés de l'amour, de la sagesse et de la guérison reçus en route. Notre chemin nous conduit au-delà de l'ego orgueilleux et boursouflé vers l'ego généreux et équilibré, nous préparant à notre mission qui est de devenir des messagers du Soi à destination de tous nos semblables. Les cadeaux que nous rapportons avec nous sont les talents dont nous avons été gratifié à la naissance et qui ont été activés pour servir tant dans notre vie personnelle qu'amoureuse. De plus, grâce au pouvoir du bien et de la compassion, nous faisons du monde un plus bel endroit qu'il n'était quand nous l'avons trouvé et obéissons à notre destin évolutif.

## Pratiques

### Reconnaître le terrain

Parmi les questions suivantes, choisissez celle qui vous concerne le plus et notez vos réactions dans votre journal : Est-ce que je peux prendre le risque d'être moi-même et m'autoriser à t'aimer ? Est-ce que je trouverai dans notre relation une zone où je me sentirai suffisamment en sécurité pour laisser apparaître à la surface les aspects de moi que j'ai enfouis jusque-là ? Est-ce que tu m'aimeras et me tiendras encore quand tu m'auras vu sous mon jour le plus sombre ?

### L'effet miroir

Dans chacune des phases de notre vie, l'influence de nos premiers besoins se fait sentir : il ne s'agit pas de renoncer à ceux-ci, mais de les prendre en considération et de les travailler avec la participation active de notre partenaire s'il/elle le souhaite. Notre but ne se limite donc pas à rompre les attaches que nous avons avec nos parents mais à nous unir à un partenaire qui nous soutiendra dans cette activité. Comme le dit Shakespeare dans *Le Roi Lear* : « Celui qui souffre seul souffre le plus. »

Interrogez votre partenaire : « Je suis sorti des rails à un moment de mon développement : est-ce que tu veux bien m'aider à me remettre sur ma route ? Es-tu la personne avec qui je peux en toute sécurité accueillir et revivre les besoins qui n'ont jamais été comblés autrefois et donner une nouvelle direction à mes frustrations ? Peut-on travailler ensemble pour être le miroir dont l'autre a besoin ? Est-ce qu'il m'arrive de te renvoyer les sentiments qui m'étaient insupportables et peux-tu m'aider à les identifier et à les embrasser ? Est-ce que l'inverse est vrai ? Comment nous épauler mutuellement et dépasser cela ? Quels sentiments me renvoies-tu ? Et, de mon côté, quels sont ceux que je te renvoie ? Lesquels redoutons-nous chez l'un et chez l'autre ? »

## Des attentes adultes

Un adulte équilibré attend de son partenaire amoureux qu'il comble environ 25 % de ses attentes (contre 100 % dans le cas d'un enfant). Le reste est satisfait par la famille, les amis, la carrière, les activités extra-professionnelles ou de loisir, la spiritualité ou la religion, les animaux domestiques (les chiens savent mieux que quiconque apporter les cinq A) et soi-même.

Selon Chögyam Trungpa Rinpoche, dans la méditation nous consacrons 25 % de notre attention à la technique, 25 % à la relaxation, 25 % à nous apprivoiser et 25 % à nos attentes et aux pensées qui nous traversent l'esprit. Il fait l'analogie avec l'expérience du spectateur de théâtre ou de cinéma : 75 % de notre attention va au spectacle qui se déroule devant nos yeux et le reste au pop-corn ou à la glace que nous tenons et à notre voisin. C'est la dispersion qui engendre le plaisir et celui-ci ne serait pas aussi grand si nous étions totalement absorbé par le spectacle. S'il vaut mieux avoir une moitié de quelque chose plutôt que rien du tout, c'est peut-être dans le fait d'apprendre à accepter le quart que réside le secret d'un couple qui fonctionne.

Réagissez aux questions suivantes dans votre journal ou discutez-en avec votre partenaire : à quelles sources satisfais-je mes besoins et quelle est la proportion occupée par chacune ? Que m'inspire cette boutade de Tchekhov : « Si vous craignez la solitude, ne vous mariez pas » ? Est-ce que mes attentes à l'égard des cinq A sont adultes ? Est-ce qu'elles ont diminué depuis l'enfance (comme mon besoin en lait) ? Est-ce que je peux me contenter d'une quantité modérée et adulte d'attention ou bien suis-je habité par un sentiment de frustration et d'injustice dans lequel je me complais aujourd'hui ? Me suis-je réjoui le jour de nos noces alors même que chaque cellule de mon corps versait des larmes sur mon sort d'enfant ? Puis-je dire avec Henry David Thoreau : « Je viendrai à toi, mon ami, quand je n'aurai plus besoin de toi. Alors tu trouveras un palais au lieu d'un hospice. »

## Assumer ses choix

En quoi le tableau ci-dessous correspond-il à votre vécu ? Parmi les phrases suivantes lesquelles vous décrivent ?

| *L'enfant intérieur qui n'a pas bénéficié de l'effet miroir peut :* | *Ou à l'inverse :* |
|---|---|
| ▪ rechercher des relations amoureuses qui reflètent et construisent la confiance. | ▪ rechercher des relations qui érodent la confiance. |
| ▪ voir le traumatisme comme un pont. | ▪ considérer le traumatisme seulement comme un obstacle. |
| ▪ surmonter le passé et ses souffrances. | ▪ perpétuer le passé et s'y accrocher. |
| ▪ prendre le risque de la différence. | ▪ ne reproduire que les schémas familiers. |
| ▪ aspirer à transcender ses expériences. | ▪ se sentir obligé de répéter une situation ancienne. |
| ▪ s'attendre à réussir sa vie amoureuse. | ▪ s'attendre à l'échec. |

## Prendre soin de soi

Quand on a été maltraité très jeune, la capacité à prendre soin de soi a été érodée et on néglige plus particulièrement sa santé. Comment réagissez-vous aux conseils en la matière ? Les mises en garde inscrites sur les paquets de cigarettes peuvent conduire à arrêter de fumer : c'est une réaction adulte. Mais l'information peut aussi tomber à plat : « J'm'en fous » répond, désespéré, l'enfant intérieur qui a trouvé là un nouveau moyen de mettre fin à ses jours. Où vous situez-vous sur le spectre ?

## Refuser l'abus

S'ouvrir à l'autre fait partie de l'intimité, mais cela ne signifie pas qu'il faille accepter d'être maltraité et nous avons le droit de dire « Aïe ! » pour indiquer que nous avons été blessé. En cas de maltraitance physique, il faut partir aussitôt et demander de l'aide. Si les mauvais traitements sont psychologiques et interviennent dans le cadre amoureux, faites-vous la promesse suivante : je n'accepterai pas de souffrir ou d'être malheureux pendant plus de trente jours sans en parler à mon partenaire ou à mon thérapeute. Qu'en est-il pour vous : *avez-vous signé pour trente jours ou pour quinze ans ?*

Il est parfois inutile de chercher à discuter, comme par exemple lors d'un dîner où un convive s'en prend à vous sous le coup de l'alcool. En ce cas, mieux vaut laisser tomber et partir. Le but n'est pas de punir ou de juger l'autre, mais de se protéger.

En cas d'abus, parlez-en à votre thérapeute et/ou à un(e) ami(e) proche et demandez leur conseil sur la marche à suivre. Si la maltraitance est physique, portez plainte auprès de la police. Et faites-vous aider par un professionnel si vous ne parvenez pas à voir que vous êtes victime de violence alors que votre entourage vous le dit.

## Reformuler les messages que l'on a reçus

Souvenez-vous de ce que vous disaient vos parents et demandez-vous ce que vous en avez retenu. Si par exemple ils ne cessaient de répéter : « Tout passe, tout casse, tout lasse », faut-il vous étonner aujourd'hui de toujours imaginer le pire ? Vous propose-t-on un emploi que vous vous attendez à ce que le recruteur change d'avis. D'ailleurs, vous avez le sentiment que cela a toujours été comme ça dans votre vie quand bien même aucun fait ne le prouve vraiment. Car vous agissez par rapport à une peur/croyance que l'on vous a insufflée très jeune : encore tapi en vous, l'enfant indigne se manifeste au moindre bonheur qui vous tombe dessus, prêt à tout saboter.

La peur que vous ressentez encore peut être envisagée comme une demande d'attention de cet enfant. Accueillez-le, faites-lui une place et rassurez-le en lui disant que désormais il n'est plus seul, car vous le soutiendrez face à l'adversité et vous réjouirez avec lui de ses succès. Vous lui direz peut-être quelque chose comme : « Le “Je” adulte est là pour le “moi” enfant. Je sais à quel point ces peurs te paralysent encore, mais je suis à tes côtés désormais. Mes ressources sont grandes et tu peux compter sur moi. Je te protégerai et me tiendrai dans la pleine conscience auprès de ce que je/tu ressens. » Cette technique métaphorique d'imagination active fait taire le sentiment qu'a l'enfant de ne pas être à la hauteur et développe la confiance en soi.

Nous avons, pour la plupart d'entre nous, intériorisé de nombreux messages par lesquels nous portons un jugement négatif sur nous-même. Pour autant, loin d'être obligé d'écouter la voix pernicieuse de notre censeur intérieur, nous pouvons la voir comme l'assaut d'un ennemi que sa stratégie mène invariablement à la défaite et la réorienter avec douceur vers la bienveillance et la compassion à l'égard de notre enfant intérieur terrorisé, la transformer en une voix rassurante qui fait preuve d'attention d'acceptation, d'appréciation, d'affection et autorise les erreurs. C'est ainsi que l'on devient l'artisan de sa propre guérison et que l'on cesse de renoncer à soi-même.

Le ton aimant de l'allié intérieur nous accepte tel que nous sommes, nous donnant le sentiment d'être plus fort et plus digne d'être aimé. C'est une nouvelle force adulte qui se manifeste ainsi. Cependant, cette voix intérieure ne doit pas être envisagée comme un monologue : elle est entendue par les compagnons de grâce qui nous prêtent main-forte sur le chemin. Ils ont atteint l'Éveil et se tiennent à nos côtés pendant notre pratique. L'amour est partout. L'amour nous entoure.

Nous sommes tous dignes d'amour parce que nous avons en nous un noyau qui demeure entier quoi qu'il nous arrive, une capacité à aimer que rien ne peut atteindre. Cette bonté de base *est* au cœur de notre être comme une grâce qui nous a été donnée et à laquelle on peut recourir sans effort, un aspect intrinsèque de la nature humaine. Nous accédons à la dimension du don – la grâce – quand nous portons sur nous-même un regard amical.

Les défenses de l'ego se sont installées en réaction à l'hostilité extérieure. Elles ont donc pour origine un désir d'amour frustré et c'est pourquoi notre ego boursouflé mérite plus de compassion que de mépris. Nous pouvons choisir d'être un bouddha pour nous-même – « Magnifique, magnifique » ont été les premiers mots du Bouddha regardant le monde et le cœur des hommes après avoir accédé au stade de l'Éveil ; ou bien nous pouvons mener un combat contre nous-même – tel un Luther clouant sur nos cœurs ses quatre-vingt-quinze thèses accusatrices.

Quand vous entendez s'élever en vous ces voix critiques, imaginez-vous dans le rôle d'un missionnaire. Gentiment et sans vous lasser, cherchez à les convertir à des formes plus compassionnelles de spiritualité. De sorte que lorsqu'elles se manifesteront à nouveau, vous serez devenus condisciple de la pleine conscience et de l'amour bienveillant.

Et quand les desperados de l'ego névrotique – la peur, l'attente, le jugement, le contrôle, l'attachement, etc. – menacent d'envahir votre domaine psychique, il est temps de pratiquer la pleine conscience. Asseyez-vous ou marchez tranquillement en contemplant chacun de leurs assauts stressants et laissez-les aller comme des « pensées qui passent » ou en vous disant clairement : « J'arrête de vouloir tout contrôler et advienne que pourra. » Puis élargissez le cercle de votre amour en passant du personnel à l'universel : « Que tous les êtres relâchent leur emprise sur tout ce qui constitue une entrave à leur bonheur. » C'est ainsi que l'on passe d'un amour égocentrique à un amour véritablement écologique.

## Accepter le blanc comme le noir

Lisez les questions et propositions qui suivent seul ou avec votre partenaire et trouvez vos propres réponses :

Y aura-t-il des moments dans la vie où je subirai des pertes ? J'ai déjà vécu ça et j'ai résisté.

Y aura-t-il des surprises merveilleuses ? Il y en a déjà eu et je fais confiance à l'univers pour que cela se reproduise. Rien n'est jamais tout blanc ou tout noir et la vie ne peut être qu'une vallée de larmes ni qu'une partie de plaisir. Parfois on gagne et parfois on perd, il y aura un peu des deux et je suis capable de faire face à la souffrance autant que de profiter des joies que l'avenir me réserve.

Ma mère s'est-elle toujours montrée gentille à mon égard ? Mon père a-t-il su m'encourager sans relâche ? Non, mais la constance est une qualité rarement présente dans les relations humaines et comment pourrais-je m'attendre à la perfection ? Ce sont mes arrangements avec les données de l'existence qui font de moi un adulte équilibré. Aurais-je pu acquérir cette capacité d'adaptation si j'avais passé ma vie à gambader dans des champs de roses ?

## Prendre conscience de ce qui a été accompli

Notez dans votre journal dans quelle mesure vos besoins de base (attention, acceptation, appréciation, affection et autorisation) ont été comblés autrefois. Et comme ils correspondent aux cinq qualités centrales de l'amour et du soutien que l'on attend de l'autre, dressez en regard la liste de ce que vous avez recherché dans vos relations amoureuses puis reliez les entrées qui se font écho sur chacune des listes. Vos attentes les plus désespérées aujourd'hui correspondent-elles à celles qui n'ont jamais reçu de réponse pendant l'enfance ? Interrogez votre partenaire et vos enfants pour voir si, de votre côté, vous savez répondre à leurs besoins. Et si vous vous sentez suffisamment solide pour cela, faites une liste de tous vos besoins insatisfaits et montrez-la à votre partenaire en lui disant : « Tout cela, c'est à moi d'y pourvoir, *pas* à toi. »

## Repérer les failles

Il est douloureux d'aller complètement à la rencontre de soi, alors nous évitons les trous creusés en nous par les déceptions de nos premières années ou de nos relations amoureuses. Voici un exercice efficace à pratiquer dans le calme et la méditation.

1. Localisez les trous qu'a creusés en vous la non-satisfaction des cinq A.

2. Remémorez-vous toutes les fois où vous avez cherché à les combler par un substitut.

3. Engagez-vous à explorer ces cratères effrayants avec pour seuls outils les cinq A : vous vous assoirez seul à l'intérieur sans tenter de les remplir et vous apporterez à chacune de vos déficiences attention, acceptation, appréciation et affection, vous autorisant à y demeurer sans protestation, honte, ni reproche. Car seuls les cinq A peuvent répondre aux besoins. En vous les offrant à vous-même, vous soignez des plaies qui se sont formées autrefois par la négligence des autres.

Les cinq A ne vont ni masquer ni faire disparaître les manques béants et désertiques, mais à force d'insister, vous verrez ceux-ci se transformer en espaces vivants.

Alice a volontairement suivi le Lapin Blanc dans le trou qui l'a amenée à explorer certains aspects terrifiants et obscurs de sa personnalité. Demandez-vous si vos différents partenaires se sont efforcés de vous guider vers votre moi profond comme le Lapin bienveillant. L'âme sœur, c'est celui ou celle qui accepte de vous accompagner dans votre quête avec les mêmes outils que vous.

## Servir de témoin à la douleur de l'autre

Très jeune ou tout au long de votre vie, votre partenaire ou/et vous avez été victimes d'abus, de trahisons ou de blessures. Proposez à votre partenaire d'être le témoin attentif de la douleur qui perdure chez lui. Cela signifie l'écouter avec attention, acceptation, autorisation, affection et appréciation en accueillant de façon respectueuse et encourageante le ressenti qui se cache souvent derrière les faits. Vous n'êtes pas là pour donner des conseils ou tenter de redresser des torts. La confidentialité est de rigueur et gardez-vous de remettre le sujet sur le tapis avant d'y être invité par votre conjoint. Ne jouez pas non plus à l'apprenti sorcier : cette pratique est à éviter si l'un de vous n'est pas prêt à affronter la souffrance qui surgira peut-être après avoir été refoulée et contrôlée pendant des années.

## Trouver la perle

Lisez la description de la perle figurant ci-dessous comme une métaphore de la douleur et de son potentiel transformateur, puis composez un poème à partir de vos propres souvenirs de perles et du rôle qu'elles ont pu jouer dans votre vie ou répondez aux questions proposées ensuite.

> L'huître réagit à une irritation causée par un parasite ou un grain de sable en faisant appel à son pouvoir d'autoguérison et recouvre la blessure de cristaux d'aragonite. Au bout de plusieurs années, une perle se forme faite de la

même matière que l'intérieur du coquillage. L'irisé unique (« orient ») des perles dépend de la réfraction de la lumière des couches superficielles translucides de la nacre. L'irisé de certaines provient de la superposition de couches d'aragonite qui réfléchissent la lumière quand celle-ci vient les frapper. À la différence d'autres gemmes, les perles ne sont ni taillées ni polies. Leur douceur les rend vulnérables, elles craignent la chaleur et l'acide et il leur arrive de se ternir et même de mourir. Le meilleur moyen de maintenir leur éclat est de les porter à même la peau.

Cette description regorge de métaphores. Notez vos réactions dans votre journal et répondez aux questions suivantes (ou composez un poème) : quel parasite abritez-vous qui attend d'être traité ou qui a déjà été recouvert ? Faites-vous confiance à vos ressources intérieures pour transformer l'irritation en perle ? Qu'évoquent pour vous les phrases suivantes : « pouvoir d'autoguérison », « à partir de la même matière que l'intérieur du coquillage », « leur douceur les rend vulnérables », « le meilleur moyen de maintenir leur éclat est de les porter à même la peau » ?

## Faire son deuil du passé

Pour vous en dire un peu plus sur le travail spécifique de deuil, j'y ai consacré quelques pages que je vous propose en annexes de ce livre. Quand vous vous sentez prêt, amorcez le processus de deuil des pertes et abus que vous avez subis pendant l'enfance. Vous pouvez aussi décider d'attendre d'avoir terminé le livre. Respecter son propre timing est essentiel au succès de toute pratique.

## DEUXIÈME PARTIE

# Les difficultés du voyage

« C'est Jupiter qui guide les mortels dans la voie de la sagesse ; c'est lui qui apporte cette loi : la connaissance au prix de la douleur. »

ESCHYLE, *Agamemnon*

## CHAPITRE 3

# Choisir un partenaire

C'est quand nous ne recherchons ni ne fuyons les possibilités de rencontres que notre chemin croise celui du ou de la partenaire qui nous convient le mieux parce que nous vivons tout simplement en accord avec nos besoins et rêves les plus profonds et prenons conscience de ceux qui nous entourent. Nous faisons confiance à l'univers et à son pouvoir miraculeux de synchronicité pour mettre la bonne personne sur notre route. Mais ce qui compte davantage que de trouver un partenaire, c'est de protéger notre cœur dans un jeu amoureux parfois cruel, qui est l'occasion de promesses non tenues et d'attentes déçues. Prendre soin de soi dans de telles circonstances, c'est ne pas trahir sa vraie nature dans une tentative désespérée d'être désiré. Il faut veiller à défendre ses frontières afin d'éviter plus tard de se mépriser pour avoir renoncé à soi-même. Nous ne pouvons laisser qui que ce soit nous exploiter ou nous piétiner « juste pour voir ». À partir du moment où l'on considère les choses sous cet angle, on pourra se dire : « Je cherche un partenaire et je commence par prendre soin de moi. Pendant ce processus qui peut être dangereux pour l'estime de soi, je monte la garde auprès de mon moi intérieur vulnérable. »

Cependant, il nous faut prendre des risques, car c'est quand nos désirs ont la latitude de s'exprimer pleinement dans nos cœurs que nous avons le sentiment d'être en vie. Le désir est une source de motivation et donc de réussite. Au sens profond, il est notre capacité à aimer. Le but d'une personne équilibrée et saine n'est pas de se jeter à corps perdu dans une relation amoureuse en faisant une croix sur ses désirs, mais de laisser l'autre les satisfaire en partie en veillant à ce que l'échange soit mutuel et ne crée pas de dépendance. Les relations amoureuses ne sont pas destinées à répondre totalement à nos besoins, mais à nous fournir des ressources en perpétuelle évolution au fur et à mesure que nous avançons sur le chemin de la vie. C'est ce qui se produit quand les cinq A accueillent et soutiennent nos sentiments et quand notre partenaire appréhende mieux notre part d'ombre et lui prodigue aussi les cinq A.

Pendant l'enfance, il nous a parfois fallu dissimuler notre moi profond pour préserver le lien que nous avions avec nos parents. C'était alors le prix à payer auquel nous nous sommes ensuite habitué, y compris dans nos relations amoureuses. Mais les choses changent à partir du moment où l'on devient un adulte sain et équilibré. Si nous avons toujours des besoins, ils ne nous possèdent plus. *Dès lors que nous acceptons de ne pas voir nos besoins pleinement satisfaits, la peur qui nous possédait jusque-là se transforme en vulnérabilité et donne naissance à un amour plus généreux*. Une personne saine aspire à rencontrer un partenaire ouvert, attentionné, audacieux et sensible à ses sentiments qu'il saura accueillir. Pour la première fois, l'enfant intérieur effrayé se voit autorisé à tourner le dos à d'anciennes blessures et à faire confiance à de nouveaux liens.

## Suis-je fait(e) pour les relations intimes ?

Un engagement adulte est une entreprise profondément authentique d'amour continu. Cela implique une volonté indéfectible de tenir ses engagements et de surmonter les obstacles en reconnaissant, traitant et résolvant les conflits. Il en découle bonheur et respect mutuel. L'amour authentique ne cherche pas à se jouer des autres et on ne se joue pas de lui. Un adulte mature ne se laisse plus prendre au piège d'un joli physique ou d'une belle parole : ce qui compte, c'est un engagement mutuel à long terme.

Certains confondent attachement et amour. Le premier, qui vient de ce qu'on s'accroche à une autre personne, immobilise ; le second, en revanche, nous aide à évoluer progressivement de façon efficace et joyeuse et le lien vient de l'engagement qui se crée. On mélange aussi souvent dépendance et connexion. Ceux qui ressentent une insécurité profonde tentent de créer une connexion par la dépendance (en utilisant cadeaux, humour, flatterie, sentiment de dette, etc.). Les cinq A, et plus particulièrement l'autorisation, proposent une alternative fiable.

Bien sûr, tout le monde n'a pas la capacité de s'engager pleinement dans une relation amoureuse : certaines personnes auront beau suivre tous les exercices proposés dans ce livre, elles ne parviendront pas à répondre aux besoins d'un autre adulte dans le cadre d'une relation intime. Est-ce parce que ce type de relation ne les intéresse pas ou qu'elles n'ont pas envie de faire le travail nécessaire ? D'autres sont plus à l'aise avec des relations légères ou amicales – parce qu'elles sont calibrées pour cela sur le plan psychologique. Ce n'est pas par peur de l'intimité, mais plutôt par conscience que celle-ci n'est pas pour elles. Il n'y a pas de honte à cela et une personnalité équilibrée est bien dans sa peau plutôt que bien dans son couple.

Beaucoup d'entre nous se sont mariés par respect des conventions sociales plutôt qu'à la suite d'un choix mature qui reflétait leurs inclinaisons profondes et leur personnalité. Certaines personnes recherchent des relations plus amicales qu'amoureuses, elles apprécient ce mélange de distance et d'intimité qu'offre l'amitié. Elles préfèrent une alternance d'absence et de présence plutôt qu'une présence continue. C'est une option légitime. Mais il arrive que les pressions sociales – une fois intériorisées – les acculent au mariage. Avec pour résultat deux personnes malheureuses.

Le schéma traditionnel considère la vie commune comme le but logique d'une relation amoureuse et l'indicateur de son succès. Mais la réalité est bien différente : certains ne sont pas faits pour le partage quotidien et il vaut mieux que chacun habite de son côté, même quand la relation devient plus intime. Celle-ci peut être beaucoup plus détendue lorsqu'on est voisin que lorsqu'on vit sous le même toit et c'est à chacun des deux partenaires de prendre la décision la plus appropriée pour eux dans le but d'atteindre l'un des objectifs essentiels de toute relation : durer.

Le mariage et la famille ne conviennent pas non plus à tout le monde. Ce choix relève de l'individu et non de la collectivité et ira à ceux qui seront heureux d'évoluer toute leur vie dans un contexte familial avec son lot de petits et de grands soucis. Mais il est tout aussi légitime d'opter pour le célibat, l'homosexualité, les relations successives sans enfants ni mariage et toutes les variantes du genre. La question pour un adulte équilibré n'est pas tant celle du mode relationnel adopté que de savoir si ce choix reflète la réalité de ses désirs et s'il est mis en œuvre de façon sincère. Ainsi ce livre s'adresse aux personnes hétérosexuelles comme homosexuelles, aux personnes mariées ou en couple, aux célibataires, aux amis, aux compagnons – en bref, à quiconque a pour intention d'aimer et d'être heureux.

Comment savoir si vous êtes fait pour les relations amoureuses ? Dans quel profil, parmi les suivants, vous reconnaissez-vous le plus ?

- Essentiellement pas fait pour les relations amoureuses : certains de mes traits de caractère les plus profonds m'empêchent de réussir ma vie sentimentale comme par exemple une introversion constitutive telle que je ne peux pas supporter d'être avec quelqu'un pendant très longtemps, des troubles mentaux, une addiction à des substances, une misanthropie profonde, des tendances criminelles ou à la cruauté.

- Existentiellement pas fait pour les relations amoureuses : certaines de mes dispositions font avorter mes relations, mais elles peuvent évoluer à l'aide d'un vrai travail. Voici quelques cas de figures plus ou moins extrêmes : toutes mes relations se terminent mal et ça ne fait qu'empirer. C'est comme si c'était écrit. Je suis dans une spirale d'échec dont je ne parviens pas à me sortir (par exemple, je pars en courant dès que quelqu'un semble vouloir s'approcher). Mon ego surdimensionné règne en maître : je ne supporte pas d'avoir tort ou que l'on me corrige, que quelqu'un passe avant moi ou d'être blessé sans vouloir me venger. Je ne suis pas capable d'être fidèle (ou j'ai décidé que je ne l'étais pas). Je me fige : j'ai beau être malheureux dans mon couple, je n'arrive ni à faire évoluer les choses ni à partir. Je préfère la douleur qu'il y a à rester ensemble (même si je suis malheureux) à celle d'une rupture. Dans l'ensemble, le sexe m'indiffère ou me dégoûte. J'ai des besoins sexuels si inhabituels qu'un rapport normal ne m'intéresse pas. J'ai du mal à pardonner. J'ai décidé qu'aucune relation sentimentale ne comblerait de façon authentique, durable et renouvelée mes besoins, valeurs et désirs. J'agis en réaction à la pression sociale ou familiale. Que mon partenaire reste ou parte m'indiffère. Aujourd'hui j'ai besoin de passer au moins 75 % de mon temps seul.

Certains ont un avis définitif sur la question des relations amoureuses : on est ou on n'est pas fait pour. En réalité, il est possible de combiner des aspects en apparence contraires. En ayant conscience du degré de confort qui vous est nécessaire, vous pourrez adapter votre niveau d'engagement en fonction. Inutile donc de redouter que quelqu'un ne prenne le contrôle de votre vie ou de votre cœur car il est possible de décider de la place qu'occupera votre partenaire dans votre psyché. À condition de respecter les deux termes de la proposition : connaître et tenir compte de vos besoins, valeurs et désirs les plus profonds *et* trouver un partenaire en accord avec eux et prêt à soutenir votre effort. L'expression « adultes consentants » veut tout dire : deux personnes vraiment adultes et d'accord peuvent parvenir à un résultat très satisfaisant.

## Trouver le bon candidat

Dès lors que nous faisons nos choix amoureux de façon adulte, les partenaires potentiels qui se montrent distants, indisponibles, incapables d'échanges réciproques, d'assumer leurs sentiments ou de faire face aux difficultés vont perdre, de ce fait, tout intérêt. Si nous nous aimons, les autres ne nous plairont qu'à partir du moment où ils nous font du bien.

Est candidate à une relation amoureuse la personne capable et disposée à prendre et à recevoir de l'amour, à accepter ses émotions, à s'engager et à tenir ses promesses. Elle sait vous manifester les cinq A de façon agréable, satisfaisante et non intrusive. Le plus souvent, elle pardonne et ne se cramponne pas à son ego suffisamment longtemps pour ne pas chercher une solution à l'amiable et juste aux problèmes que vous rencontrez. Elle fonctionne sur le mode de la réconciliation et non de la vengeance. Elle vous aime pour ce que vous êtes et non pour votre capacité à combler un manque (les relations à ricochet sont particulièrement dangereuses dans ce cas).

Voici quelques critères qu'un(e) candidat(e) potentiel(e) est susceptible de remplir. Il/elle :

- vit à distance raisonnable ;
- n'a pas d'obligations qui rendent impossible un vrai engagement comme par exemple une relation ancienne en suspens, un divorce à venir, un parent dont il faut s'occuper ou qu'il faut consulter (les enfants ne sont bien sûr pas un obstacle sauf dans le

cas d'une relation de codépendance très spécifique empêchant le parent d'avoir une vie personnelle) ;

- n'a aucune addiction connue ;
- n'a pas de préoccupations politiques ou religieuses trop obsédantes ;
- a le même désir (ou non-désir) d'enfant que vous ;
- a les capacités, l'ouverture et l'envie de vous satisfaire sur le plan sexuel (et sinon, vous pouvez en parler et travailler dessus à l'intérieur de la relation) ;
- l'argent n'est pas un problème, autrement dit il/elle se sent libre d'en gagner, d'en dépenser, d'en mettre de côté, de participer aux frais, d'en faire cadeau et d'en recevoir ;
- est votre ami(e) en plus d'être votre amant(e) car il/elle adore votre compagnie et vous passez d'excellents moments ensemble ;
- partage plusieurs de vos centres d'intérêt ;
- a un certain nombre de références culturelles et intellectuelles communes avec vous de sorte que vous ne jouez pas un rôle quand vous êtes ensemble ;
- ne cherche pas le/la partenaire idéal(e) car l'idéal n'est pas de ce monde ;
- ne vous paraît pas idéal(e) : la passion ne vous aveugle pas au point de vous empêcher de voir ses défauts ;
- a fait au moins la moitié du travail nécessaire pour avoir une vie et des relations sentimentales saines ;
- satisfait aux critères qui s'appliquent à tous les choix importants : que votre relation corresponde et réponde à vos besoins, valeurs et désirs les plus profonds ;

- s'intéresse à vous sur le long terme (pour savoir si c'est suffisamment le cas, souvenez-vous de la dernière fois où c'est arrivé) ;
- a reçu la bénédiction de votre trio personnel – tête, cœur et tripes.

Ces critères s'appliquent-ils à votre partenaire du moment – ou potentiel ?

## Dans le fond, que cherche-t-on ?

« Chaque jour, la vraie caresse remplace l'amant fantôme. »

Anaïs Nin

Il est maintenant clair que ce qui a été mené à terme pendant l'enfance se met en place sereinement dans notre psyché. À l'inverse, les besoins restés inassouvis à l'époque et les transactions inachevées demanderont toute notre vie à être satisfaits et planeront sur la plupart de nos relations. Il nous faut donc apprendre comment boucler la boucle de nos besoins affectifs anciens – quitte à le faire seul quand notre partenaire se montre incapable de nous accompagner dans cette démarche.

Que recherchons-nous vraiment dans une relation ? Les apparences peuvent êtres trompeuses. Nous avons conscience de nos attentes quand il y a adéquation entre nos buts affirmés et nos actes. Mais il arrive que notre projet réel soit à l'inverse de ce que nous prétendons vouloir. Prenons l'exemple d'une femme qui dit chercher un compagnon mais qui ne se sent vraiment attirée que par les hommes indisponibles et qui dès qu'ils sont libres perd tout intérêt dans la relation. Pour comprendre ce que l'on poursuit vraiment, il suffit de regarder la façon dont se termine une relation. Dans l'exemple ci-dessus, le projet réel de cette femme – et dont elle n'a absolument pas conscience – n'est pas de trouver un partenaire, mais d'en conquérir un puis de ne plus avoir à le vouloir.

Voici un autre exemple : Paul affirme être en quête d'une relation intime. Or l'intimité adulte lui fait terriblement peur. Son fantasme d'intimité, c'est que l'on prenne soin de lui et qu'on l'étreigne physiquement, mais il est dans le fond assez indifférent aux attentes de ses partenaires et à ce qu'il leur donne. Comme par hasard, quand Paul s'intéresse à une femme, soit elle est parfaite, mais n'est pas libre, soit elle est disponible, mais ne correspond pas tout à fait à ses critères. Il poursuit donc sa quête. Toujours déçu, il reste néanmoins persuadé qu'il recherche l'intimité mais qu'il n'a pas de chance et ne la trouve pas. En réalité, il tourne en rond.

Le projet de Paul lui est parfaitement inconnu. Peut-être a-t-il une peur panique de l'intimité ? Peut-être se sent-il obligé de répéter un schéma originel et aujourd'hui habituel de déception par rapport aux femmes ? Ses actes et ses frustrations lui montrent où se trouve le travail qu'il a à faire, mais le fera-t-il jamais ? Combien de femmes seront clouées au pilori, combien de relations sentimentales tourneront mal avant qu'il ne voie ce qui est à l'œuvre ? S'il ne prend pas conscience de son mode de fonctionnement, il ne comprendra jamais quel est son projet secret ni à quel point celui-ci est lié à des questions anciennes et le tient à distance de l'intimité ni comment faire un travail qui le libérera de ce fonctionnement autodestructeur.

À la différence de Paul, Pierre a un projet sincère et ouvert. Rien de secret dans ses attentes. La femme dont il rêve n'a pas à être parfaite : ils sauront s'étreindre mutuellement. Quand il tombe sur une partenaire potentielle, il se demande tout de suite si elle est disponible, si elle se rapproche de ce qu'il recherche, s'ils se font du bien l'un et l'autre. Si elle n'est pas libre – aussi belle soit-elle –, il ne gaspille pas son énergie et passe son chemin. Pierre réagit en fonction de ce que lui renvoie son intuition. Quand il est en couple, il travaille avec sa partenaire en adulte responsable à surmonter les obstacles et les conflits.

Paul et Pierre illustrent la différence qui existe entre vouloir et souhaiter. Vouloir, c'est désirer vraiment quelque chose, c'est choisir à la fois le but et le moyen d'y parvenir. Cela implique d'accepter le travail et les risques inhérents à toute entreprise. Souhaiter, à l'inverse, c'est se concentrer exclusivement sur le but. Paul souhaite trouver l'intimité mais seul Pierre la veut vraiment.

Il est possible que l'un comme l'autre se marient. Pierre choisira sa compagne avec perspicacité et le mariage est fait pour lui. Paul finira peut-être par épouser quelqu'un avec qui il pourra continuer son jeu de cache-cache. Il se mariera parce que c'est la coutume et fera le grand saut avant de se connaître vraiment. Le mariage est d'ailleurs assez facile pour des personnes comme lui parce que la plupart des gens sont davantage attirés par les apparences que par la réalité. Ainsi, Paul aura sans doute un choix de partenaires potentielles beaucoup plus important que Pierre. Non pas que celles-ci soient idiotes, mais elles ont peur. Après tout, la vérité n'est pas toujours agréable à regarder en face, elle peut inquiéter et déconcerter.

Il reste encore un aspect à évaluer lorsqu'on cherche à déterminer la disponibilité d'une personne : comme l'écrivain doit savoir si l'ordinateur sur lequel il s'apprête à saisir son œuvre dispose d'une mémoire vive suffisante, celui qui entreprend d'explorer les conflits propres à toute relation aura, tout comme son partenaire, besoin d'une grande réserve d'énergie affective vive pour mener à bien ce travail. Si par exemple la sexualité pose de graves problèmes en termes de confusion et d'inhibition à votre partenaire potentiel à cause d'un inceste subi plus jeune, il vous faudra travailler beaucoup et longtemps l'un et l'autre pour parvenir à surmonter cet obstacle et atteindre une vie sexuelle épanouie. Êtes-vous tous les deux prêts à cela ? Si non, vous vous attelez à une tâche que vous ne serez pas à même d'accomplir. Une thérapie individuelle ou en groupe pourra vous aider, mais si vous ne parvenez pas à porter vous-même le poids de vos difficultés personnelles, l'amour ne suffira pas à vous donner l'énergie dont vous aurez besoin pour aller au bout de votre voyage. Au-delà du physique, des belles paroles, de ce que nous recherchons et même de ce que nous trouvons, *l'engagement à affronter les problèmes au fur et à mesure de leur apparition est le seul signe exprimant notre aspiration à une totale intimité*. Un adulte connaît ses limites, les défie et les repousse autant qu'il le peut. Une telle attitude est le signe que l'on se porte candidat pour une relation amoureuse intense et vraie.

Même si les cinq A nous ont fait défaut pendant l'enfance, nous pouvons les trouver – et en faire profiter les autres – dans le cadre d'une relation vraiment intime qui permet un échange de sentiments sans inhibitions ni obstacles. Pour autant, toutes les relations saines n'offrent pas cela. Certains partenaires ne recherchent qu'une compagnie légère et facile alors que d'autres veulent partager leurs sentiments les plus profonds et faire l'expérience du passé comme du présent. Ces deux approches sont bien entendu aussi respectables l'une que l'autre, encore faut-il savoir si l'on est sur la même longueur d'onde. Les deux types de relations génèrent des conflits qui, dans le premier cas, sont traités avec une certaine légèreté et surmontés comme l'ont été les drames parfois effroyables du passé et, dans le second, sont affrontés bille en tête et avec acharnement et leur résolution s'accompagne le cas échéant de sentiments désagréables et gênants. Nous avons grandi entre deux modèles : d'un côté, le délicieux et léger *Un million clef en main* avec Cary Grant et Myrna Loy en époux bien intentionnés mais naïfs et de l'autre l'inimité sulfureuse, orageuse et effroyable qui s'est créée entre Marlon Brando et sa femme incarnée par Kim Hunter dans *Un tramway nommé Désir*. Si, comme le personnage joué par Cary Grant, nous aspirons à avoir la maison de nos rêves, mieux vaut ne pas monter à bord du tramway Désir.

Pour savoir si votre partenaire est prêt à travailler avec vous sur votre relation ou si vous vous demandez s'il n'a pas cessé de grandir, proposez-lui ce livre. Voyez s'il le lit, de quelle façon il réagit et, surtout, s'il est prêt à en discuter et à y réfléchir avec vous et même à mettre en pratique certaines suggestions.

## Se livrer entièrement

> « Je ronfle bruyamment, bois profusément, travaille exagérément et j'ai bientôt mon avenir derrière moi. Mais je suis grand, juif et je vous aime. »
>
> David O. SELZNICK demandant en mariage Irene Mayer.

Dire la vérité est une condition indispensable à la confiance et à l'engagement. Il arrive que nous gardions pour nous certains de nos sentiments et réactions parce que nous avons l'impression que notre partenaire ne pourra pas supporter qu'on lui dise la vérité. Et ce n'est qu'une fois la relation terminée que nous nous laissons aller à exprimer tout ce que nous avons accumulé et toujours voulu dire ou montrer depuis des années. C'est alors que nous comprenons à quel point la relation était inhibitrice et combien nous avions peur de la vérité, la nôtre et celle des autres. Nous redoutions de dire ce que notre partenaire craignait d'entendre. Nos besoins en cinq A n'étaient pas comblés, mais nous faisions avec le manque pour maintenir le lien et éviter de se retrouver seul.

Pourtant, on peut tout dire et tout entendre quand on a confiance en l'intention aimante et en la loyauté de l'autre. Dans l'environnement rassurant de l'intimité, nous pouvons autoriser la vérité à émerger sans peur, honte ni gêne. Cette confiance fleurit quand les partenaires sont décidés à travailler sur eux-mêmes. Les informations personnelles qu'ils échangent ne font plus peur, mais forment le grain que l'on moud ensemble. Aussi, entreprendre un travail sur soi c'est s'engager en faveur de l'intimité. Et dans la mesure où s'ouvrir à l'autre implique de prendre ses distances avec l'ego, une pratique spirituelle peut aussi trouver sa place dans ce schéma.

Si nous entreprenons de nous ouvrir en profondeur à notre partenaire avec l'idée qu'il/elle a droit de savoir à qui il/elle a vraiment affaire, nous devons nous attendre à une réaction. Le paradoxe c'est que plus on parle de soi, plus l'on apprend à se connaître. Ce qui suit est une illustration assez amusante de ce à quoi cet échange personnel peut ressembler (l'auteur est un homme mais pourrait aussi bien être une femme).

> Notre relation a l'air de devenir sérieuse et ça me rend heureux. Pour que les choses soient le plus clair possible entre nous, je voudrais te parler un peu de moi. Je commence avec mes caractéristiques les moins attirantes pour finir par celles qui, je l'espère, le seront davantage.
>
> Je voudrais tant aimer et être aimé, mais je dois admettre que mes peurs me font me débattre comme un beau diable dès que la possibilité se rapproche. Je ne pourrai être aimé que par une personne assez flexible pour autoriser un tel paradoxe. D'ailleurs, si tu cherches la perfection, ne compte sur moi dans aucun domaine.
>
> Si la personne que tu aimes doit correspondre à tes critères d'homme idéal, alors je ne suis pas celui qu'il te faut. Si tu as une définition rigide de l'amour, je ne la remplirai pas. Je ne suis jamais rentré dans ce type de moule.
>
> Au contraire, il est des plus probable que je te déçoive souvent. Je peux même être agressif, surtout quand je me rends compte que l'intimité est sur le point de s'installer. Je n'écoute pas toujours et je n'essaie pas non plus de comprendre. Peut-être que je te ferai défaut quand tu auras besoin de moi et que je ne t'accepterai pas telle que tu es. Il est possible que je te séduise par mon physique, mon charme, mes paroles ou mon sexe et que je ne sois pas à la hauteur !
>
> Si j'ai l'air sûr de moi, c'est essentiellement une façade. Au-dessous, j'ai peur, je me sens abandonné, seul et j'ai besoin qu'on prenne soin de moi. Peut-être que je cacherai

ce que je ressens vraiment, peut-être que tes sentiments me feront fuir.

Il est probable que j'essaierai de te convaincre de faire des choses pour moi ou de te montrer généreuse à mon égard. C'est ma façon de t'amener à me prouver que tu m'aimes.

Il se pourrait que je recherche une relation pour des raisons narcissiques. : pour t'avoir avec moi et pour moi quand et autant que j'en ai envie ; que je ne sois pas disponible pour un vrai échange ; que j'aie du mal à accepter que tu aies, toi aussi, tes besoins et tes exigences. Il me faudra apprendre à les respecter et à les écouter et cela me demandera peut-être du temps. As-tu le temps ?

J'ai remarqué qu'en raison de mon enfance difficile, la pente relationnelle est pour moi abrupte et difficile à grimper. Peut-être qu'en toi je vois un ou deux de mes parents et que j'essaie de te pousser à me donner la même chose que ce qu'ils m'ont donné ou ce qu'ils ont été incapables de me donner.

Il arrivera que j'essaie de te contrôler et je suis le roi de la manipulation. Il faudra t'en garder, et si tu cherches à me prendre en flagrant délit pour me demander des explications, je risque d'avoir si peur que je me retournerai contre toi. Je ne serai peut-être pas capable d'accepter ta liberté ou tes choix. Je suis jaloux et même paranoïaque parfois. Il pourra m'être intolérable que tu aies des amis proches.

Si tu cherches quelqu'un qui ne te fera jamais pleurer, il vaut mieux aller voir ailleurs. Je suis capable de te blesser.

Tu ne peux m'aimer que tel que je suis et pas tel que tu aurais besoin que je sois. Je ne cesserai de te décevoir tant que tu continueras d'espérer que je réponde à tes critères. Tu ne peux m'aimer qu'inconditionnellement et sans garantie de succès.

Cependant, ce que j'ai à offrir, l'argent ne peut l'acheter (d'ailleurs, autant que tu saches aussi que je ne suis pas non plus le meilleur parti économiquement parlant). Pour chacun des points suivants, je reconnais mes limites et je m'engage à travailler dessus.

Je sais qui je suis et je n'ai pas honte d'admettre ce que je sais. Mais je sais aussi que j'ai tendance à dissimuler voire à mentir pour me protéger.

Je travaille sur moi. Je cherche le moyen d'aimer avec plus d'authenticité. Je procède par tâtonnements et par erreurs, en posant des questions et en agissant, en tombant et en me relevant, en me massacrant et en me laissant massacrer, en étant et en devenant.

Je veux t'aimer de la manière dont tu veux être aimée et je t'encourage à me guider sur ce chemin.

Je passe mon temps à étudier mon comportement pour essayer d'évaluer mon degré de contrôle et d'exigence. Et même si, souvent, je ne remarque pas quand je te fais mal, je t'invite à me dire « Aïe ! quand je te blesse. Sache que je suis prêt à m'excuser car je ne nourris pas mauvaises intentions. Si j'agis ainsi, c'est toujours par négligence ou parce que mon ego effrayé tord le cou à mon envie de me montrer gentil.

J'essaie d'avoir moins peur de la vulnérabilité, de me sentir moins menacé par la vérité quand elle fait surface, même si j'ai envie de partir en courant. C'est un chantier en cours et il est loin d'être achevé. Peut-être que tu entends que je m'ouvre au travers de cette présentation à la fois intègre et gênante de moi-même. Je ne cherche pas à faire bonne figure ou à t'impressionner. Je voudrais être suffisamment bon pour t'aimer avec honnêteté, être transparent pour que tu m'aides à comprendre le travail que j'ai à faire.

Mes actes en disent plus long sur moi que mes promesses et c'est à eux que tu dois te fier : examine mon passé en contactant mes anciennes épouses, amantes, partenaires et amis. Vois ensuite s'il y a eu du changement. Ouvre les yeux et décide en connaissance de cause.

Je ne te décevrai pas si tu reconnais ma faillibilité d'être humain, avec de l'amour à donner et sans beaucoup d'expérience pour le faire de façon régulière. Mais je m'engage à continuer de m'entraîner. Je ne peux qu'être aimé avec toutes mes fautes, les efforts que je fais pour m'amender et mes échecs pour y parvenir. Accepte-moi tel que je suis et l'amour pourra grandir entre nous.

Je ne peux être aimé que par quelqu'un qui m'aimera pour ma fragilité qui ne cessera jamais de nous surprendre ; quelqu'un qui m'aimera avec mon ego arrogant, avec mes ombres et toutes les cicatrices de mon enfance ; quelqu'un qui, comme moi, a compris qu'on n'est jamais parfait pour qui que ce soit.

Il faut du courage et de la persévérance pour rester avec moi. Tes bras devront être capables d'accueillir l'enfant intérieur effrayé sans cesser de respecter l'adulte extérieur. Tes yeux devront être capables de repérer la terreur qui se cache parfois derrière le masque de rage que j'affiche et ton cœur de supporter la douleur et la perte sans perdre espoir en l'amour qui cherche à se frayer un chemin vers toi.

J'ai vécu trop longtemps dans le passé du « pas assez » et le futur du « pas encore ». Je me sens prêt comme jamais pour trouver l'amour dans le ici et maintenant. Je suis tombé amoureux auparavant, souvent avec l'image d'un idéal ou la projection d'une partenaire fantasmée. Mais cette fois, j'aimerais grandir et rester amoureux de la personne que tu es réellement. Cette fois, je vais travailler pour avoir une bonne note à mon devoir sur les cinq A. Et peut-être que nous parviendrons, toi et moi, à récolter les fruits splendides que l'amour a à offrir.

Je termine sur ma citation préférée des *Douze nuits* de Shakespeare : « Je t'ai ouvert le livre de mon âme la plus secrète. »

P.-S. : ne te laisse pas avoir par mon éloquence. Je peux être un goujat.

« J'ai fini par comprendre que pour être digne de confiance, je n'ai pas à me montrer d'une rigidité sans faille. En revanche, il faut que je sois d'une réalité impeccable… Suis-je capable d'exprimer la personne que je suis de façon suffisamment éloquente pour que le message passe sans ambiguïté ? »

Carl Rogers

## Sexualiser ses besoins

Quelqu'un a un jour demandé à saint Thomas d'Aquin si Adam et Ève avaient eu des rapports sexuels avant la Chute, avant que l'ego ne devienne le moteur des choix humains. « Oui, avait-il répondu. L'intensité du plaisir n'est pas exclue de l'innocence ; seule la fièvre de la luxure et l'insatisfaction le sont. » Cette pensée peut sans doute nous donner une idée de ce qu'est une sexualité qui prend en compte les cinq A : chacun des partenaires est motivé par l'idée d'apporter du plaisir à l'autre ; ils ne poursuivent pas de but ; en faisant l'amour, ils laissent la place à des niveaux variables d'excitation ; regards, sourires et caresses permettent de s'assurer qu'ils sont en phase et de s'adapter au rythme de l'autre.

Le lien entre tendresse et plaisir sexuel repose sur une base physique. Une hormone pituitaire appelée ocytocine est relâchée dans le moment de proximité affective qui suit l'amour. L'ocytocine agit aussi notamment sur les glandes mammaires pour stimuler la lactation chez la mère qui allaite. Il semblerait donc que la nature a voulu que la sexualité soit liée à la tendresse nourricière, comme si, en faisant l'amour, chacun s'allaitait au sein de l'autre.

Cette décharge délectable, l'excitation qui accompagne la survenance d'une sensation involontaire et d'une force irrésistible, l'anticipation de l'extase, *la forza del destino* est présente aussi quand on fait l'amour poussé par ses pulsions. La recherche du plaisir à tout prix exploite nos habitudes et attentes inconscientes. C'est de la sensation pure (une réaction physique autonome), pas du sentiment (une réaction tout à la fois physique, affective et cérébrale). Une sexualité fondée sur la simple pulsion érotique peut être stimulante et sensationnelle, mais exclut la profondeur authentique des sentiments nécessaire à l'intimité.

Nous recherchons parfois des relations sexuelles non pas pour partager une passion adulte, mais parce que nous croyons que la réaction sexuelle émanant d'une autre personne saura combler nos besoins affectifs non satisfaits et nous apportera même un sentiment de sécurité. Il arrive parfois que nous soyons persuadé de n'être à la recherche que du plaisir sexuel alors que nous aspirons en fait à être reconnu tel que nous sommes et confirmé au moyen des cinq A. En sexualisant nos besoins de cette façon, nous demandons à nos organes génitaux de remplir une fonction pour laquelle ils n'ont pas été conçus.

La sexualité est trompeuse. Elle survit au milieu des abus ou de la colère. Nous pouvons en retirer une satisfaction même si la relation est par ailleurs frustrante ou tendue. Il ne faut pas y voir un talent particulier, mais le signal d'une carence sévère et d'une incapacité à prendre soin de soi. Comme l'écrivait de façon sardonique Euripide dans *Médée* : « Si ta vie nocturne est bonne, tu penses avoir tout ce qu'il te faut. »

Parce que la sexualité conduit à l'attachement, la peur de l'intimité peut accroître les difficultés sexuelles au sein d'un couple. Celui ou celle qui a peur de s'engager s'enfuira dès que commencera de se faire sentir le lien qui se forme automatiquement et se resserre au fur et à mesure de la maturation de la relation sexuelle. La fuite peut prendre la forme d'une rupture ou d'une crise (colère, infidélité, comportement addictif, etc.).

Une relation fondée uniquement sur la sexualité plutôt que sur une amitié enrichissante dont le sexe fait partie peut être réduite en cendres au bout de quelques années ; et si elle traverse trente ans de mariage, elle se desséchera et, ne parvenant pas à nourrir les deux partenaires pour les faire grandir ensemble, se soldera en regrets amers. Un adulte passe de l'attirance pulsionnelle à l'attirance choisie. Il ne refoule pas ses pulsions, il les apprécie sans en devenir dépendant, car elles ne sont pas le seul lieu d'expression de son intimité. Plus la vie intérieure d'un couple est pauvre, plus ce dernier aura besoin d'élaborer des scénarios sophistiqués pour trouver des sensations déconnectées des sentiments. Pour certains, c'est le but des rapports sexuels. Peut-être est-ce la définition de la superficialité.

À mesure que nous devenons plus sain et plus adulte, la joie cesse d'être le but de la sexualité, mais son point de départ. Quand le bonheur emplit notre monde intérieur, nous renonçons au désir en dehors de nous-même car plus rien n'existe en dehors de nous : il n'y a qu'un tout en perpétuelle expansion. La sexualité fait partie de notre quotidien et ne prend pas plus de place dans notre vie que nos organes sexuels sur notre corps, comme l'illustre l'histoire suivante.

À quarante ans, Walter est heureusement marié à Wanda elle-même âgée de trente-six ans. Ils ont eu trois enfants. Wanda est pour Walter l'épouse idéale : sensible, attentionnée, fidèle, maternelle à l'égard de leurs enfants, économe, soigneuse et sans gros besoins sexuels. Elle réussit même le chou farci aussi bien que la mère de Walter… La vie de famille est tranquille et stable, sans problème d'alcoolisme, de maltraitance, de jeu, de dettes ou de disputes. Leur lien est fort, durable et sincère. Aucun des deux n'a jamais pensé au divorce ou à une séparation.

Mais, à l'insu de Wanda, Walter a depuis deux ans et demi une relation torride avec Wilma, l'une de ses secrétaires de vingt-neuf ans. Ils ont des conversations téléphoniques étouffées et nocturnes, se retrouvent dans des motels ou sur des plages désertes des environs sous prétexte de rendez-vous professionnels. L'excitation de leur liaison est alimentée par un abandon sexuel que ni l'un ni l'autre n'aurait cru possible et qu'ils poussent encore plus loin par un recours occasionnel à des drogues.

Il arrive que Wilma pleure et entre dans une colère noire d'avoir à rester dans l'ombre de la vie de Walter. Elle le menace alors de tout révéler, ce qui le plonge dans une agitation affolée. Mais il souffle aussi sur la flamme de leur passion en se montrant d'une possessivité et d'une jalousie paranoïaques à son sujet. Le côté dramatique de leur relation fait de chacune de leurs rencontres des moments riches en adrénaline. Walter a l'impression de ne pas avoir quarante ans. Pour sa part, la nuit où il lui a récité un poème d'Emily Dickinson qu'il avait entendu dans un groupe de réflexion sur les relations amoureuses auquel il participe avec Wanda, Wilma a compris qu'elle retirait une excitation permanente de sa présence dans la vie de Walter.

Cependant, depuis son service militaire, Walter est régulièrement attiré par le cinéma porno de la ville. Il s'y rend plusieurs fois par mois, à intervalles plus ou moins rapprochés sans que ni Wanda ni Wilma n'ait jamais éprouvé le moindre soupçon. Là, il regarde avec une inlassable fascination les images de femmes à la plastique superbe se livrer tristement à ses fantasmes les plus torrides. Il se masturbe de façon compulsive pendant ces moments furtifs, tenaillé par la peur d'être reconnu au moment où il entre dans le « palais des nuits sombres ».

Le corps bien entraîné de Walter le protège d'éprouver tout sentiment profond. Au moindre signe de solitude, de rejet ou de peur, ses hormones viennent à son secours et exacerbent ses besoins sexuels. Il pense qu'il s'agit là de l'expression d'un désir sexuel alors que ce n'est en vérité qu'un réflexe conditionné, une réaction au stimulus effrayant de sentiments dont il ne sait que faire. Et Walter n'a qu'à choisir : il peut s'oublier dans l'étreinte passionnée de Wilma ou se glisser dans l'anonymat glauque de la salle obscure. Walter possède une baguette magique qui se dresse au moindre de ses besoins.

En réalité, ces différents niveaux relationnels montrent combien la sexualité de Walter est clivée du reste de sa vie. Mais il ne voit pas les choses sous cet angle. Il se félicite de bénéficier encore d'une libido aussi active – signe pour lui d'une masculinité sur laquelle l'âge n'a pas d'emprise. Wanda répond à son besoin de légitimité ; Wilma à celui de se sentir virilement jeune ; et ses princesses pornos apportent une satisfaction rapide à ses désirs. Ses trois mondes lui semblent aussi réels et nécessaires. Malgré tout ce que Wanda et Wilma lui donnent, la première ne pourra jamais faire disparaître ses autres besoins ni la seconde le pousser à revenir sur son engagement conjugal. Walter le sait et ne reproche ni à l'une ni à l'autre de ne pas se montrer à la hauteur. Au fond de lui, il a compris qu'il a absolument tout ce qu'il veut.

Quand il participe à des réunions de famille, il se dit qu'il a de la chance d'avoir une femme aussi merveilleuse que Wanda, mais il se sent aussi coupable de la trahir en secret. Quand il signe sous un faux nom le registre du motel, il se dit qu'il a de la chance d'avoir une amante si passionnée qui l'attend dans la chambre, mais il a aussi honte. Quand il pénètre dans la salle obscure et voit les pauvres hères qui se glissent là en cachette et qui, pour certains, y passent leur vie, il se répète encore une fois qu'il a de la chance d'avoir de vraies relations vers lesquelles revenir. Mais il éprouve du dégoût envers lui-même quand il quitte la salle.

Pourtant, Walter ravale culpabilité, honte et dégoût et ne remet jamais en question son authenticité parce que pour lui, vivre, ce n'est qu'une question d'équilibre entre différents mondes. Tant qu'il parvient à maintenir une séparation entre chacun et à satisfaire ses deux femmes, il garde le contrôle. Et comme pour lui le contrôle est la base d'une bonne santé mentale, il est persuadé de ne pas avoir besoin d'aide ou de n'avoir rien à résoudre. Il peut continuer à vivre ainsi comme il le fait, tranquille dans son château de cartes à trois étages.

Je raconte cette histoire à mes étudiants depuis des années et j'ai toujours été très intéressé de constater qu'à chaque fois, sans exception, la plupart des hommes de la classe trouvent l'arrangement de Walter parfaitement justifié et enviable alors que les femmes le jugent inacceptable. Et vous ? Lisez cette histoire à votre partenaire et à vos amis et comparez vos réactions.

## De si grandes attentes

Peut-être pensons-nous que notre vie n'a pas de sens si nous ne sommes pas amoureux de quelqu'un ou actif sexuellement. Si c'est le cas, nous nous rabaissons et passons à côté de tout ce qui fait aussi le sel de la vie. Quand nous ressentons le besoin absolu d'une relation à deux, c'est en réalité la nécessité d'un travail sur soi qui se fait jour. Notre désir pour l'autre, pour qu'il soit l'alpha et l'oméga de notre vie, nous détourne aussi de notre pratique spirituelle de la compassion, le sentiment d'amour élargi qui, en réalité, est notre but et notre destin en tant qu'êtres éveillés.

Ce n'est pas que notre désir de trouver l'amour au travers de la sexualité et des sentiments soit indigne de nos poursuites humaines, mais ses effets semblent encore plus puissants dès lors que nous l'approchons avec pleine conscience. Pour parvenir à ce but, il faut *éprouver* pleinement son désir en prenant note des changements qu'il traverse, de la direction dans laquelle il va et en acceptant qu'il ne soit pas toujours comblé rapidement. L'alternative douloureuse, c'est qu'il finisse par *nous posséder* au point que nous devenions incapable de toute autre perspective et de voir autre chose que l'intérieur de notre tête, comme un prisonnier qui, ne contemplant que les murs de sa prison, pense que son monde se limite à cela. Inconscient de la façon dont fonctionne le désir, nous ne nous rendons pas compte qu'il peut aussi être le moyen d'accéder à une maturité psychologique et spirituelle.

Révéler ses aspirations à un partenaire, c'est faire confiance au fait qu'il saura les comprendre, les embrasser et les réfléchir en miroir comme si elles étaient parfaitement légitimes. C'est à cette validation que nous prétendons plus qu'à la satisfaction de nos besoins. Parfois, ceux-ci sont si forts et nous avons attendu le partenaire de nos rêves si longtemps que nous remplaçons l'amour par la sexualité et faisons comme s'il s'agissait de la même chose. Heureusement, nous sommes vite écœuré par nos fréquents contacts avec un amour aussi maigre. Il faut prendre cet écœurement comme un cadeau qui remet notre psyché sur le chemin de la plénitude.

Plus nous avancerons vers la maturité et l'équilibre, plus nous deviendrons exigeant : nous nous rechercherons un partenaire qui nous aime et qui nous rassure et ne nous contenterons plus de la stérilité frustrante de ces étreintes rapides, furtives et parfois payantes avec des étrangers. Plus nous aurons de respect pour notre sexualité, moins nous aurons de risque d'ignorer nos besoins ou de les laisser s'émousser. Quand elle est au service de l'amour, et même s'il faut attendre longtemps que celui-ci se manifeste, la sexualité est un moyen pour nous et pour les autres d'aller vers toujours plus d'amour.

> « L'amour n'est pas un jeu. Il donne naissance à des émotions durables et réelles et il a des conséquences pratiques. Ignorer ce fait, c'est se couper de sa base et mépriser la signification des relations amoureuses… Une vie sexuelle active dans le cadre d'un engagement personnel favorise l'intégrité des personnes impliquées et participe d'une vitalité florissante. »
>
> ÉPICTÈTE

## Le rôle du destin

> « Je me préparerai et un jour la chance se présentera. »
>
> Abraham LINCOLN

La synchronicité est une coïncidence significative qui nous dirige vers notre destin. Il y a toujours quelque chose à l'œuvre et si nous ne savons pas comment, nous savons pourquoi : pour nous aider à nous libérer de la peur et à nous ouvrir à l'amour. Par conséquent, trouver un partenaire ne dépend pas entièrement de nos efforts. D'autres forces, sur lesquelles nous n'avons aucun contrôle, sont en jeu.

Benjamin souhaite de tout son cœur rencontrer la femme de ses rêves. Ce jeune homme pense pourtant faire tout ce qu'il faut pour : il va boire seul dans des bars, répond à des annonces, s'est inscrit sur des sites de rencontres et parle aux amies célibataires de la mariée aux mariages où il est souvent invité comme témoin. Mais rien n'y fait. Frustré et désespéré, il décide de laisser tomber pour le moment et cesser de vouloir forcer le destin.

Dans une autre partie de la ville, Jeanne aimerait rencontrer l'homme de ses rêves : il saurait se montrer tendre et attentionné, partagerait ses centres d'intérêt et son sens de l'humour. Il ne serait pas trop vilain à regarder et relativement équilibré, ce qui de nos jours signifie juste qu'il ne découperait pas les gens en petits morceaux dans sa salle de bains. Elle va parfois dans des bars avec des copines célibataires comme elle, s'est inscrite quelques semaines sur un site de rencontres en ligne (en vain). Ses amis lui ont aussi souvent demandé d'être témoin à leur mariage, mais elle fuit les célibataires qui les hantent et lui font des avances, enhardis par l'alcool. Comme Benjamin, Jeanne a abandonné ses recherches et laisse l'univers décider pour elle, même si elle commence à trouver qu'il prend son temps.

Benjamin aime faire du vélo et suit toujours le même parcours le long de la mer. Un jour, sans raison apparente, il décide de changer de chemin pour traverser le jardin botanique. Contrairement à son habitude où il pédale comme un dératé, pour une fois il prend son temps et se laisse pénétrer par le doux parfum des fleurs.

Alors qu'il pousse son vélo le long des allées, son regard est attiré par un magnifique bosquet de cactées dont l'une a donné naissance à une fleur blanche et or d'une beauté extraordinaire. Il sait que cette espèce ne fleurit qu'une fois par an et pour une seule journée, aussi est-il aussitôt et irrésistiblement appelé vers la fleur sur laquelle il se penche pour la humer.

Au même moment, arrivée par une autre allée, une jeune femme qui travaille dans le jardin botanique s'approche aussi du cactus. Tout à l'ivresse de sa découverte florale, le jeune homme ne l'a pas remarquée et leurs têtes se rencontrent en un bruit sourd et douloureux. Ils se redressent en même temps et se regardent hébétés, aussi sonnés par le choc que par l'arôme de la fleur.

« Eh bien, dit Benjamin, c'est ce qui s'appelle se pencher sur un problème, non ?

— On pourrait même dire que les grands esprits se rencontrent » lui répond Jeanne dans un sourire.

Ils découvrent rapidement qu'ils partagent plus que le même sens de l'humour : ils aiment tous les deux les cactées, en ont chez eux, connaissent les différentes espèces par leur nom latin, sont aussi maladroits l'un que l'autre et se sont souvent fait piquer par leurs aiguilles – signe indubitable qu'ils sont faits l'un pour l'autre.

Un an plus tard, Benjamin et Jeanne abandonnent enfin leur rôle de témoins au mariage des autres pour convoler à leur tour. Lors de la cérémonie, le prêtre qui ignore tout des circonstances de leur rencontre extraordinaire décide de lire le passage du *Petit Prince* où le renard fait ses adieux à l'enfant : « L'essentiel est invisible pour les yeux, dit l'animal avant d'ajouter : C'est le temps que tu as perdu pour ta rose qui fait ta rose si importante. » Ce choix, aussi attentionné qu'amusant, fait sourire Benjamin et Jeanne qui vont mener une vie faite de douceur, de conflits normaux et de retrouvailles.

Si les événements de cette histoire sont tous le produit de mon imagination, ils illustrent ce qu'est la synchronicité, car ils prolongent et complètent les destins personnels de deux individus. Est-ce une coïncidence que Benjamin et Jeanne aient tous les deux été malheureux en amour ou bien cela a-t-il permis de les garder l'un pour l'autre ? Est-ce une coïncidence que Benjamin, « sans raison apparente » – autrement dit non pas poussé par une logique produite par son cerveau gauche, mais comme sous le coup d'une intuition profonde –, ait emprunté ce jour-là un chemin différent et décidé de s'arrêter là où travaille Jeanne ? Ou bien est-ce le résultat d'une force sans cesse au travail à notre insu ? Est-ce que Jeanne a accepté ce travail parce qu'il était écrit que c'est ainsi qu'elle rencontrerait Benjamin ? Quand ce dernier s'est mis au vélo, était-ce pour s'échauffer en vue de sa rencontre avec sa future femme ? Est-ce une coïncidence que l'un comme l'autre aiment les cactées depuis qu'ils sont tout petits ? Ou bien leur relation a-t-elle en fait commencé de façon invisible bien des années plus tôt, avec des événements qui se sont accumulés petit à petit pour les conduire un jour à cette rencontre dans le jardin botanique ? Une force inconnue travaillait-elle de façon mystérieuse à l'incubation d'une belle union favorable à deux belles personnes ? L'univers est-il si bien conçu, si attentif à nous et si précis qu'il fait fleurir un cactus le jour où deux personnes sont poussées à passer par là et à se rencontrer ? Et pourquoi le prêtre, qui d'habitude lit un passage du Cantique des cantiques, choisit ce passage du *Petit Prince* ? Un grand texte bénéficie à des générations de lecteurs. Est-ce pour eux qu'écrit un auteur ?

La raison et la logique parlent de pure coïncidence. Mais une part ancienne de notre cerveau, sans peur et sans limites, y voit le large dessein de l'univers qui s'exprime et s'accomplit dans les destins individuels. Souvenez-vous comme dans mon histoire la nature a dû voler au secours des destins des deux personnages. Les méthodes élaborées par l'homme – services et sites de rencontres, petites annonces, etc. – avaient dû échouer pour que quelque chose d'une dimension supérieure à une construction de l'ego puisse intervenir. Il est facile de comprendre pourquoi, à toutes les époques, on a toujours pensé que l'amour fait tourner le monde.

La synchronicité signifie que rien ni personne n'existe de façon isolée dans l'univers. Les passés de Benjamin et de Jeanne se sont rencontrés dans le présent et ont initié leur avenir. La série de coïncidences qui a conduit à leur rencontre relie les strates temporelles : dans la synchronicité, les temps fusionnent. Remarquons aussi qu'elle n'est visible que de façon rétrospective. On ne peut ni l'anticiper ni la prévoir et on peut très bien l'ignorer.

Les prénoms de nos tourtereaux sont proches, mais ce n'est pas une manifestation de synchronicité. C'est une pure coïncidence puisque ce n'est pas un élément qui les conduit vers leur destin. La synchronicité se produit quand les événements, la nature et les personnes se rencontrent pour rendre manifeste ce qui était caché, ce qui était inconscient conscient, ce qui était en nous et apparaît à la surface, ce qui était en dehors du champ et de la compréhension de l'ego et devient totalement accessible. Un simple événement peut faire toute la différence – et même faire fleurir les roses sur d'autres planètes.

## Pratiques

### Comparer ses aspirations

Pour vous, la vie de couple, c'est face à face ou côte à côte ? Afin de vous faire une idée de ce que je veux dire, mettez vos paumes face à face devant vous, puis placez vos mains l'une à côté de l'autre de façon à ce que vos paumes regardent vers l'extérieur et que vos deux pouces se touchent presque. Si les deux partenaires sont d'accord sur l'une ou l'autre de ces positions, tout se passera harmonieusement. Si l'un des deux aspire à la première configuration et l'autre à la seconde, le conflit guette. Gardez une paume vers l'extérieur et tournez l'autre vers l'intérieur et vous comprendrez tout de suite le problème. Puis mettez vos mains dos à dos et vous aurez un exemple de distance. Quel modèle correspond à votre situation ?

Si votre couple est « paumes vers l'extérieur », vos pouces continuent-ils à se toucher ou bien ont-ils glissé de sorte que votre partenaire et vous avez de moins en moins d'activités communes ? Cela arrive fréquemment dans les relations qui privilégient la liberté individuelle. Les compromis au sein d'un couple sont sains : quand ils favorisent l'autonomie, la distance peut s'installer ; quand ils favorisent le lien, l'intimité grandit. Qu'en est-il pour vous ? Réfléchissez à ces questions et partagez vos réponses avec votre partenaire sans censure. Prenez des mesures pour être mieux en phase. Si vous n'y parvenez pas, vous pouvez vous faire aider par un thérapeute.

Les adultes mettent au point leur mode de vie en dosant leur besoin de solitude et de temps partagé. Si par exemple chacun d'entre vous a besoin de passer seulement 50 % de son temps avec l'autre, cela nécessite par conséquent d'avoir des intérêts extérieurs. Posez-vous les questions suivantes dans votre journal de bord : avez-vous des centres d'intérêt et des occupations extérieures ? En voulez-vous à votre partenaire de se tourner vers d'autres activités que votre couple ? En avez-vous parlé clairement ensemble ?

Pouvez-vous répondre par l'affirmative aux questions suivantes :

Votre partenaire est-il/elle capable de se concentrer sur vous et de répondre à vos besoins ? Fait-il/elle un travail sur lui/elle ? Vous aime-t-il/elle d'une façon saine – ou a-t-il désespérément besoin de vous ? Êtes-vous heureux ensemble plus de la moitié du temps ? Accepte-t-il/elle vos forces, vos sentiments, votre liberté ? Avez-vous l'impression d'être aimé/e d'une façon unique et le ressentez-vous dans votre corps ? Pouvez-vous partager avec votre partenaire ce qui vous trouble, vous excite ou vous enchante ?

Si vous saisissez la différence entre un bon et un mauvais partenaire mais êtes incapable de renoncer à quelqu'un qui vous fait du mal, si vous ne cessez de reproduire les mêmes erreurs à chaque fois, ou si vous êtes la victime – plus ou moins volontaire – d'un prédateur après l'autre, demandez à un proche d'être votre *conseiller en relation amoureuse* (nous avons tous besoin de guides à chaque étape de notre vie). Une telle personne vous servira d'éclaireur dans vos relations sentimentales et, comme vous avez admis que votre capacité de jugement en la matière était altérée, il devra valider chacun de vos partenaires potentiels. Cette suggestion un peu étrange peut se révéler tout à fait efficace.

## La technique du « même si »

Répondez par oui ou par non à voix haute aux questions suivantes : mangeriez-vous des fraises que vous savez très goûteuses si vous étiez très allergique aux fraises ? Mangeriez-vous des champignons qui ont l'air délicieux si vous saviez qu'ils sont vraisemblablement vénéneux ? Tenteriez-vous de lire un livre que vous savez intéressant s'il était écrit dans une langue dont vous ne maîtrisez pas un mot ? Resteriez-vous dans une relation avec quelqu'un que vous aimez si vous étiez malheureux(se) ?

Rendez-vous les fraises responsables de votre allergie, les champignons de votre empoisonnement, accusez-vous le livre d'être incompréhensible ? Rendez-vous votre partenaire responsable de votre malheur ?

Reprenons chaque question. Tout objet offre des avantages mais comporte aussi un inconvénient majeur. Quand on est adulte, on doit pouvoir laisser tomber quelque chose si les points négatifs l'emportent sur les points positifs : « Même si je suis dingue de toi et si tu gagnes bien ta vie, je ne peux pas rester avec toi alors que tu me mens en permanence et que tu refuses de te soigner. » Êtes-vous séduit par les avantages d'une personne tout en niant, refusant de voir ou en vous mentant à vous-même sur ses défauts ? Ou bien vos actes sont-ils en accord avec la réalité, même si vous souhaiteriez que celle-ci soit différente ? Quelle tolérance à la douleur et quelle faible estime de soi faut-il avoir pour ne pas prendre en considération ce « même si » ?

*Voici les mots d'un adulte* : « Même si tu sais me satisfaire sur le plan sexuel, même si nous avons passé de nombreuses années ensemble, même si j'ignore si je parviendrai à rencontrer quelqu'un d'autre, je dois renoncer à toi car tu n'es pas là pour accueillir mon âme et l'adulte que je suis. »

*Voici les mots d'un codépendant* : « Parce que tu m'apportes une grande satisfaction sexuelle, parce que nous avons passé de nombreuses années ensemble, parce que je ne sais pas si je parviendrai à rencontrer quelqu'un d'autre, je ne peux pas renoncer à toi – même si tu n'es pas là pour accueillir mon âme et l'adulte que je suis. »

Si vous utilisiez la même structure en « même si », quelle serait *votre* affirmation adulte ? « Même si... depuis..., par conséquent, je... » On peut aimer une personne et savoir qu'elle nous aime, si elle ne partage aucune de nos passions et si la relation est trop inégale, cette dernière finira par péricliter sous le coup d'une solitude terrible. Oseriez-vous affirmer : « Tu ne m'offres rien de ce dont j'ai besoin ni sur le plan amical, ni sur le plan amoureux ou de l'intimité. Aussi, je dois renoncer à toi car tu ne satisfais pas mes besoins essentiels, même si tu réponds à beaucoup d'autres critères » ?

## Vœu/désaveu

Posez-vous la question suivante : quand je fais un vœu d'engagement auprès de mon partenaire, est-ce qu'au même moment je désavoue un engagement essentiel auprès de mon moi profond ? Peut-on trouver le moyen de travailler séparément sur les recherches intérieures que nous devons tous les deux mener avant de répondre mutuellement à nos besoins ? Es-tu capable de m'accorder l'espace nécessaire à cela ? Et moi de te le donner ? Puis-je croire que tu seras encore là pour moi quand je reviendrai intact(e) et disposé(e) à reprendre notre relation sur une base plus intime ? Et moi, serai-je là pour toi quand tu reviendras ? Ou bien, les besoins hérités de notre enfance ou notre aspiration au mélodrame seront-ils si forts que nous saboterons toute cette aventure spirituelle ? Sommes-nous vraiment prêts à entreprendre le travail nécessaire à la préservation de notre relation ?

## Faire son bilan sexuel

Dans votre journal, faites l'inventaire de l'ensemble de vos comportements sexuels : vous satisfont-ils ? Sait-on et a-t-on su vous réfléchir en miroir sur le plan sexuel ? Et vous, le faites-vous ? Dans votre relation actuelle, recherchez-vous et offrez-vous la fusion sans intrusion – la proximité sans la possessivité ? Et qu'en était-il autrefois ? Sexualisez-vous votre besoin d'amour ? Recherchez-vous la personne qui vous emportera aux confins du plaisir ou bien celle avec qui vous pourrez toucher au noyau le plus profond de l'intimité ?

## Ouvrir les fenêtres

Dessinez un carré qui figurera une pièce vue d'avion et faites une fenêtre dans chaque mur en inscrivant les quatre points cardinaux. Sous l'est, où se lève le soleil, notez trois phénomènes qui ont commencé de faire leur apparition dans votre vie ; sous l'ouest, où se couche le soleil, trois phénomènes qui touchent à leur fin ; sous le nord, trois phénomènes qui vous stabilisent et vous guident comme le fait l'étoile du Nord ; enfin sous le sud, trois phénomènes qui évoquent votre spontanéité et votre créativité – un type d'ouverture qui se produit quand on regarde vers la chaleur et la lumière du sud. Vous venez de dessiner l'image d'un esprit sain et équilibré, un espace clair qui s'ouvre dans toutes les directions possibles sans obstruction, distraction, ni peur.

Imaginez-vous assis en pleine conscience au centre de la pièce, vous tournant alternativement dans chacune des directions. Le défi, c'est de faire face à l'est avec la volonté de saisir, à l'ouest avec celle de lâcher prise, au nord en respectant votre pratique spirituelle et au sud avec une créativité enthousiaste et sans bornes dans la réinvention de votre vie.

Demandez-vous maintenant s'il y a autant d'ouvertures dans votre psyché. Comment regardez-vous par chacune des fenêtres ? Y a-t-il quelqu'un qui vous aide à les ouvrir, vous pousse vers l'avant ? Ou, au contraire, qui cherche à les fermer ? Notez vos réponses dans votre journal et partagez-les avec votre partenaire – et avec l'ange gardien ou le bodhisattva qui veille devant chaque fenêtre.

CHAPITRE 4

# La première phase d'une relation amoureuse

Einstein affirmait que la clef de l'histoire de l'homme réside dans une observation attentive de la nature et de ses cycles. Pourtant nous rêvons à l'immuabilité des choses et notamment de l'amour. Mais peut-on imaginer qu'une rose soit tout le temps en fleur ? Ne doit-elle pas commencer par être un bouton puis, une fois que celui-ci a fleuri, se faner ? La nature traverse les changements et croit en la renaissance. Tel doit être notre but : demeurer avec l'amour, malgré les vicissitudes, du bourgeon au bourgeon en passant par la floraison et le flétrissement. « Ce bouton d'amour mûri par l'haleine de l'été, pourra devenir une belle fleur à notre prochaine entrevue* » dit la Juliette de Shakespeare. La rose des relations amoureuses sort ses pétales pendant la phase de passion, ses épines au moment des conflits et s'enracine dans l'engagement. *Nous pouvons accepter cette rose avec ses pétales repliés qui se déploient et ses épines qui nous transpercent mais nous ouvrent aussi.*

Toutes nos expériences et niveaux d'intérêt suivent une courbe en cloche avec ses phases de croissance, de plateau/floraison et de retrait. Cette figure géométrique exprime les données de l'existence humaine, à savoir que tout change et que rien n'est permanent. Ainsi, le penchant que

* William Shakespeare, *Roméo et Juliette*, [prologue] traduction Innlibroveritas.net

l'on éprouve pour une autre personne culmine au terme de la première phase, celle de la passion romantique, décroît lors des conflits et repose en définitive sur l'engagement. Les relations qui ne s'ancrent que ou principalement dans une attirance sexuelle ou physique sont incapables de négocier ces courbes.

La période de croissance, par définition, conduit à un pinacle, la phase de plateau/floraison qui nous fait croire à tort à l'immuabilité. La pleine conscience qui s'exerçait jusqu'alors cède le pas à l'attachement, ce qui nous prépare pour la phase de conflits. Le dialogue et le traitement qui interviennent dans la résolution saine de ces derniers permettent l'engagement. Une phase donne naturellement naissance à une autre, les vagues se succèdent, meurent puis se forment à nouveau autrement.

Il est rassurant de savoir que les relations traversent des phases. Si elles n'évoluaient jamais, ne serait-ce pas bien ennuyeux et monotone ? Elles vont de l'origine au renouveau en passant par le changement, la perte et le deuil. Elles ne sont pas linéaires : nous y pénétrons et en sortons dans un ordre variable. Le but n'est pas de les supporter, de nous y raccrocher ni de s'endurcir car alors elles se transforment et nous laissent sur le bord de la route. Quand nous acceptons de travailler en prenant en compte le processus à l'œuvre, nous avançons avec la relation. Notre objectif est alors d'apprécier les changements et de grandir grâce à eux, d'en faire le creuset d'une transformation personnelle. Refuser de travailler ensemble au changement, c'est risquer de voir la relation se transformer en un chaudron maléfique.

Les phases sont propres à toutes les expériences humaines – non seulement les relations amoureuses, mais aussi le lien parent/enfant, l'amitié, les affiliations religieuses. Le modèle du voyage héroïque procède selon les mêmes étapes : départ, lutte et retour. Le héros quitte – se libère de – ses liens. Il se sépare et après une période d'affrontements, cherche la réunion à un niveau de maturité supérieur. À moins d'interrompre le processus, nous traversons de façon instinctive des stades identiques qui sont implantés dans notre esprit. En sauter un produit une lacune qui plus tard générera un vide demandant à être rempli. Par exemple, l'obéissance pendant l'enfance semble être un stade nécessaire. C'est une des caractéristiques d'un attachement sain et les enfants qui ont été élevés sans qu'on leur ait jamais mis aucune limite risquent de présenter plus tard une carence de ce point de vue. Elle pourra se manifester sous la forme d'une adhésion à un mouvement très rigide et parfois même sectaire dans le but de remplir le vide ressenti et qui demande depuis longtemps à être comblé. Le vide affecte leur capacité de jugement, de sorte qu'ils ne verront peut-être pas que l'organisation dans laquelle ils entrent, comme tout ce qui décourage la croissance, est dangereuse.

Notre voyage amoureux doit passer par les trois stades et ce cheminement est nécessaire pour pouvoir donner et recevoir les cinq A dans leur totalité. Ceux-ci devront fleurir en relâchant un parfum enivrant, être dispersés par le vent et s'enraciner plus solidement avant d'essaimer pour le futur qui s'ouvre devant nous. Ainsi, dans la passion romantique, deux ego rencontrent deux ego idéaux dans un amour idéal ; dans l'opposition, deux ego se rencontrent dans un amour conflictuel ; dans l'engagement, deux êtres se rencontrent dans un amour libéré de l'ego.

## S'élever dans l'amour

Le lien amoureux est l'un des moments clefs de l'existence humaine. C'est une expérience profondément émouvante qu'il faut chérir et apprécier à sa valeur. La joie ressentie provient de ce que les cinq A s'écoulent dans les deux sens. Nous les donnons et les recevons en même temps que notre partenaire. C'est ce qui rend cette phase si douce, tendre et désirable à tout âge et quelle que soit notre histoire. La difficulté est d'en profiter pleinement et sans danger, comme Ulysse avec le chant des sirènes. Nous voulons nous y plonger pour en retirer de l'excitation sans risquer de nous noyer. Cela implique d'être à la fois un participant à part entière afin de jouir de cette phase sans entraves et un témoin qui regarde la situation avec une distance amusée. C'est un double mouvement : nous tombons tout en étant les observateurs de notre chute et en nous retenant dans un même mouvement. Si le lien amoureux est réel, il est aussi temporaire : ce que nous aimons, ce n'est pas vraiment une autre personne mais une projection de nous-même. Ce n'est pas encore une relation entre moi et toi, mais entre moi et moi. La part sombre de l'autre n'a pas fait surface à ce stade et nous ne voyons que celle dans laquelle nous nous reflétons en miroir ; notre ego a trouvé son idéal d'ego. Comme l'exprime le psychiatre Irvin Yalom : « Dans la passion romantique, vous contemplez le reflet de votre propre regard suppliant. » Un miroir ne renvoie qu'une image, pas la réalité. C'est pourquoi on dit que *l'amour est aveugle*. En réalité, l'amour n'est pas aveugle, il voit et fait face à tout. C'est la passion qui l'est quand elle ne voit que ce qu'elle veut voir. C'est pourquoi nous pouvons être amoureux sans aimer vraiment – sans ressentir la nécessité de donner les cinq A, qui n'est possible qu'avec une personne que nous connaissons pleinement.

C'est ainsi que les hommes aiment et ce n'est pas un défaut. Les projections existent précisément pour être transformées. Les images sont des panneaux indicateurs sur la route de la réalité. L'ombre n'a pas à précéder la lumière et, surtout, *dans la passion, même aveugle, nous sommes vu dans tout notre potentiel d'amabilité*. Nous avons ainsi la possibilité d'être apprécié pour l'ensemble de ce que nous sommes. C'est aussi normal et légitime que cela l'était lorsque, enfant, nous étions le centre du monde pour nos parents. Le regard idéal que porte un amant sur l'être aimé est juste : il reflète ce qu'est vraiment ce dernier au fond de lui-même. Si la passion est saine, l'image qui nous est renvoyée vient enrichir notre estime de soi.

Par ailleurs, notre première passion romantique nous fait une promesse enivrante : nos besoins originaux restés insatisfaits jusque-là, les cinq A, vont enfin pouvoir être comblés. C'est sans doute l'illusion la plus cruelle de cette phase : « Je vais m'en sortir sans une égratignure. Je n'ai pas à pleurer sur ce dont j'ai été privé autrefois car tes bras me donneront tout ce qui m'a manqué ! »

Il y a deux approches différentes de la passion romantique. Nous pouvons nous y rencontrer tout en restant debout l'un et l'autre. Ou bien, je peux tomber amoureux de toi. Quand on tombe, on se fait mal ou bien l'on se met en danger. Tomber amoureux, c'est comme tomber dans des sables mouvants. Le langage de la passion ne dit pas les choses ainsi et pourtant les mots sont les mêmes. On parle aussi de tomber dans le coma, de tomber en disgrâce, les cours de la bourse tombent : ainsi, l'expression tomber amoureux sous-entend l'impuissance, le droit de perdre le contrôle, de faire preuve d'inconséquence, de devenir esclave de ses émotions, de se laisser emporter comme si nous avions été dépossédé de nos moyens. Mais l'amour est un lien conscient, pas une transe ensorcelante.

Et pourtant, le vrai amour ne se produit pas par accident et nous n'en sommes pas non plus les victimes passives. Il requiert des choix en réponse à une attirance. Si nous n'avons certes aucun contrôle sur l'attirance initiale ni sur notre première réaction, nous choisissons ensuite de poursuivre ou pas et nous assumons ces choix. Nous avons le pouvoir de les faire de façon responsable et consciente. Les émotions fortes conduisent à des transformations en profondeur si elles sont vécues en pleine conscience. Ce qui implique de ne pas se laisser envahir et mener par ses sentiments. L'attirance se produit, mais l'amour est un processus qui demande notre participation, un moyen incomparable de combler nos besoins en donnant et en recevant simultanément. C'est une forme de renaissance.

La passion romantique s'épanouit dans le rêve, l'amour dans la volonté. Dans la première, nous nous disons : « Nous nous contenons l'un l'autre. Nous trouvons – et redécouvrons – les cinq A que nous recherchions dans notre relation primordiale. C'était ainsi que j'imaginais l'amour. Maintenant que je l'ai trouvé, je ne le lâcherai jamais et je n'aurai d'ailleurs jamais à le faire tant je le sens s'épanouir entre nous. C'est un sentiment si fort qu'il doit être vrai et perdurera ainsi pour toujours. » C'est dans cette dernière affirmation que réside l'illusion : *fort* ne veut pas dire éternel et immuable.

La passion romantique est une expérience joyeuse et précieuse à partir du moment où nous en profitons sans en devenir dépendant. C'est le meilleur point de départ d'une relation et cela permet d'aller vers un engagement plus mûr. Cependant, nous ne devrions pas nous étonner qu'elle ne dure pas. Le lien qui naît pendant cette phase est immature. La nature a créé la passion pour rapprocher les couples, développer l'espèce et l'entraide. Pendant cette phase, l'énergie sexuelle et l'adrénaline sont élevées. Mais un taux fort et soutenu d'adrénaline entraîne un affaiblissement des défenses immunitaires et finit par avoir des effets néfastes sur la santé. C'est pourquoi, pour notre bien, la passion ne dure que le temps nécessaire aux rapports sexuels et à la procréation.

Une affirmation telle que : « Je sais qu'il peut se montrer tendre et proche car il l'était au début de notre relation » ne tient pas compte de la capacité qu'a l'amour de mettre entre parenthèses notre peur de la proximité et de gommer notre part d'ombre de façon à ce que rien ne vienne perturber l'union sexuelle. Il n'est pas rare que nous soyons abusé par la phase passionnelle d'une relation et que nous nous sentions trahi quand notre partenaire est ensuite rattrapé par ses peurs, priorités, addictions, instincts d'origine. Il ne mentait pas, il ne faisait que tomber amoureux et renoncer momentanément à son caractère habituel qu'il retrouvera passés les douze coups de minuit. Notons que lorsqu'une personne craint la proximité y compris dans la phase passionnelle, cela signifie que ses peurs sont plus fortes que son instinct et qu'il faut se montrer deux fois plus prudent.

À l'adolescence, on nous a appris que l'amour était une perte de contrôle et un abandon de toute volonté associés à un sentiment puissant d'inévitable. Cette image du « tomber amoureux » contraste avec la réalité de l'« élévation vers l'amour » qui s'opère à la suite d'un choix conscient et qui procure une estime saine, des frontières intactes et une clarté d'esprit implacable. On nous a fait croire que lors d'une soirée enchantée, nous ressentirions une fascination irrésistible pour une personne spéciale qui ravirait aussitôt notre cœur alors qu'en réalité ce type de réaction n'a pas pour but de nous indiquer notre sauveur. Il s'agit de l'une des manifestations de notre enfant intérieur implorant qui nous montre les domaines sur lesquels nous avons à travailler.

Peut-être croyons-nous vraiment au caractère spécial de notre relation amoureuse enivrante. Nous prononçons des phrases comme : « Cela n'a jamais été aussi excitant », « Nous sommes unis pour la vie », « J'ai l'impression de te connaître depuis toujours, jamais nous ne nous séparerons » ou encore « Nous avons dû nous rencontrer dans une vie antérieure » que nous pensons être autant de preuves du grand amour. En fait, de tels sentiments sont des signaux qui devraient nous inviter à la prudence et au travail sur soi. Comme nous manquons de discernement dès lors que nous pensons avoir trouvé la personne qui comblera nos besoins en cinq A !

Cependant, il est possible de ressentir l'excitation de la passion sans se raconter d'histoires ni risquer d'être déçu. Comment différencier les deux sortes d'amour ? Les relations amoureuses saines conduisent à l'interdépendance alors que les relations malsaines ouvrent la voie de la dépendance ou de la domination. La fausse piste produit un électrochoc qui fragilise, la bonne piste génère un courant continu qui apporte une énergie stable et sans cesse renouvelée.

Rien de cela ne remet en question la beauté de la passion romantique et de l'état amoureux, lequel est fortement teinté de spiritualité. En nous obligeant à relâcher notre contrôle, à aimer de façon inconditionnelle et à pardonner plus facilement, l'état amoureux nous met en contact avec un moi supérieur, transformant la vie en un paradis terrestre, milieu qui ressemble à l'environnement rassurant dans lequel nous nous sommes blotti ou dont nous avons manqué petit. L'impression que nous avons de l'existence d'un au-delà, d'une force irrésistible, d'un temps rendu immobile, de quelque chose qui se déploie hors du contrôle de l'ego est à chaque fois une expression du sacré. Les termes utilisés pour décrire la ferveur amoureuse comme certains mots religieux trouvent directement leur source dans le surnaturel. Des formules telles que « son visage resplendissait » ou « elle n'avait jamais été aussi belle » évoquent une réalité spirituelle qui tout à la fois transcende et embrasse nos sensibilités. Même la formule galvaudée « ensemble pour l'éternité » vient nous confirmer qu'un phénomène puissant et merveilleux est à l'œuvre en nous. La passion nous emporte vers le monde de l'âme comme l'exprime si bien l'expression « âme sœur ».

S'il est par conséquent tout à fait justifié d'éprouver du chagrin à la fin de cette phase, nous échouons en général à y faire face, à le dépasser ou à trouver une solution. Souvent, l'excitation du début se transforme en reproches, en déception ou même en colère. De façon paradoxale, les couples qui pleurent ensemble en ressortent plus solides et plus proches, et la première difficulté sérieuse qu'ils affrontent l'un à côté de l'autre sonne bien souvent le glas de la phase passionnelle.

La gratitude qu'éprouve l'un des partenaires envers celui qui l'aide à franchir les étapes renforce l'engagement et conduit au respect mutuel. Quand on passe d'une phase à une autre, une connexion adulte s'établit avec une donnée de base de notre existence humaine : la réalité est en perpétuel changement et renouvellement. « Le plus grand risque, c'est de croire que ces données me sont indispensables et suffisantes pour être moi-même » disait le sage taoïste Han Hung.

La passion est précédée par une phase d'investigation, sujet du précédent chapitre. C'est alors qu'il faut rechercher toutes sortes de confidences, poser des questions sur des relations antérieures, sur ce qui avait fonctionné ou pas. Le chercheur d'or avisé commence par regarder ce qu'il a ramené à la surface avant de se réjouir à voix haute de ses trouvailles. Personne n'envisagerait aujourd'hui d'embaucher quelqu'un sans entretien et sans examiner son CV. Et cependant, nous « recrutons » notre partenaire en nous fiant à ce que nous « disent » certaines parties de notre corps qui ne sont pas toujours les meilleures conseillères et sans prêter attention à des sentiments qui en disent plus sur nos besoins affectifs que sur les qualités de celui ou celle que l'on a en face de soi.

Voici un pastiche d'une scène tirée d'un film de 1938, *Les Aventures de Robin des Bois*.

> « Dame Marianne : Comment sait-on quand on est amoureux ?
>
> Bess (sa suivante) : Vos jambes sont molles comme du coton. Vous perdez l'appétit.
>
> Dame Marianne (plus tard, s'adressant à Robin des Bois) : Je t'aime, mais pour le temps présent, je demeurerai ici, au service de la couronne d'Angleterre plutôt que de venir avec toi. »

Pour Bess, la passion ne valorise que les sentiments au mépris du reste alors que Marianne parle d'un état qui respecte à la fois les sentiments personnels et le bon sens. Ce n'est pas parce qu'elle est tombée amoureuse qu'elle est devenue aveugle aux buts qu'elle poursuit dans son existence. L'amour l'a tirée vers le haut et elle a pris conscience de ses besoins, souhaits et valeurs les plus profonds. L'amour est notre identité et l'amour sain la façon dont nous le mettons en pratique.

## Quand l'amour est une drogue

> « Je ne m'appuierai peut-être pas sur des forces extérieures pour gagner la passion et la vie dont les sources sont en moi. »
>
> Samuel Taylor COLERIDGE

À première vue, l'addiction amoureuse ressemble en tout point à la phase passionnelle d'une relation. La différence réside en ce que la seconde n'est qu'une étape dans un processus alors que la première défie le temps qui passe et reste coincée en phase d'excitation intense. L'une fait avancer, l'autre entrave et paralyse. L'addiction est impossible à satisfaire car elle est immobile alors que la satisfaction provient justement du passage de la crête vers une autre phase.

L'addiction ressemble également à l'amour inconditionnel : « Peu importe qu'il m'ait trahi, je l'aimerai toujours après toutes ces années » (cette information temporelle nous indique qu'il y a eu une interruption du cycle naturel). On est accrochés l'un à l'autre plutôt que liés. Ainsi, *Les Hauts de Hurlevent*, souvent considéré comme le récit d'une grande histoire d'amour, raconte en réalité un amour addictif : Kathy ne peut se détacher de Heathcliff bien qu'il ne cesse de la blesser ; Heathcliff ne peut ni renoncer à Kathy ni rester avec elle.

Du fait de notre mémoire cellulaire, les liens amoureux que nous formons adultes ressemblent à ceux que nous avons eus enfants. S'ils ont été dysfonctionnels, nous serons les candidats idéaux pour une relation amoureuse addictive. C'est comme un réflexe. De l'immensité désertique de notre passé nous restons à l'affût de notre oasis paradisiaque à laquelle nous accordons, une fois que nous l'avons trouvée, une importance démesurée, sous-estimant du même coup les besoins réels de notre moi en détresse. Ces besoins sont les cinq A que satisfera un amour attentif et conscient. Dans l'addiction, nous recherchons une grossière version de l'un des cinq A, par exemple un besoin d'affection ou de tendresse qui prend la forme d'un besoin sexuel.

L'addiction pose un autre problème : *le rejet comme l'approbation produisant des poussées d'adrénaline, l'un et l'autre provoquent une excitation chez celui qui les subit.* L'adrénaline nous attire, nous tient et même nous retient quand nous tentons de partir. La rupture elle-même est source d'un plaisir, toxique comme une drogue. Ce type d'addiction fonctionne souvent sur le mode « séduction/fuite » : d'abord je t'attire, ensuite je te repousse ; puis tu agis de même avec moi. Dans toute addiction, la peur et le désir se mêlent. Parvenir à s'en libérer, c'est accéder à un stade d'éveil spirituel. On peut donc en conclure que l'addiction est une maladie spirituelle, d'autant plus qu'elle implique la quête de quelque chose qui se trouve au-delà du changement. C'est ce qu'exprime si bien ce vers d'un poème de Rumi : « Les plaisirs érotiques que je retire de ma relation avec l'être aimé forment la trame du tissu de mon existence. »

L'addiction amoureuse se nourrit de projections. Dans *Autant en emporte le vent*, Scarlett O'Hara déclare : « Ce que j'ai aimé, je l'ai créé de toutes pièces, confectionnant un beau costume dont je suis tombée amoureuse. Et quand Ashley est arrivé, je l'en ai revêtu. Peu importe qu'il lui aille ou pas : ce n'était pas l'homme que j'aimais, mais son habit. » Et, vers la fin de l'histoire, elle ajoute : « J'ai aimé quelque chose qui n'a jamais existé. » En disant cela, elle implique courageusement qu'elle n'était pas la victime d'une projection : « J'assume ma responsabilité : j'ai contribué à créer un mirage et je l'ai ensuite entretenu. »

Pour autant, Ashley n'était pas innocent. Une addiction sexuelle ou amoureuse n'est jamais à sens unique. Une des parties peut être plus fortement attirée que l'autre, mais plus on est désiré, plus on se sent aimé et plus on contrôle la situation et on définit la nature et l'intensité de sa réaction. Dans une telle approche (ou plutôt une telle dépendance), l'un des partenaires agit directement pendant que l'autre use de moyens détournés sur le mode séduction/fuite. Nous ne sommes jamais seul en scène et l'autre a toujours son rôle à jouer.

Notre force la plus grande réside désormais dans l'objet de notre addiction : nous avons abdiqué notre volonté et notre vie pour les remettre aux mains de notre partenaire. Alors que nous aurions pu nous consacrer à une pratique spirituelle, nous lancer dans une activité artistique ou tout simplement danser librement, nous sommes obsédé parfois pendant des années par une seule personne, son histoire et la façon dont nous pouvons l'aider. C'est ainsi que le « créancier rapace » de l'addiction sape notre potentiel et nous entraîne dans une « démoralisation incompréhensible » selon l'expression des Alcooliques Anonymes.

Dans une relation amoureuse saine, on est en contact avec l'autre sans s'accrocher. On ne peut vraiment posséder que ce qui ne nous possède pas ou cela conduit à ce qui constitue la principale ironie des relations addictives : c'est précisément parce que nous nous accrochons que nous sommes dépossédé. La deuxième ironie c'est que plus nous comptons sur l'autre pour nous rassurer et moins nous nous sentons en sécurité. Il est parfois effrayant de se rendre compte de l'impact que peut avoir notre partenaire sur notre vie et nos pensées. Il arrive que nous réagissions de façon contre-phobique en nous rapprochant encore plus de l'autre ! Certains coureurs de jupons en arriveront à se demander : « Est-ce que je me suis servi des femmes pour aider à faire tenir debout une partie de moi dont je pensais qu'elle ne pourrait tenir seule ? »

Dans la trajectoire mystérieuse de nos vies, nous pouvons passer d'un centre d'intérêt, d'une crise ou d'un objet de fascination à un autre : dix-huit ans à ne se consacrer qu'à nos enfants, vingt à notre carrière, quatorze à une addiction ou une drogue, sept à un homme ou une femme. Et si chacune de ces phases, dont certaines se chevauchent, ne servait qu'à nous garder à distance de notre monde intérieur ? Nous redoutons par-dessus tout qu'il n'y ait rien entre nous et notre moi, notre vie intérieure nous semble être un vide terrifiant alors qu'il s'agit d'un espace fantastique. La pratique de la méditation en pleine conscience nous ouvre à cet espace et nous montre qu'il n'y a là rien d'effrayant. La pleine conscience libère de la peur qui est au cœur de l'addiction.

Nous sommes tous des candidats potentiels à l'addiction, qui n'est pas toujours un signe de faiblesse, de maladie ou de déséquilibre. Le fait que l'indifférence manifestée par l'autre partie accroisse le désir que l'on a pour elle est le propre de toute relation. L'attachement addictif est une donnée archétypique de la condition humaine et nous ne sommes pas seul face au mystère du plaisir mêlé à la souffrance. En jetant sur notre sort un regard compassionnel, amusé et dénué de honte, de remords ou de malice, nos malheurs humains trouveront une issue plus heureuse.

Mais l'addiction offre aussi des aspects positifs. Grâce à elle, nous prenons conscience de nos carences héritées de l'enfance, de nos besoins insatisfaits, de nos blessures encore ouvertes. Nous comprenons à quel point nous sommes en manque, désespérés, abandonnés et, découvrant la réalité de notre condition, nous accédons à une plus grande humilité. Car l'addiction peut aussi conduire à l'éveil en nous libérant de l'ego qui est cette habitude que nous avons de croire que nous contrôlons nos émotions, désirs et besoins. On peut considérer alors que la souffrance liée à l'addiction n'est ni mauvaise ni inutile, car elle nous amène vers une plus grande compréhension de nous-même. Si notre chemin doit passer par une relation qui manquera de nous envoyer par le fond, la synchronicité de l'univers nous fait rencontrer la personne adéquate. C'est le même univers qui a concocté la tornade qui a permis à Dorothy de prendre conscience de ses pouvoirs et de quitter le pays d'Oz.

Enfin, l'addiction met au jour notre persévérance, notre capacité à aller de l'avant pour atteindre notre but. Bien que l'on se soit jusque-là trompé d'objet, l'attention obsessionnelle que nous avons su déployer est bien la preuve que nous avons en nous les dispositions nécessaires pour nous intéresser aux autres et aller vers eux.

Ces qualités sont indispensables à l'intimité et elles ne demandent qu'à être dirigées vers un autre but.

L'être humain est construit sur un paradoxe poignant : nous cherchons à obtenir ce que nous ne sommes pas en mesure de recevoir de ceux qui sont incapables de nous le donner et nous nous accrochons d'une façon désespérée et inefficace à ce qui ne peut satisfaire les besoins que nous pensons avoir.

> Je souffrais auprès de toi, pourtant incapable de partir.
> Je restais puisque rien de mieux ne se présentait à moi.
> Je t'aimais par défaut ou pour la galerie.
> Ma vie était comme une chanson inaudible qui n'intéressait [personne.
>
> Je tâtonnais pour trouver des signes au fond de notre [sombre abîme,
> J'en cherchais d'autres dans une solitude absolue.
> J'évitais soigneusement la voie dont les indications me [montraient le chemin de la félicité.
> Je restais loyalement à attendre, tentant d'interpréter les [présages.
>
> Il a fallu ta tendresse pour changer le décor,
> Et ton audace de pyromane pour mettre le feu à notre scène [d'amadou !
> Les flammes amicales m'ont précipité sur terre,
> Où je me dégage enfin de nos ruines.
>
> Longtemps je t'ai supplié en un silence douloureux,
> Apeuré : Aie pitié de mon sort.

## C'est comment quand on aime ?

> « Chaque relation amoureuse [adulte] rejoue la relation originelle. La découverte de l'amour est une re-découverte. »
>
> Sigmund Freud

L'amour peut être confondu avec un attachement avide à l'autre, un désir sexuel ou un besoin d'attention que l'autre satisfait ; il arrive même que l'on assimile amour et dépendance, reddition, conquête, soumission, domination, gratification, fascination, souffrance ou addiction. Je peux avoir l'impression de t'aimer parce que tu m'aimes, tu ne me quitteras pas, tu combles ma solitude ou me protèges de mes émotions ; parfois, je déclare t'aimer avec passion alors que je ne fais que réagir au fait que mes besoins sont satisfaits à travers toi ; à moins que cela ne signifie que je te suis attaché et que c'est agréable.

L'amour peut être confondu avec les sentiments positifs qui surgissent en nous quand nous sommes amoureux ou persuadés de posséder l'autre. Les cinq A sont les antidotes à cela, des bienfaits authentiques, parfois difficiles à donner, qui requièrent et produisent générosité et attention, un amour dirigé vers les autres, libéré de tout narcissisme. Je te témoigne et ressens pour toi du respect et je t'aime même quand tu ne combles pas mes manques. Mon amour survit aux moments où tu n'as rien à donner car il ne reflète ni mes propres besoins ni mes attentes, mais un engagement à donner et à recevoir.

Il est possible que nous attendions ou exigions toute notre vie que les autres nous témoignent leur amour de la façon dont nous nous sommes senti aimé pour la première fois : être aux petits soins pour nous, prendre notre défense, nous embrasser, etc. Un de mes plus anciens souvenirs, c'est l'amour de ma grand-mère que je ressentais simplement par sa simple présence auprès de moi pendant que ma mère travaillait. Elle s'asseyait à mes côtés quand je faisais un puzzle, elle écoutait les émissions pour enfants à la radio avec moi. À la différence de ma mère, elle n'avait nulle part où aller. Par la suite, lors des réunions de famille, je me suis surpris à rester auprès de mes tantes vieillissantes, à rechercher ce confort familier et unique que seule me procure la présence prolongée de femmes plus âgées. Mon esprit rationnel a beau me dire qu'elles sont vieilles et peu mobiles, c'est ce qui explique qu'elles restent assises à la même place aussi longtemps, rien ne pourra persuader mes cellules les plus intimes qu'il se trompe. En Angleterre, j'adorais l'heure du thé, quand tout le monde demeure longtemps autour de la table. Même cela ressemblait à de l'amour. Je sais que j'ai parfois importuné mes amis en insistant pour rester à la maison au lieu de sortir. *Je passe mon temps à chercher à retrouver l'amour dont je me souviens et auquel j'aspire. Est-ce que je continue à confondre « être aux petits soins » avec l'amour ?*

Quand nos demandes d'amour deviennent compulsives et insatiables, c'est un signe que nous doutons d'être assez « aimable ». Les innombrables preuves d'amour que nous réclamons peuvent ressembler à une expression narcissique, mais si l'on pose sur les choses un œil compatissant, on pourra y voir la manifestation d'une faible estime de soi. Le besoin d'être considéré comme spécial est parfois une compensation au sentiment que l'on a de ne pas être aimé.

Pour cesser de douter de soi, il existe une pratique simple : agir avec amour. *Ceux qui aiment sont persuadés d'être aimables. Ce sont les deux revers d'une même médaille.* Cela implique de laisser aller son ego et d'avoir une disposition d'esprit unique : lorsque surgit un conflit avec une autre personne, nous ne cherchons pas à savoir comment gagner, mais comment manifester une intention aimante et la mettre à profit. Notre préoccupation immédiate c'est de parvenir à exprimer le maximum d'amour par rapport aux circonstances. Quand nous faisons preuve des cinq A envers les autres, ils se sentent aimés et nous trouvent digne de l'être en retour. Nous ressentons un grand bonheur quand nous cessons de nous intéresser à nos victoires personnelles et à nos revendications pour exprimer davantage l'amour que nous éprouvons et ce bonheur crée les meilleures conditions pour relâcher notre étreinte sur l'ego et profiter des cinq A.

Quand c'est en apprenant à inventer l'amour dans chacune de nos pensées, mots et actes que nous nous sentons grisé, nous comprenons vite que nous sommes digne d'être aimé. Grâce à notre nouvelle façon d'être, nous nous aimons mieux et il en va de même pour les autres. C'est alors que nous cessons de vouloir à tout prix des témoignages d'amour. Le puits sans fond de nos attentes est enfin comblé ou en tout cas il occupe moins de place. L'exubérance remplace le besoin. Quand nous donnons ce qui nous manque, le manque diminue. En laissant l'amour nous traverser, *nous* devenons le chemin qu'il emprunte et pouvons alors demander de l'amour en retour au lieu de l'exiger de façon compulsive. Nous recevrons peut-être ce dont nous avons besoin dès lors que nous ne sommes plus obligé de l'avoir.

En nous libérant de nos besoins, notre amour peut se déployer et toucher tout le monde. Nous aimons les autres parce qu'ils sont tous intimement connectés. L'amour compassionnel constitue la réaction naturelle à la souffrance et à l'interdépendance qui sont le destin et la vérité de l'homme et cela rend moins lourde la tâche d'avoir à trouver une âme sœur. En répondant aux besoins des autres, nous avons nous-même moins d'attentes. Comme l'écrivait Alexander Pope : « L'homme, comme la vigne généreuse, supporte la vie/ Il puise sa force dans sa capacité à étreindre. »

## Pratiques

### À quelle phase de la relation suis-je ?

L'engagement, c'est une relation entre deux ego sains. La plupart des entreprises humaines, qu'il s'agisse de relations intimes ou familiales, d'appartenance sociale ou religieuse ou de tout autre intérêt à long terme, sont caractérisées par trois phases qui correspondent à celles du voyage héroïque.

Quand on reste coincé à la phase d'attachement, on régresse, on s'accroche ou on tombe dans l'addiction ; quand on stagne à la phase de détachement, on se distancie et on a du mal à accepter l'autorité ; quand on évolue d'une phase à l'autre, on est serein et on s'intéresse à ce qu'il y a autour. C'est ainsi que les relations saines ont une influence bénéfique sur le monde. C'est là que je choisis d'être.

| *L'attachement*<br>LA PASSION ROMANTIQUE : DEUX EGO SE RENCONTRENT | *Le détachement*<br>LE CONFLIT : DEUX EGO CACHÉS SE HEURTENT | *L'intégration*<br>L'ENGAGEMENT : RELATION ENTRE DEUX EGO SAINS |
|---|---|---|
| ■ Dépendance mutuelle. | ■ Tentative désespérée pour affirmer ses besoins et désirs personnels. | ■ Interdépendance associée à une fluidité et à une compatibilité dans la satisfaction des besoins. |
| ■ Fusion, aucune frontière. | ■ Établissement de frontières et de l'indépendance. | ■ Respect mutuel des frontières. |
| ■ Le héros part. | ■ Le héros se débat. | ■ Le héros rentre à la maison. |

Et vous, dans quelle colonne vous retrouvez-vous le plus ? Quels aspects revêtent les cinq A dans la phase où vous êtes ?

## Passion ou addiction ?

Servez-vous du tableau ci-dessous pour comprendre votre mode relationnel actuel. Si vous avez l'impression d'être sous l'emprise d'une addiction, notez dans votre journal vos réactions aux affirmations suivantes : vous passez votre vie à courir après quelqu'un qui ne veut pas de vous ou ne vous respecte pas ; vous restez avec quelqu'un dont les problèmes sont insolubles ou qui vous maltraite ; vous êtes avec quelqu'un qui vous vampirise ; vous ne cessez d'en espérer plus alors qu'il y en a moins ; vous n'êtes jamais satisfait de ce dont vous n'avez pas besoin ; vous oubliez que s'il n'y en a pas assez pour combler vos besoins, alors il est inutile de courir après ; vous cherchez à la fois à recréer et à vous débarrasser d'un lien parental ; vous êtes dans une relation addictive à double sens ; vous êtes l'objet de l'addiction d'une autre personne.

| *La passion romantique* | *L'addiction* |
|---|---|
| ■ Temporaire. | ■ Permanente. |
| ■ Satisfaction de ses besoins qui procure un sentiment agréable. | ■ Attentes jamais satisfaites. |
| ■ Désir de contact. | ■ Besoin désespéré de contact. |
| ■ Échange équilibré. | ■ Plus on donne moins on reçoit. |
| ■ En général égalitaire. | ■ Souvent hiérarchique. |
| ■ Réciproque. | ■ À sens unique. |
| ■ A de l'avenir. | ■ Sans avenir. |
| ■ Sentiments de plénitude et de joie. | ■ Sentiment de n'être jamais comblé. |
| ■ Sécurité et confiance en soi. | ■ Insécurité et doute. |
| ■ Anticipation réjouie de la prochaine rencontre. | ■ Absences douloureuses et intolérables. |
| ■ Progression de l'estime de soi. | ■ Affaiblit l'estime de soi. |
| ■ Frontières existantes mais évolutives. | ■ Absence de frontières. |
| ■ Les deux partenaires sont aussi proches l'un de l'autre. | ■ L'un des partenaires est possédé par l'autre. |
| ■ Marque le début du difficile cheminement vers l'amour. | ■ Se transforme en un cercle vicieux de souffrances. |

Reprendriez-vous la déclaration suivante à votre compte : « Quand je suis incapable de lâcher prise, je ne sais même plus si j'ai vraiment envie de rester. Tant que je suis intoxiqué, je n'ai plus de frontières et perds même parfois toute estime de moi. Je suis prêt à tout pour avoir ma dose. Voilà tout ce que je perds à cause de mon addiction » ?

## Mettre au jour le déni

Dans la première période d'une relation amoureuse, celle de la passion romantique, nous aspirons à avoir ce que l'autre est à même de nous donner ; dans l'addiction, nous sommes habités par un besoin maladif d'obtenir ce que l'autre, ni d'ailleurs personne, ne peut nous donner. La désintoxication peut commencer par une libération du déni : « Je ne veux pas savoir ce que tu es incapable de me dire. Je ne parviens pas à voir que ce que je veux n'est pas ce que tu m'offres. Dans le fond, ce n'est pas à toi que cela me renvoie mais à ma propre dépendance affective. » En vous libérant de votre addiction, vous lèverez le voile de la confusion. Confiez-vous d'abord à votre journal puis, quand vous vous sentez prêt, à un(e) ami(e) et, enfin, affrontez l'objet de votre obsession.

## Lutter contre l'obsession

Nous ressentons l'addiction quand nous laissons nos pensées obsessionnelles nous guider et se transformer en actes compulsifs. Autoriser ses pensées à se déployer sans passer à l'acte est une des phases cruciales du lâcher-prise. Pour prendre un exemple : je peux penser à toi à chaque instant pendant que je roule sur l'autoroute, pour autant je ne sors pas précipitamment dès que l'occasion se présente pour t'appeler juste pour entendre le son de ta voix. Se libérer de l'addiction, c'est laisser filer l'occasion de se faire un shoot.

Il faut travailler pour comprendre ce que l'on cherche vraiment. Prononcez la phrase suivante à voix haute si elle s'applique à votre cas : « Chaque pensée que j'ai pu nourrir envers la personne qui m'a aimé ou qui m'a quitté est en réalité un appel de la partie blessée et non adulte de moi-même qui revit sa souffrance originale à travers cette nouvelle version du père ou de la mère qui m'a abandonné soit réellement, soit affectivement ou symboliquement. L'obsession que je manifeste à propos de cette personne est en fait un appel pressant du passé. La douleur que je ressens dans mes relations amoureuses actuelles me donne un aperçu inopportun des liens familiaux qui ont jadis été brisés. Elle ne fait que rallumer une étincelle ancienne mais jamais éteinte. »

## Le phénomène séduction/fuite

La personne qui adopte ce genre de comportement séduit par peur d'être seule et abandonnée et fuit parce qu'elle est terrorisée à l'idée d'être trop proche de l'autre qui l'avalerait. Elle est la proie d'une panique qui produit une réaction réflexe. Dans un tel contexte, la séduction ne doit pas être interprétée comme un mensonge non plus que la fuite comme une punition. Cette personne mérite la compassion plutôt que la punition : demandez-vous si vous êtes capable de vous tenir à ses côtés comme un témoin neutre en l'encourageant à se faire aider pour travailler sur ses peurs. Et si vous êtes vous-même cette personne, avez-vous envisagé de commencer une thérapie ou un groupe de parole ?

## Choisir ses outils

Dans ma pratique thérapeutique, j'en viens toujours à la conclusion que les addictions doivent en général être menées au terme de leur trajectoire. Marcel Proust va dans mon sens qui disait en substance que l'obsession amoureuse est comme le mauvais sort dans un conte de fées contre lequel tout le monde est impuissant jusqu'au moment où l'enchantement est levé. Les thérapies et les pratiques spirituelles aident mais elles ne peuvent l'emporter sur un afflux puissant d'adrénaline. Une relation addictive promet et délivre une excitation que la plupart des personnes interprètent comme le signe qu'elles sont bien vivantes. Il est difficile de renoncer à cela, surtout quand si peu de choses viennent combler le manque. L'addiction est au final une forme de souffrance comme le disent les chansons : « Qui me donnera ce que tu me donnes ? », « Qui d'autre fera ainsi battre mon cœur ? », « Qui, dites-moi qui, peut provoquer chez moi une douleur si délicieuse ? », « Personne ne pourra jamais te remplacer car tu es unique », « Pourquoi tes baisers me torturent-ils de la sorte ? ».

Heureusement, pour aider ceux qui sont accros à une relation amoureuse ou passionnelle ou à une personne en particulier à se libérer de l'addiction, il existe un certain nombre d'outils efficaces comme la thérapie ou un programme inspiré des Alcooliques Anonymes avec le cas échéant le recours à un sponsor ou à un binôme. Un groupe de parole peut aider à former un lien vers ce pouvoir qui transcende l'ego, créer un refuge loin des illusions de l'addiction. Par ailleurs, une pratique spirituelle peut freiner les tentatives aléatoires mais obstinées de l'ego pour contrôler les autres et faire en sorte que le monde obéisse à ses désirs. Dans ce cadre, on méditera sur les trois caractéristiques de l'existence : l'impermanence, la souffrance et le fait qu'il n'existe pas de moi solide. Vous reconnaissez que tous vos efforts ne suffisent pas à vous libérer de cette peine et vous vous tournez vers un pouvoir supérieur à vous-même qui pourra prendre différentes formes : dans le bouddhisme, c'est l'esprit de Bouddha, cette conscience en et au-delà de nous qui transcende l'ego ; dans le judaïsme, c'est le souffle divin ; dans le christianisme, c'est la conscience du Christ ; chez les jungiens, c'est le Soi archétypique. Ce sont tous des symboles de la communion, de la grâce qui nous assiste, de l'aide que nous recevons au-delà de nos efforts ou de notre contrôle. Mais pour comprendre tout cela (surtout pendant la période d'addiction), nous avons souvent besoin d'une assistance extérieure.

N'ayez pas honte face à l'addiction, approchez-la plutôt avec curiosité dans le but de découvrir comment votre esprit a bien pu se laisser prendre dans les rets du désir. Cela implique de trouver le moyen de vous accepter sans jugements, peurs, reproches, attachements, préjugés ou défenses – autrement dit, en pleine conscience. Voyez l'autre comme un bouddha placé sur votre route pour vous indiquer où réside votre travail, vous montrer jusqu'à quel point vous pouvez sortir du chemin et les moyens dont vous disposez pour y retourner.

## Que faire quand on est amoureux de quelqu'un qui ne nous aime pas ?

Parfois, nous tombons irrémédiablement amoureux de quelqu'un qui ne nous rend pas nos sentiments, voire nous ignore. Au début, cet état peut sembler plaisant et stimulant. Puis les fantasmes agréables se mettent à nous tourmenter et à nous obséder, les timides désirs se transforment en besoins de plus en plus impérieux. La joie de l'attente cède le pas à l'angoisse et à la détresse, la flamme se fait cruellement dévorante. Sans que nous ayons compris ce qui se passait, la souffrance est devenue permanente et nous voilà accro au point que notre vie est un enfer loin de l'autre et un paradis dès qu'il s'approche. Nous nous surprenons à tirer toutes les ficelles possibles pour satisfaire notre besoin inextinguible de contact. Nous perdons tout respect de nous-même. Cette plongée dans l'addiction destructrice de l'ego est décrite par les Alcooliques Anonymes comme « rusée, déroutante et puissante ». Nous sommes dérouté par la vitesse et l'intensité de notre chute. Notre bonheur repose désormais entre les mains de celui ou celle que nous devons posséder. Nous sommes coincé car nous voudrions que la réalité soit différente et nous sommes impuissant à la transformer. L'addiction est l'étincelle qui met le feu à la poudre explosive de l'ego.

Nous voyons ainsi que le problème est aussi spirituel dans la mesure où il transcende le pouvoir d'un ego équilibré. Une approche uniquement psychologique ne pourra suffire.

Dans votre journal, posez-vous les questions suivantes : des cinq A, lequel recherchez-vous ? Comment avez-vous failli à prendre soin de vous dans cette histoire ? Que ressentez-vous ? S'agit-il de sentiments que vous cherchez depuis longtemps à éviter ? Y a-t-il un moyen de les ressentir d'une façon rassurante et cathartique ? Et si vous commenciez une thérapie ?

Si vous êtes actuellement dans une relation addictive (ou quelque part entre le béguin, l'engouement et la possession), lisez les propositions ci-dessous et notez celles qui s'appliquent à votre situation : j'admets que je suis désormais incapable de contrôler mes pensées, sentiments et comportements dès qu'il s'agit de lui/d'elle. Je m'accroche à l'idée que je peux continuer à être moi-même quand il/elle est là (et de faire semblant), mais je sais bien au fond de moi que j'en suis incapable. J'ai tout le temps peur. J'essaie d'agir normalement alors que je me sens mal. *Je tiens un rôle*. Il/elle, par sa présence et son absence, me met en contact direct et inévitable avec la profondeur de mes besoins en cinq A. Il/elle me place au pied du mur et je suis obligé(e) de faire face à moi-même. Le vrai sujet ce n'est pas tant que j'ai besoin d'un homme/une femme mais que je ne peux plus me négliger comme je l'ai fait si longtemps. Cet homme/cette femme est un prétexte que j'utilise pour éviter d'avoir à prendre soin de moi qui devrait être mon seul objectif légitime. Tout ce que je suis et tout ce que j'ai jamais fait ne sert qu'à me convaincre que je l'ai perdu(e) ou déçu(e) : ainsi, je me persuade que je ne suis pas digne d'être aimé(e). Pendant ce temps, je n'ose pas lui montrer ce que j'ai de mieux à aimer, ma légitime vulnérabilité. Je pense ou j'imagine qu'il/elle ne pourra pas l'accepter. Je risque de l'effrayer si je lui dévoile ce que je ressens. Sa peur me fait peur car elle pourrait me conduire à le/la perdre, alors je ravale mes pensées et mes sentiments.

Voici quelques suggestions très pratiques pour ceux et celles qui sont victimes d'une passion à sens unique : ne montez pas des stratagèmes compliqués pour passer du temps avec lui/elle alors qu'il/elle ne veut que bavarder de temps en temps ; ne cherchez pas à multiplier les contacts sous des prétextes en apparence innocents ou polis car une trop grande proximité vous détourne du seul but sain que devrait avoir une personne dépendante : travailler sur vous. Servez-vous d'affirmations telles que : « Je suis en train de me libérer de mon besoin de contact avec X », « Je me détache progressivement de X ». Faites-vous aider par un professionnel.

## Découvrir ce que je cherche

Répondez aux questions suivantes au fur et à mesure que vous les lisez et identifiez l'affirmation qui correspond au moins partiellement à votre mode relationnel actuel : est-ce que j'ai en moi les ressources nécessaires pour trouver quelqu'un qui saura répondre à mes besoins en cinq A ? Ou bien est-ce que je cherche quelqu'un qui prendra soin de moi ou dont je pourrai m'occuper, qui fera des choses pour moi ou que je pourrai couvrir de cadeaux et d'attentions, qui me contrôlera ou que je pourrai contrôler, qui me flattera ou me blessera ? Faites part de vos découvertes à votre partenaire.

## Être présent de façon aimante

L'amour n'est pas tant un sentiment qu'une façon d'être présent. Nous montrons notre amour au travers d'une présence soutenue et active *accompagnée* de l'expression inconditionnelle des cinq A et *débarrassée* des attributs conditionnels de l'ego comme le jugement, la peur, le contrôle, etc. Et nous recevons l'amour de la même façon – avec les cinq A et sans l'interférence de l'ego. Autrement dit, c'est dans le cadre de la pleine conscience que l'amour s'exprime le mieux.

Il est possible de prendre davantage conscience de l'importance considérable que revêt l'amour – et le fait d'en donner et d'en recevoir – dans notre vie : il est à la fois le but de l'existence humaine et à l'origine de toutes nos aspirations. Vous pouvez vous engager sur la voie d'un amour universel comme indiqué par exemple dans le paragraphe précédent en vous aidant des affirmations suivantes, que vous prononcerez tous les matins en vous levant et répéterez tout au long de la journée, en vous concentrant sur chaque mot et en vous observant agir ainsi. Il n'est pas nécessaire de les prononcer à voix haute : les mantras silencieux peuvent se révéler très efficaces. N'hésitez pas à y recourir avant une rencontre ou avant d'affronter une situation qui vous fait peur : « Je suis totalement présent(e) ici et maintenant dans toute l'inconditionnalité de mon attention, approbation, appréciation, affection et autorisation. Je renonce avec bonheur à ma capacité de jugement, à mes peurs, à mon désir de contrôle et à mes exigences. C'est ainsi que je témoigne à tous mon amour et que j'accueillerai mieux l'amour qui me vient, que je ressentirai de la compassion envers ceux à qui l'amour fait peur. Que chaque être puisse trouver ce chemin vers l'amour. »

## Créer l'intimité

Voici quelques-unes des caractéristiques de ce que devrait être l'intimité : chaleur, proximité physique, contact respectueux, échanges de regards, présence inconditionnelle et totale, absence d'arrière-pensées, de tensions, d'efforts ou d'exigences, vulnérabilité, ouverture, humour, joie visible, complète disponibilité, plaisir d'être ensemble librement et de façon spontanée, sans but ni contraintes horaires. Chacun a le sentiment que l'autre veut être là et nulle part ailleurs, sans aucune intervention de l'ego. Tout est « off » et, pour cette raison, tout est autorisé.

Répondez par écrit aux questions suivantes : Quelles sont, parmi les qualités de l'intimité décrites ci-dessus, celles que vous vivez dans votre relation amoureuse ?

Lesquelles manquent ? Certains ont besoin que la relation soit menacée pour se laisser aller ainsi. Demandez-vous si votre partenaire et vous êtes sur la même longueur d'onde sur cette question et parlez-en ensemble en évitant toute culpabilisation.

CHAPITRE 5

# Les conflits

Dans les contes, l'éveil du héros est suivi par sa descente aux Enfers. Dans nos relations amoureuses, le voyage va du sommet vers le bas plutôt que dans l'autre sens. Le conflit s'installe à mesure que l'ombre de la tension remplace la lumière de la passion. C'est la deuxième phase d'une relation, c'est aussi souvent la plus longue et l'image romantique que vous avez donnée jusque-là cède le pas à la réalité de ce que vous êtes. Nous ne nous connaissons pas et ne pouvons assimiler nos expériences tant que nous n'avons pas rencontré notre ombre et lutté contre elle au point de nous en faire une amie. Il en va de même avec notre partenaire. Comment pourrions-nous aimer ce que nous ne comprenons pas ? *Aucun acte ne nous paraîtra plus jamais étrange ou impardonnable dès lors que nous nous connaissons vraiment.*

La phase passionnelle et romantique nous montre le côté lumineux et positif de l'être aimé – le potentiel de bonté inexploité que nous projetons sur ceux que nous idéalisons. Le conflit expose ses aspects sombres et négatifs – autrement dit, notre propre tendance à la méchanceté, à l'abus et à l'égoïsme que nous détestons et projetons sur ceux qui font montre d'un tel comportement. Si nous étions jadis aveuglé par la passion, nous voyons désormais toutes les facettes de notre partenariat amoureux. Nous nous heurtons à la mesquinerie, au manque de considération, aux choix qui servent les intérêts personnels et à l'ego arrogant qui a toujours besoin d'avoir raison, de parvenir à ses fins et d'assouvir une vengeance.

Nous remarquons chez notre partenaire tout ce que nous ne pouvons plus éviter ou cacher. Ce qui attendrissait dans la première phase déchire dans la deuxième.

Ce stade est une étape totalement normale, nécessaire et utile du processus. C'est ainsi que l'on crée un lien durable. Le conflit permet d'évoluer de la projection romantique à une affirmation de soi plus mûre. Dans le voyage héroïque, cette phase amoureuse correspond à celle du détachement.

L'expérience humaine n'intervient que dans un contexte relationnel et les conflits spécifiques de notre passé sont mis au jour dans nos relations amoureuses. La vie que nous menions avec nos parents se rappelle à nous d'une façon plus vive que nous ne l'aurions jamais cru possible. Dans la phase de conflit, nous n'avons d'ailleurs pas d'autre choix que d'aller à la rencontre des fantômes de notre passé et c'est ainsi que nous nous entendons prononcer à notre partenaire et à nos enfants les mots qui nous ont été dits petit. Nous prenons le plus grand soin à pousser notre partenaire pour qu'il nous mène à rejouer et à revivre nos déceptions les plus amères, nos blessures les plus profondes et nos pertes les plus douloureuses. Nous faisons resurgir de façon instinctive les problèmes que nous sommes désormais prêt à laisser derrière nous et réinterprétons les scènes du passé pour mettre à plat ce que nous avons vécu et le maîtriser avec l'aide d'une personne de confiance. Dans une relation conflictuelle, chaque instant nous dépossède de nos illusions à mesure que la psyché s'ajuste au flot continu des vérités qui surgissent.

Le chemin vers le centre passe par les extrêmes et nous allons de la passion à l'affrontement pour atteindre le centre de l'engagement suivant les cycles thèse/antithèse/synthèse. La nature elle aussi évolue de la luxuriance lumineuse de l'été vers la funeste nuit de l'hiver pour s'épanouir enfin dans la tendre vigueur du printemps. Ainsi, nous voyons qu'une relation, ce n'est pas être possédé par l'autre, mais reconnaître et accepter la traversée inévitable de phases.

Pour ce faire, il est utile de comprendre que notre voyage de la passion vers le conflit connaît trois modes.

| *Le mode idéal* | *Le mode normal* | *Le mode creux de la vague* |
|---|---|---|
| ■ Tout est parfait, état amoureux. | ■ C'est la routine du quotidien sans variations importantes. | ■ Stress intense, crise, dépression profonde ! |
| ■ Je suis au sommet de mes possibilités. | ■ Je me comporte en adulte. | ■ Je me montre sous mon plus mauvais jour. |
| ■ Dans ce mode, je me montre sous mon meilleur jour : attentionné, héroïque, compatissant. Je ne vois pas ce que je pourrais changer et je n'ai besoin d'aucun travail personnel ! | ■ Dans ce mode, je suis clair, fiable et je fais de mon mieux pour regarder la réalité en face et résoudre les problèmes qui surgissent. | ■ Dans ce mode, tu verras mes côtés les plus abjects, je tombe dans l'auto-apitoiement et la paranoïa. Il faut d'abord que j'entreprenne un travail personnel. |

Les personnes matures vont du meilleur au pire et reviennent vers le centre à maintes reprises. Accepter ce fait permet d'éviter de prendre pour soi plus que de raison le comportement de son partenaire, protège du reproche, de la culpabilité et même de la peur – autant de moyens de prendre ses distances avec l'ego. Quand nous sommes coincé au creux de la vague comme un navire bloqué au port, il faut prendre des mesures particulièrement énergiques. Car l'immobilité peut paraître plus confortable que l'effort nécessaire au changement. C'est pourquoi le risque fait partie de la vie du héros.

La nature a besoin de la dissolution des structures établies pour faire place à un nouvel environnement, la vie comporte nécessairement des turbulences et même des destructions, signes avant-coureurs de toute transformation. Les systèmes naturels participent de façon zélée à leur propre autotranscendance. Les paroles de saint Jean de la Croix sur l'ego ne veulent pas dire autre chose : « Promptement, sans que rien ne soit épargné, je suis entièrement démantelé. » Il ne se contente pas de l'affirmer, mais l'espère. La remise en cause du statu quo et le renversement des formes anciennes sont le signe d'une évolution saine. La nature se réjouit des bourgeons du printemps autant que de l'automne, signe qu'un printemps encore plus riche reviendra.

Sommes-nous capable de voir nos conflits sous ce jour optimiste ?

> « Le processus de l'évolution est essentiellement autotranscendance. »
>
> Ken WILBER

## Travailler pour que ça marche

Les rudes exigences de l'amour se révèlent être les seuls ingrédients de la plénitude et de la maturité adulte parce que nous pouvons travailler de concert avec notre partenaire à améliorer les choses et/ou nous pouvons développer nos propres forces nourricières s'il se dérobe à sa mission.

Défendre sa position n'avance à rien, au contraire. C'est refuser de travailler. L'engagement implique de reconnaître, d'affronter et de résoudre nos difficultés personnelles et mutuelles, processus que nous fuirons si la vraie proximité nous fait peur. Il faut se sentir suffisamment en sécurité pour regarder en face ce qu'on a soigneusement caché en soi ou évité de voir chez son partenaire. Bien sûr, nous avons le plus souvent l'art d'éviter ce qui demande un traitement douloureux ou difficile. Mais ce déni se fera en général au prix de notre sensibilité et de notre vulnérabilité. Pourtant, comme toute vertu, le courage nécessaire à l'affrontement des difficultés s'acquiert facilement par la pratique. Ce qui suit montre comment.

Un joint qui fuit n'a rien de grave pour qui sait s'y prendre et dispose des outils adaptés. Il en va de même pour les conflits, qui peuvent même donner des résultats extraordinaires si nous recourons à des outils qui nous permettent de coopérer dans un respect mutuel plutôt qu'à des stratégies tendant seulement à affirmer nos droits. Travailler sur ses problèmes et se frayer un chemin dans un esprit de coopération, c'est transformer le conflit en engagement. C'est même au travers de notre volonté d'affronter les obstacles plutôt que de les fuir, de se laisser décourager ou de nourrir du ressentiment que s'exprime l'engagement. Le travail débouche sur le voyage héroïque vers l'intimité : un défi douloureux à relever qui conduit au changement. Une fois que nous en avons franchi le seuil avec succès, l'obstacle se transforme en pont. L'énergie qui jusque-là était bridée par la compétition des ego vient désormais nourrir des comportements adultes responsables. Nous disons à l'autre : « Je suis prêt à négocier avec toi et nos luttes nous rapprocheront en nous faisant grandir. Nous aimer, ce n'est pas roucouler, mais nous engager de façon adulte à affronter nos sentiments et nos difficultés. »

La plupart d'entre nous peinent tant à être l'un avec l'autre, et pourtant l'amour implique de faire le choix de continuer à travailler pour que ça marche. Refuser de le faire ou le faire à contrecœur, c'est le signe que nous n'aimons plus vraiment. Peut-être éprouvons-nous encore de l'attachement ou bien nous sentons-nous lié par des souvenirs ou un sentiment d'obligation, mais ce n'est pas cela l'amour. Et cela ne suffira pas à créer une relation heureuse et saine.

Ce qui rend les relations amoureuses si déconcertantes, c'est qu'elles ne s'enracinent pas dans une pensée logique, mais dans des sentiments ambigus et confus et des besoins sur lesquels l'esprit n'a aucune prise et qui paralysent le cœur. S'il arrive que tout se passe bien d'une façon quasi automatique, le plus souvent cela ne vient pas tout seul. Le travail que cela requiert doit porter sur tout ce qui ne fonctionne pas, il est donc facile à identifier. Tout adulte étant concerné, refuser de travailler équivaut à refuser d'avoir des relations adultes. Cependant, si un travail raisonnable a été fait sans produire de changements, il est temps de renoncer à la relation pour que chacun puisse avancer. Certaines relations ne fonctionneront jamais et nous finissons par nous épuiser à force de dépenser notre énergie à tenter de les faire marcher.

Ainsi, ce n'est pas une preuve d'égoïsme que de vouloir mettre un terme à une relation qui ne nous rend pas heureux. Même si la souffrance fait partie de toute existence humaine, elle ne constitue pas le but d'une relation : notre défi d'adulte, c'est de la traverser et de la dépasser plutôt que de nous éterniser sur les berges sombres du Styx comme l'exprime Shakespeare dans *Titus Andronicus*. Entendez-moi bien : je ne veux pas dire qu'il faut laisser tomber une relation dès les premières difficultés. Tout le monde est capable de faire la différence entre une souffrance infinie et des passages douloureux occasionnels. La première est inacceptable sauf pour qui veut jouer les victimes ; les seconds sont des défis qui conviennent au héros, celui qui se fraye un chemin à travers la douleur et qui se trouve transformé par elle. Sur les marchés boursiers, il existe un adage qui s'applique bien aux relations saines : volatilité à court terme mais croissance à long terme.

Nos relations amoureuses nous font grandir quand nous nous appuyons sur un programme de pratique spirituelle qui nous apprend à lâcher prise des exigences de l'ego – les attentes et idées préconçues à l'égard des relations, de ce que devrait nous apporter notre partenaire ou le comportement qu'il/elle est censé(e) avoir. Une pratique spirituelle aide aussi à nous déprendre de nos vieilles habitudes de manipulation et de dissimulation et à nous laisser voir (nous laisser ex-*poser*) tel que nous sommes. Au lieu d'éprouver le besoin de conquérir une autre énergie nous devenons alors capable de coopérer avec elle et de prendre l'engagement de changer. Le meilleur signe qu'une relation peut fonctionner, c'est quand nous tenons notre engagement.

La coopération – le partenariat – est au cœur de la résolution des conflits. *Nous ne travaillons pas individuellement pour assurer notre ascendant et défendre nos positions, mais ensemble pour la bonne santé et le bonheur de la relation*. Comme dans les arts martiaux orientaux, les mouvements harmonieux entre deux partenaires remplacent la lutte qui oppose deux adversaires. Cet amour non résistant, non dominateur, non passif et non violent est rendu possible grâce à un désarmement unilatéral. Des expressions telles que « Je suis bon, tu es mauvais », « J'ai raison, tu as tort » n'y ont pas leur place. En nous laissant prendre dans un tel dualisme, nous transformons notre partenaire en adversaire et nous sommes tous les deux perdants d'avance. Libéré de la dichotomie, nous alternons dans les rôles de maître/élève et ami/ami. Mais le seul moyen d'y arriver, c'est de nous montrer plus aimant et plus humble que nous ne l'avons jamais été. Si nous nous contentons l'un et l'autre de nous montrer juste envers l'autre, non seulement l'amour ne pourra pas durer, mais il ne commencera jamais. Il faut que l'un des deux commence par se montrer unilatéralement généreux.

On pourrait y voir une forme d'abdication. Mais la force doit-elle toujours ressembler à de l'assertion ? L'adulte trouve le juste équilibre entre affirmer son autonomie et reconnaître sa dépendance aux autres. Prenons par exemple le cas de Margaux. Elle a épousé Éric, qui l'aime mais qui conçoit le « non » comme un rejet. Au début de leur mariage, elle cherchait toujours à arrondir les angles et marchait sur des œufs. En travaillant pour devenir plus adulte, Margaux s'est sentie plus forte et s'est mise à éprouver de la compassion pour Éric avec ses peurs et ses défenses automatiques. Ses antennes étaient si sensibles au rejet dont il avait si souvent été la victime impuissante autrefois, qu'il ne pouvait s'empêcher de le ressentir partout autour de lui. Margaux a compris qu'elle devait faire attention dans sa façon de formuler les choses. Jusque-là elle lui reprochait d'un ton acerbe son je-m'en-foutisme en usant d'un « tu » accusateur (« tu laisses toujours un foutoir impossible et jamais il ne te viendrait à l'idée de ranger, hein ? »). Désormais, elle veille à parler à la première personne pour exprimer ce qu'elle ressent (« ça me dérange et ça me heurte quand tu laisses tout en foutoir à la maison. J'ai l'impression de ne pas compter à tes yeux »). Éric comprend le message sans avoir l'impression d'être puni. Dans cet environnement rassurant, les changements interviennent plus facilement. Travaillant sur ses propres peurs à la lumière de celles d'Éric, Margaux s'est mise sur la même longueur d'onde que son mari. Elle peut désormais accueillir ses peurs sans céder à leur diktat ni se sentir diminuée. Cela a été possible parce qu'elle s'est libérée de son ego et a laissé entrer l'amour en comprenant qu'Éric était le partenaire qu'il lui fallait – il lui a permis de faire son propre travail en devenant une adulte plus compréhensive.

Margaux et Éric ont procédé à des changements assez vite. Dans une relation amoureuse, l'un des partenaires peut être prêt à traiter un problème dès qu'il surgit alors que l'autre a besoin d'un temps d'incubation avant de réagir. Il faut respecter le timing de chacun et ne pas s'offusquer quand la réaction n'est pas aussi rapide qu'on l'aurait souhaité. C'est comme les messages laissés sur un répondeur téléphonique : la vitesse à laquelle on est rappelé ne veut en général rien dire de plus que le fait que nous ne fonctionnons pas tous au même rythme.

Une réaction lente peut même être un bon signe, celui d'un traitement progressif et délibéré. Dans les grandes pièces dramatiques, chaque événement est pris en compte alors que dans les feuilletons et les mélodrames, ils viennent tous s'empiler les uns sur les autres sans chute ni résolution ou transformation.

Traiter les expériences signifie que nous les considérons en conscience, sans quoi la vie ne serait qu'une série d'épisodes se succédant les uns aux autres sans nouvelles inspirations ni croissance. Appréhender la réalité de façon cohésive, c'est tout l'inverse de cette existence épisodique. Si une femme dont les parents étaient alcooliques épouse successivement trois alcooliques et qu'elle a une vision épisodique des choses, elle verra l'échec de ses mariages comme une succession de coïncidences et se lamentera sur son manque de chance. Si, au contraire, elle remet les faits en perspective et les envisage dans leur cohésion, les schémas récurrents et leur rapport avec son enfance lui apparaîtront clairement. Il y a dès lors de plus grandes chances qu'elle explore les principes structurants de son existence et qu'elle cherche comment les reconfigurer pour avoir des relations amoureuses plus saines.

Pour nous dégager de nos expériences passées, nous devons considérer notre histoire dans son contexte et dans son ensemble. On comprend alors où réside notre travail. Car essayer d'établir une intimité avec quelqu'un tout en ayant encore le tri à faire dans ses problèmes personnels revient à essayer de construire un bateau quand on est déjà en mer. Nous devons commencer par nous engager personnellement à affronter, traiter et résoudre nos propres difficultés et démons. Il arrive que les problèmes soient si profonds que plusieurs années de travail personnel seront nécessaires avant de réussir à partager une intimité avec une autre personne.

S'engager à traiter les problèmes, c'est aussi s'engager à cesser de prendre des décisions unilatérales et péremptoires. Au lieu de cela, chacun dit à l'autre ce qu'il pense de la relation et de son avenir, ce qu'il apprécie et ce qui le gêne, ce qui marche et ce qui pourrait être changé, ce qu'il ressent dans telle ou telle situation, ce qui pourrait être amélioré pour que chacune des deux parties soit plus heureuse. Quand on se sent bien partout – dans sa tête, son cœur et ses tripes –, cela veut en général dire qu'un besoin est pleinement satisfait.

Travailler pour que ça marche se fait en deux étapes : dire la vérité sur ce que l'on ressent au fur et à mesure que l'on vit les choses et agir en accord avec ce que l'on a exprimé (la frustration surgit quand on ne joint pas les actes à la parole). Votre vérité comprend aussi votre type de personnalité, votre part d'ombre, vos besoins et désirs, vos standards moraux, vos buts, vos aptitudes et qualités, vos limites, votre héritage familial, votre histoire personnelle et l'impact de vos expériences passées sur votre vie actuelle. Pour agir en accord avec ses vérités personnelles, il faut admettre ses limites, activer son potentiel pour mettre à profit ses dons et ses talents et faire des choix qui reflètent ses attentes, valeurs et intégrité.

Lorsqu'il y a blocage, il faut s'employer à traiter les problèmes en veillant à ce que chacune des parties ait le sentiment que ses émotions sont entendues et qu'elle reçoit quelque chose qu'elle désire. L'accord auquel on parvient ensemble conduit au changement, faute de quoi il faut faire appel à un thérapeute ou à un ami au regard objectif qui servira de médiateur (attention : l'idée que « je peux m'en sortir tout seul » masque souvent la peur de demander de l'aide). La thérapie aide à résoudre les conflits paralysants tout en impliquant des bilans réguliers (nous en faisons régulièrement pour contrôler notre état de santé physique, alors pourquoi sommes-nous moins attentifs à notre bonheur ?).

Il existe des conflits que seuls le temps et la grâce peuvent apaiser. De la même façon, le voyage héroïque commence souvent par une situation insoluble faite pour montrer à l'ego tout infatué de lui-même qu'il ne peut résoudre tous les problèmes de l'existence par la seule force de sa volonté et sans l'aide de la grâce. Nous avons tous en nous une part qui fait et une autre qui laisse faire. Devenir pleinement humain, c'est honorer ces deux pouvoirs intérieurs.

> « Ce fut un plaisir silencieux d'avoir survécu après avoir… tant abîmé et si peu réparé. »
>
> Lillian HELLMAN

## Le passé dans le présent

> « Je me suis souvenu de bouquets depuis longtemps fanés… les charmes surannés dont j'alourdissais ce nouveau bouquet… traînaient dans ma mémoire. »
>
> Henri MATISSE

L'homme commémore son passé. Mais nos besoins archaïques finissent par présenter leur facture et réclamer que nous nous acquittions de nos dettes. Il nous faut affronter notre passé de façon à ce qu'il cesse de surgir éternellement dans nos relations amoureuses – ou, s'il le fait, que nous soyons capable d'en prendre note et d'en assumer la responsabilité. Nous pouvons donner l'impression d'être dans une relation adulte, mais, sans en avoir conscience, rejouer un scénario éculé. Les souvenirs d'autrefois resurgiront en proportion directe de l'intimité que nous atteignons aujourd'hui car tant le passé que le présent portent en eux tout cc à quoi nous aspirons : l'attention, l'approbation, l'appréciation, l'affection, l'autorisation et l'encouragement à être qui nous sommes.

Pour faire la différence entre ce qui vous vient du passé et ce qui appartient au présent, interrogez-vous avec attention et conscience. Si ma mère a fortement orienté et contaminé mon expérience des femmes, ai-je la possibilité de voir celle que j'ai en face de moi telle qu'elle est vraiment ? Quand je suis en proie à une panique familière, à une colère qui me surprend ou quand je réagis de façon excessive, je peux estimer que ce n'est pas vraiment ma partenaire que je vois, mais ma mère. Cela devient clair quand je me sens plus malheureux que d'habitude et me raccroche à ma peine plus longtemps que de raison. Seul ce qui porte le poids de difficultés passées encore non résolues ou douloureuses peut expliquer les réactions disproportionnées (mais peut-on parler de disproportion quand notre enfant intérieur ne fait que réagir à un traumatisme du passé qui continue de le tourmenter ?).

Quand nous sommes traversé par la peur ou un sentiment d'impuissance, pris au piège, poussé dans nos retranchements, incompétent, c'est la voix de notre enfant intérieur qui cherche à attirer notre attention et demande l'intervention de l'adulte que nous sommes devenu. Incapable de se faire entendre directement, il se manifeste maladroitement au travers de différents actes et sentiments déplacés. La prise de conscience nous rend plus adulte et nous amène à faire preuve de plus de compassion envers nous-même. Quand notre conscience relie nos expériences actuelles à ses déterminants infantiles, nous comprenons mieux ce qui a été à l'œuvre dans notre vie. Cela fait partie de notre pouvoir d'autoguérison.

Un comportement adulte et raisonnable au bureau mais immature et aberrant à la maison montre que le présent et le passé ont sur nous des influences différentes. Quand les flammes du second se réveillent, nous réagissons de façon compulsive et sur un mode binaire qui ne laisse pas de place au compromis ni à la négociation. Une transaction en apparence ordinaire peut être une réplique d'un scénario ancien encore douloureux. Notre esprit rationnel nous fait croire qu'il s'agit d'un événement du présent quand c'est en réalité un grief du passé qui resurgit.

Réparer les torts qui nous murent dans notre solitude est l'une des entreprises les plus difficiles qui soit et nous cherchons à tout prix à l'éviter en faisant passer les pertes d'autrefois pour des inconvénients du présent. Tant que nous restons persuadé que notre malaise est causé par notre partenaire ici et maintenant, nous n'avons pas à affronter les souffrances anciennes. Les souvenirs traumatisants – toujours présents mais jamais conscients – ont pu être stockés par notre corps mais pas par notre cerveau. Par exemple, certains ont été programmés pour accepter d'être maltraités et rabaissés. Ces messages se sont enregistrés dans leurs cellules et ressurgissent comme des réactions automatiques qui dirigent leurs comportements. D'autres ont subi des violences sexuelles ou physiques et se raidissent dès qu'on les approche. Ou bien on se sent littéralement abandonné face au moindre retard. Ou encore, la conviction, héritée de l'enfance, que l'on ne réussira jamais rien revient nous hanter au moment où l'on divorce. Ces pensées sont inévitables car elles correspondent à un réflexe cellulaire qu'on ne peut pas plus empêcher que répondre « 49 » quand on lit « 7 × 7 ».

Il est bien sûr impossible d'éviter ou d'écarter à jamais nos croyances et réactions anciennes. Mais nous pouvons au moins les identifier et, comme tous les fantômes, certaines finiront par se dissoudre à la lumière de la vérité.

Vous vous demandez comment faire ? Quand les problèmes du passé surgissent, ils semblent correspondre à une réalité présente. *Reclassez-les* dans la case mentale à laquelle ils appartiennent, celle du passé : « Si je ressens cela, c'est à cause d'un événement ancien que je n'ai pas encore complètement digéré. » La fois suivante, il sera plus facile d'affronter les difficultés d'autrefois et peu à peu, les vieux réflexes s'effaceront devant l'éclat libérateur de la conscience.

Nous vivons dans le présent de « ceci » et de « maintenant » plutôt que dans le passé du « jamais plus » ou le futur du « pas encore ». Toute la vie, des souvenirs touchants, effrayants, humiliants hantent nos esprits. Nous n'en avons jamais fini avec le passé. La banalité d'hier oui, mais pas ce matin d'autrefois où nous avons été brusquement abandonné, pas cette après-midi où quelqu'un est resté loyalement à nos côtés, pas ce soir où on nous a maltraité, pas cette nuit où on a versé des larmes avec nous. Quant au passé, il n'en a jamais fini avec nous. Le vent ne l'emportera jamais et les défuntes années se penchent toujours sur les balcons du ciel.

## Les hommes et les femmes

> « N'être simplement qu'homme ou femme est fatal ; il faut être femme tout en étant homme et homme tout en restant femme. »
>
> Virginia WOOLF

Les opposés ne sont pas une rupture, mais les deux extrémités d'un spectre. Ainsi il n'y a pas dichotomie entre l'homme et la femme – pas plus qu'entre l'esprit et le corps. En tant qu'homme, je porte en moi l'ensemble du spectre de l'identité sexuelle qui comporte une part de féminin. La réciproque est vraie pour les femmes. En outre, les qualités masculines et féminines se complètent de sorte que combiner les énergies complémentaires, c'est embrasser la totalité du spectre.

Les divisions sont une création de l'homme, comme le mur entre Berlin-Est et Berlin-Ouest que ni les oiseaux ni les nuages n'ont jamais respecté. La peur que l'on ressentait en le franchissant illégalement était enracinée dans l'esprit de l'homme ; l'audace qu'il a fallu pour le faire tomber est apparue quand l'homme a laissé parler son cœur. La dichotomie que l'on crée entre hommes et femmes, homos et hétéros, Blancs et Noirs est, comme le mur, un stratagème mis au point par les pans les plus apeurés et craintifs de l'ombre humaine. Tout le but de la spiritualité en pleine conscience, c'est d'accueillir le lien et de défier les divisions. C'est alors que nous pouvons voir les différences comme des variations sur un même thème et que la peur de la différence s'estompe.

La division sexuelle est particulièrement fatale à l'harmonie des couples. Et pourtant, ce n'est pas elle la cause de la fracture entre l'homme et la femme, mais le fait que les deux partenaires n'ont pas encore mis au jour tous les secrets de leur passé, qu'ils se cramponnent à leur ego et qu'il leur reste des difficultés anciennes à affronter, traiter et surmonter. N'oublions pas que dans la mythologie romaine, Vénus et Mars ont engendré un enfant divin nommé Harmonie, produit de l'union entre l'amour et l'agression, les deux principales forces organisatrices de la psyché humaine. On voit ainsi qu'accepter la présence de Vénus/amour et Mars/colère dans son couple peut conduire à l'harmonie.

Et pourtant, une telle tolérance ne va pas de soi ; même si nous portons en nous les deux genres, nous craignons souvent le pouvoir du sexe opposé tout en souhaitant le posséder ou qu'il nous possède. De plus, conduit par la peur et le besoin de se cramponner, l'ego peut se montrer rigide, attaché aux stéréotypes, défensif et poser ses conditions en amour. Une pratique spirituelle aide à se détacher de cet ego dysfonctionnel et à éviter d'être le jouet de ses peurs et de ses désirs. Il y a en moi une réalité qui transcende l'ego et avec laquelle je renoue quand je me libère des exigences de celui-ci. Peurs et désirs décroissent non parce que j'y renonce, mais parce qu'ils ne me dirigent plus. Je ne suis plus conduit par l'obsession ni la compulsion. La difficulté est donc de trouver dans notre propre énergie contra-sexuelle – masculine pour une femme et féminine pour un homme – une partie de ce que nous désirons chez d'autres et de transformer en nous ce qui nous fait peur chez les autres.

« Mari et femme sont dans chacun de nos corps » disait le maître taoïste Li Daoqun au XIIIe siècle. Dans le vocabulaire jungien, l'énergie contra-sexuelle se nomme *anima* chez l'homme et *animus* chez la femme. La peur qu'a l'homme de la puissante anima capable de dissoudre l'ego peut se transformer en rage et en sadisme. L'histoire en offre de multiples exemples : le Moyen Âge et la Renaissance dominés par l'homme condamnaient comme sorcières les femmes inspirées par la nature ; les violences faites aux femmes sont toujours l'un des terribles ingrédients de la vie contemporaine. Les hommes misogynes, pour qui le sexe fort se doit d'être dominateur, s'en prennent aux femmes dans une soif de vengeance, profanant au passage leur propre anima. La vraie intimité se caractérise par un équilibre des pouvoirs selon un modèle de partenariat et non de hiérarchie.

La maturité implique une révision des modèles et archétypes. Les vrais hommes font preuve de chaleur, d'empathie, d'humour, de vulnérabilité et de courage dans la manifestation de leurs sentiments et n'ont pas peur de toucher les autres sans intention sexuelle. Ils savent prodiguer les cinq A ou peuvent apprendre à le faire. Ils ne prétendent pas tout maîtriser ni être les meilleurs et reconnaissent volontiers leur impuissance. Ils ne s'expriment ni par la violence ni par la vengeance. *Être un homme, c'est aimer autant qu'on en est capable. Tant que je m'accroche à ma volonté de contrôle, je m'empêche de découvrir les richesses de ma masculinité.*

Hommes et femmes ont des styles différents dans l'approche des conflits, ce qui peut provoquer des désaccords au sein des couples : pour un homme, traiter un problème peut vouloir dire le définir sur-le-champ, ne pas tourner autour du pot et trouver une solution immédiate puis, une fois que c'est derrière, oublier et reprendre le cours habituel de ses activités. Quand la priorité est de trouver une issue rapide, il arrive que l'on ne tienne pas compte des sentiments des autres.

Confrontée à une difficulté, la femme aura, par exemple, davantage recours à la parole pour mieux définir le problème. À la différence de l'homme, elle commence par tourner longtemps autour, non pour l'éviter mais pour lui donner toute l'attention nécessaire. Elle s'intéresse aussi aux difficultés antérieures et se soucie de ce que ressent l'autre. Pour elle, la résolution réside davantage dans l'écoute, l'empathie, la réflexion en miroir des sentiments que dans une solution technique et c'est ce qu'elle fera passer en premier.

## Introverti ou extraverti ?

Certains traits de caractère qui sont mis sur le compte de la différence des sexes, ou de nos peurs à leur égard, ne sont parfois que le reflet d'une introversion ou d'une extraversion. Si aucun de ces deux types psychologiques innés n'est supérieur à l'autre et si le monde a besoin des deux pour fonctionner d'une façon créative, chacun donne et reçoit les cinq A à sa manière.

L'extraverti s'anime en présence des autres au contact desquels il manque de se consumer alors que l'introverti souffre d'être en compagnie et s'isole ; l'extraverti donne la priorité aux expériences immédiates ; l'introverti est dans la compréhension avant la sensation. L'alarme intérieure des sensations physiques avertit le second qu'il est temps de partir alors que pour le premier, c'est le signe qu'il lui faut être avec quelqu'un. Toutes ces réactions peuvent sembler compulsives à ceux qui les ressentent.

Dans les relations amoureuses, ces styles contraires peuvent mener au conflit. Je suis extraverti ; tu es introverti. Je me jette à l'eau la tête la première et tu vois cela comme une bêtise ; tu commences par observer puis tu t'arrêtes et je prends cela pour de la timidité et un manque de spontanéité. Quand ça ne va pas, il faut que je sois avec des gens ; toi, tu veux être seul. Je pense que tu me rejettes ; tu considères que j'envahis ton espace vital. Je voudrais partir ; tu voudrais rester. Je rentre à la maison pour papoter ; toi pour t'isoler. J'apprécie les questions qu'on me pose comme le signe de l'intérêt qu'on me porte ; tu les détestes et tu les trouves indiscrètes et intrusives. Je parle facilement de moi, de ce que je veux et de ce que je ressens, ce que tu interprètes comme de la superficialité, allant même jusqu'à penser que c'est dangereux. Tu gardes les choses pour toi, ce que j'interprète comme un manque de confiance et une volonté de dissimuler. J'ai besoin de parler pour mettre mes idées au clair. Tu as du mal à exprimer ce que tu penses et tu as besoin de longs moments d'isolement pour réfléchir. Quand je suis perdu, je demande à un passant de m'aider pendant que tu étudies la carte pour t'en sortir tout seul.

Si je suis introverti, tu m'en veux peut-être parce que je n'ai pas besoin d'élargir mon cercle de connaissances ni même de « socialiser » autant que toi. Mais si tu acceptes mon introversion comme une donnée de base de mon caractère, tu comprendras mon besoin de solitude et ne te formaliseras pas de mes absences. En résumé, les types psychologiques sont un fait, pas un défaut.

Certains introvertis ont appris que la colère est parfois le seul moyen d'éloigner les autres aussi n'ont-ils pas toujours l'air commode. Ils trouvent des trucs pour s'isoler : s'intéressent à des projets qu'ils savent être les seuls à pouvoir mener à bien, se plantent devant la télévision, sortent en douce fumer une cigarette ou boire un verre, passent des heures devant leur ordinateur, s'immergent totalement dans une lecture, etc. Quand une alarme intérieure leur dit qu'ils sont « grignotés par les autres », ils doivent faire une pause ou se mettre en retrait, ce qui peut être mal vécu par un partenaire extraverti qui l'interprétera comme une forme de rejet ou d'abandon.

Chez certains, l'introversion est telle qu'il vaut mieux qu'ils restent seuls. L'extraverti qui épouse un introverti devra comprendre que son partenaire aura sans doute davantage besoin de solitude. L'introverti préfère compter sur ses propres forces pour s'en sortir que coopérer (tout ça ne l'empêche pas de se sentir coupable le cas échéant). Représentant une minorité, un gaucher dans un monde de droitiers dans lequel il se sentira peut-être toujours mal à l'aise, il n'a, comme toutes les minorités, pas vraiment le choix dans ses modes de fonctionnement.

L'introverti est souvent victime de malentendus et il n'est pas rare qu'il ait à justifier ses comportements s'il ne veut pas passer pour un outsider. Quand il ressent le besoin de se mettre en retrait, il vaut mieux qu'il en parle plutôt que de se barricader dans sa tour d'ivoire sans rien dire, ce qui risque d'être vécu par les autres comme un rejet. Il est aussi probable qu'il lui faudra se battre pour avoir le droit d'être lui-même. Si son partenaire fait pression pour qu'il adopte un comportement différent, il pourra avoir l'impression de devoir se forcer à jouer un jeu s'il veut être aimé. Afin d'échapper à la solitude, certains introvertis apprennent à se comporter en extravertis pour être acceptés.

Pour être équilibré, il faut avoir conscience de son type psychologique et faire des choix en conséquence. L'introverti devra trouver un emploi qui ne le mettra pas sans cesse au contact du public. Celui qui a l'esprit de l'escalier devra trouver le temps de s'isoler pour prendre des décisions ou formuler une opinion. Il devra aussi comprendre qu'il lui faut se montrer plus affirmatif que la moyenne même si cette qualité ne lui est pas naturelle. La difficulté est de trouver un équilibre entre affirmation de soi et fidélité à son caractère.

Et qu'en est-il en amour, puisque c'est la question qui nous occupe ? Si introvertis et extravertis doivent avoir une approche si différente dans la vie quotidienne, faut-il aussi les aimer de façons différentes ? Le tableau de la page suivante vous donnera quelques clefs.

## Pratiques

### Évaluer son bonheur

Si vous êtes malheureux dans votre relation, ce n'est pas nécessairement votre partenaire qui est en cause, mais peut-être parce que vous-même qui ne pensez pas avoir droit au bonheur. Examinez la liste ci-dessous et prenez trois minutes à chaque fois pour vous demander, et noter, si cela s'applique à vous. Puis trouvez la formulation inverse de chaque proposition et recommencez l'exercice.

- Je ne suis pas sur terre pour en profiter, mais pour accepter/subir.
- Les autres passent toujours avant moi.
- La loyauté envers les autres vient toujours au détriment de la loyauté envers moi-même. La culpabilité, le passé, la honte, la pitié sont les moteurs de ma vie.
- Je ne respecte pas mon instinct d'autoprotection.
- Impossible pour moi de parler de ma relation, d'envisager un changement ou de partir parce que je risque de blesser quelqu'un d'autre. Pour moi « comme on fait son lit on se couche » et il faut assumer les conséquences de ses actes.
- Je dois d'abord rendre les autres heureux avant de penser à moi.

| *Les cinq A* | *Comment aimer un introverti* | *Comment aimer un extraverti* |
| --- | --- | --- |
| ■ Attention. | ■ Montrez votre attention et votre loyauté en veillant à ce qu'elles ne soient pas interprétées comme de la curiosité déplacée ou de l'intrusion. | ■ Intéressez-vous souvent et de façon marquée à ce qu'il fait. |
| ■ Acceptation. | ■ Reconnaissez son besoin de distance sans le prendre pour du rejet. | ■ Montrez-lui que vous êtes à ses côtés et de son côté. |
| ■ Affection. | ■ Laissez-le décider de vos moments d'intimité. | ■ Manifestez souvent et de façon insistante vos sentiments – tant par les gestes que par la parole. |
| ■ Appréciation. | ■ Exprimez votre gratitude et votre reconnaissance envers sa gentillesse et les efforts déployés pour vous faire plaisir. | ■ Exprimez régulièrement votre reconnaissance et n'oubliez pas de marquer le coup lors d'occasions spéciales. |
| ■ Autorisation. | ■ Respectez ses besoins de solitude et laissez-le prévoir les temps partagés. | ■ Trouvez le moyen de partager ses centres d'intérêt aussi souvent que possible. |

| *Les cinq A* | *Comment un introverti vous manifeste son amour* | *Comment un extraverti vous manifeste son amour* |
| --- | --- | --- |
| ■ Attention. | ■ Il remarque tout mais il ne dit pas grand-chose. | ■ Il vous fait part de ses remarques. |
| ■ Acceptation. | ■ Il ne juge ni ne critique. | ■ Il vous pousse à être vous-même. |
| ■ Affection. | ■ Il doit se sentir prêt pour être capable de partager avec vous un moment d'intimité. | ■ Il aime et a besoin de vous toucher. |
| ■ Appréciation. | ■ Il ressent toujours l'estime des autres, mais il ne manifeste pas la sienne sur commande ni quand c'est gênant. | ■ Il exprime son appréciation par des paroles et des gestes auxquels il s'attend que vous réagissiez. |
| ■ Autorisation. | ■ Il vous laisse libre de vivre comme vous l'entendez. | ■ Il propose toujours de vous faire partager ce qui compte à ses yeux. |

- Je considère que mon couple est un succès tant que mon partenaire se sent bien.
- Je suis prêt à laisser mon partenaire me blesser et me faire de la peine.

Si j'ai été influencé par mes parents, mon éducation, mon milieu ou ma religion, doivent-ils continuer à formater ma psyché ? Quand vais-je reprendre la main sur la tour de contrôle ?

## Affronter, traiter et surmonter

Prenez la résolution (envers vous et envers votre partenaire) d'arrêter de faire l'autruche : désormais, vous lui ferez part de tout ce qui vous tracasse au lieu de nier ou de masquer la réalité. Cela veut dire que vous rendrez explicite l'implicite, ce qui vous ronge intérieurement mais que vous ne jugez pas utile d'exprimer ou n'osez pas dire. Tous les sentiments sont légitimes. Accepter la validité de ceux d'un autre, c'est les écouter avec les cinq A sans se réfugier derrière les défenses ou les arguments élaborés par l'ego. Affronter ce qui vous préoccupe, c'est faire le choix de se témoigner plus d'amour puisqu'il s'agit d'un engagement à respecter, ce qui constitue la vérité de chacun.

Si vous avez du mal à percevoir toutes les implications et nuances de vos sentiments, l'exercice suivant, facile et amusant, pourra vous y aider. Prenez le mot qui décrit le mieux ce que vous ressentez et cherchez-le dans un dictionnaire analogique. Lisez à voix haute à votre partenaire la liste des entrées lui correspondant en indiquant à chaque fois si cela s'applique à vous ou pas. Par exemple, que vous inspirent « plainte », « déception amère » ou « attente démesurée » qui se trouvent sous l'entrée « frustration » ?

Traiter un problème suppose de l'explorer et de dégager les implications d'un événement et les intentions cachées derrière le comportement des protagonistes.

Cela demande de prêter attention aux sentiments et d'être disposé à changer. Voici une méthode toute simple en trois étapes : racontez ce qui s'est passé tel que vous en avez été témoin ; exprimez ce que vous avez ressenti à ce moment-là et ce qu'il en est maintenant ; réfléchissez à ce qu'il reste à résoudre et à reprendre. Si vous faites cela tous les jours, vous verrez que vos problèmes diminueront en nombre, en intensité et généreront moins de stress.

La résolution d'un problème commence quand on s'engage à modifier un mode de fonctionnement pour interrompre un cycle dysfonctionnel. Elle se termine quand un mode relationnel nouveau et plus satisfaisant s'est mis en place au point de former une seconde nature. Pour les adultes, il n'existe plus dès lors de ressentiment durable ni d'incursion du passé. Affronter et traiter les problèmes dans leur intégralité conduit automatiquement à leur résolution complète ; refuser de le faire peut être le signe d'un désespoir et sonner le glas d'une relation amoureuse.

## Évaluer l'impact qu'a sur nous notre partenaire

Tous les sentiments générés en nous par les actions et paroles de notre partenaire et leur impact doivent être examinés. Il s'agit tout simplement de prononcer en pleine conscience la phrase suivante : « Quand tu as fait/dit..., j'ai ressenti... », autrement dit sans reproche ni attente. Personne n'est à l'origine des sentiments, ils sont catalysés par les actions et les mots. Le partenaire écoute ces informations sans offrir de solution immédiate ni se mettre sur la défensive, et il pose des questions : « De quoi as-tu peur ? Quelle opinion as-tu de moi/de cela ? Qu'attends-tu de moi maintenant ? » Prenez un moment avec votre partenaire et interrogez-vous plusieurs fois pendant cinq minutes. Quand on est décidé à travailler sur soi, on accueille favorablement les questions soulevées dans cet ouvrage et l'enseignement qu'on en tire. Est-ce votre cas ?

## *In medio stat veritas*

Pour qu'un accord réussisse, il faut que ses signataires fassent preuve de responsabilité. Dans les couples où l'un des partenaires se montre sensiblement plus responsable que l'autre, on pourrait penser que le premier doit amener le second à changer. Par exemple, A est toujours à l'heure et tient parole quelles que soient les circonstances alors qu'il est impossible de se fier à B qui est léger, irresponsable et ne tient jamais ses engagements. A en veut à B et cherche en vain à le faire changer. L'un pèche par excès, l'autre par défaut. La vertu se trouve au milieu *(in medio stat veritas)*, au niveau du centre conscient – pas d'un côté ni de l'autre de la ligne. A devrait se montrer plus souple et moins obsessionnel ; B plus fiable. Et si seulement l'un des deux change, il acceptera son partenaire et le considérera d'un œil amusé et compatissant, mais il ne se plaindra plus. On se sent tellement bien quand on est au centre, que l'on ne ressent plus l'obligation de faire changer l'autre. Regardez le tableau suivant :

| *Un extrême irresponsable* | *Une personne centrée en pleine conscience* | *Un extrême compulsif* |
|---|---|---|
| ▪ N'a pas assez d'énergie.<br>▪ Demande parfois la raison de toute cette agitation. | ▪ Est tranquille.<br>▪ Observe tout ce qui arrive avec un léger amusement et une compassion sincère. | ▪ A trop d'énergie.<br>▪ Fait des reproches à son partenaire et a l'impression qu'on lui manque de respect si on n'est pas à la hauteur de sa propre définition de la responsabilité. |

Qu'en est-il dans votre couple ? Êtes-vous l'opposé de votre partenaire ? Si c'est le cas, comment y faites-vous face ? Voulez-vous à tout prix que l'autre change ou réussissez-vous à voir qu'il peut aussi s'agir d'un problème personnel ?

## Protéger son énergie

Posez-vous la question suivante :

La personne avec qui je suis aspire-t-elle toute mon énergie vitale comme un démon invisible mais omniprésent ? (L'énergie vitale étant celle qui nous anime de l'intérieur et illumine à travers nous le monde environnant.) Pourquoi est-ce que je laisse qui que ce soit imposer des limites à mon élan ? Est-ce que cela a toujours été comme ça ? Mon partenaire me pompe-t-il mon énergie ou au contraire s'en réjouit-il en m'encourageant à la libérer ?

Voici quelques suggestions qui vous aideront à raviver la flamme peut-être défaillante de votre énergie :

- Cessez de vouloir contrôler et changer les autres. Chaque parcelle d'énergie consacrée à ce but est doublement soustraite de notre propre énergie vitale. Le contrôle sert parfois davantage à nous empêcher de ressentir des sentiments comme l'angoisse, la tristesse ou la déception qu'à empêcher des événements indésirables de se produire.

- Montrez-vous exigeant et demandez toujours ce que vous voulez. Dites-vous oui à vous-même deux fois plus souvent que vous vous dites non, mais soyez prêt au compromis.

- La réconciliation est toujours préférable à la guerre. Quelle que soit la provocation subie, n'ayez jamais recours à la vengeance ou à la violence. Pour faire changer les comportements répréhensibles, il faut faire appel à l'éducation et à la compassion, pas à la punition ni au ressentiment.

- Affrontez ou détournez-vous de ceux qui vous dépriment, vous enfoncent ou vous font du mal (par le contrôle, l'abus ou la peur), même si ce sont des proches.
- Exprimez votre créativité : lancez-vous dans un projet que vous n'aviez fait que caresser en rêve jusqu'ici.
- Laissez-vous aller sur le plan sexuel – en restant responsable bien sûr ! Cela peut signifier de vivre les fantasmes que vous avez refoulés trop longtemps.
- Cultivez votre sens de l'humour, (ré)introduisez de la légèreté et du jeu dans votre quotidien, dans le comportement des autres et dans vos réactions.
- Osez ! Soyez vous-même dans votre façon de vous présenter et dans vos décisions.
- La nature est votre alliée, rapprochez-vous d'elle.
- Mettez les sentiments et les événements que vous vivez en poèmes, chansons ou chorégraphies.
- Face à un problème en apparence « insurmontable », cherchez l'alternative (l'énergie vitale, c'est la joie. Celle-ci intervient lorsque nous parvenons à sortir des situations binaires « ou/ou »).
- Ne gardez plus pour vous tel secret que vous vous êtes compliqué la vie à enfouir.
- Laissez tomber tous les « oui mais… » qui vous viennent à l'esprit en lisant cette liste.

## Ne pas toujours tout affronter

Le célèbre tableau représentant saint Georges terrassant le dragon n'est pas toujours la meilleure métaphore du combat. Aujourd'hui, la plupart des dragons sont subtils et psychiques. Certains sont difficiles à démasquer tant ils sont sournois et il faut parfois du temps avant de comprendre à qui on a affaire et l'affronter. La confusion fait partie du travail et nous pouvons avoir besoin d'une phase d'ambiguïté, d'incertitude ou même d'incompréhension avant de trouver la lumière. Quand dans un couple l'un des partenaires est plongé dans la confusion, il est temps de regarder celle-ci en face, sans attachement, sans volonté de contrôle ni d'y mettre fin. La confusion a une vie qui lui est propre, comme la pâte qui a besoin d'un certain temps dans l'obscurité pour lever. Il ne sert à rien de vouloir accélérer les choses : la patience fait le bon pain comme l'amour. La confiance en soi se construit quand on respecte son propre rythme et ses humeurs. Le révérend Sydney Smith ne disait pas autre chose quand il affirmait avec humour : « En période de dépression, portez sur votre vie un regard à court terme – n'allez pas plus loin que le goûter ou le dîner. »

Posez-vous la question suivante : Peut-on rester ensemble en faisant preuve de souplesse et sans vouloir mettre prématurément fin aux tensions ? Pouvez-vous « accueillir » votre tension ou votre confusion au lieu de vous laisser impressionner et mener par elle ? Prenez l'engagement de ne commencer à travailler qu'à partir du moment où vous y êtes tous les deux prêts. Et si vous n'êtes jamais prêts au même moment, c'est là-dessus que doit d'abord porter votre travail.

Réfléchissez à la proposition suivante : il est parfois nécessaire de laisser les sentiments se dérouler sans chercher à les contrôler. Cela implique d'accepter de les suivre là où ils me conduisent. Ainsi, je vais à mon propre rythme et je me fais confiance. Notez quelques exemples vécus illustrant cette idée.

## Bilan, audit et contrôle qualité

La corruption est le côté sombre du pouvoir. Ainsi les sectes dans lesquelles une seule personne établit les règles et les impose à tous sont une atteinte à la liberté de ses membres. La démocratie fonctionne s'il y a des contre-pouvoirs. Il en va de même pour les relations amoureuses. Il faut donc faire le point grâce à un système d'audit, de bilans et de contrôles qualité. C'est l'un des rôles de la thérapie et du retour que vous font des personnes de confiance. Les pratiques proposées dans ce livre devraient aussi vous aider. N'hésitez pas à en discuter de temps en temps avec des amis en couple. Faites vos propres expériences.

## Ne pas confondre conflit et drame

Ce chapitre propose des outils (affronter, traiter et surmonter) adaptés à la gestion des conflits, pas des drames qui nécessitent un programme spirituel et beaucoup de travail personnel. Servez-vous du tableau suivant pour voir dans quelle catégorie vous vous situez. Faites la liste des modes de fonctionnement qui vous correspondent le plus dans la colonne de gauche et accrochez-la à un endroit visible de vous et de ceux qui viennent vous voir.

## Vivre l'expérience et rien de plus

Dessinez un graphique en forme de camembert. Décrivez le problème auquel vous êtes confronté en utilisant les mots les plus simples possibles et inscrivez-les au centre. Par exemple : « Mon mari/ma femme m'a quitté(e). » Ce simple fait conduit directement au chagrin. Observez maintenant dans quelle mesure l'ego se superpose à cette expérience en faisant intervenir la peur, la recherche de résultat, le besoin de contrôle, le reproche, un sentiment d'abandon, etc. Ce sont des sources supplémentaires d'un chagrin inutile. Divisez le camembert en autant de sections de tailles variables en fonction de la place qu'occupent ces différentes sources de souffrance et indiquez clairement de

| *On est dans le conflit sain si* | *On est dans le drame stressant si* |
| --- | --- |
| ■ Le problème est mis à plat et nous essayons de mettre les choses en perspective. | ■ Le problème ne cesse de grandir. Il nous possède et nous perdons tout recul. |
| ■ Nous explorons la situation. | ■ Nous exploitons la situation. |
| ■ Nous traitons le problème directement. | ■ Nous évitons le problème ou nous faisons comme s'il n'existait pas. |
| ■ Nous exprimons nos sentiments avec franchise sans en ressentir de honte et assumons nos responsabilités sans rejeter les torts sur l'autre, sans l'accabler de reproches. | ■ L'insulte nous sert à dissimuler nos sentiments l'un envers l'autre ; nous nous livrons à de grandes scènes destinées à manipuler, intimider ou mettre l'autre à distance. |
| ■ Nous cherchons les moyens de sauver notre relation et nous n'avons pas recours à la violence. | ■ Nous explosons, agissons violemment, nous vengeons et nous retirons pour bouder. |
| ■ Nous restons concentré sur le problème du moment. | ■ Nous nous servons de la crise du moment pour ressortir de vieilles rancunes et un stress plus permanent. |
| ■ Nous privilégions le dialogue dans la recherche de solutions et la prise de décisions. | ■ L'un de nous deux prend des décisions unilatérales ou en cachette. |
| ■ Le problème est résolu à la suite d'un accord où nous nous engageons à améliorer certaines choses. | ■ Le problème reste comme une plaie ouverte. Ressentiment et stress continuent de flotter entre nous. |
| ■ Nous cherchons tous les deux le moyen d'améliorer notre relation. | ■ Il faut qu'il y ait un gagnant et un perdant. |
| ■ Nous combattons à armes égales. | ■ Nous avons recours aux méthodes les plus viles. |
| ■ Nous reconnaissons nos responsabilités mutuelles. | ■ Nous sommes convaincus que le problème est entièrement de la faute de l'autre. |
| ■ Nous sommes décidé à trouver une solution mais nous respectons le timing de l'autre. | ■ Nous insistons pour que le problème soit résolu au moment où cela nous arrange et ne tolérons pas le moindre dépassement. |

| *On est dans le conflit sain si* | *On est dans le drame stressant si* |
|---|---|
| ■ Nous nous efforçons de traiter les problèmes les uns après les autres. | ■ Nous envahissons la scène en amenant quelqu'un d'extérieur ou en mettant sur le tapis quelque chose qui n'a aucun rapport dans le but de détourner l'attention (une liaison, une addiction, etc.). |
| ■ Si besoin, nous suivons une thérapie ou participons à un groupe de soutien. | ■ Nous refusons toute aide extérieure ou bien nous l'utilisons pour justifier notre position personnelle. |
| ■ Nous voulons que ce conflit nous aide tous les deux à grandir. | ■ Nous cherchons à donner une leçon à l'autre. |
| ■ Ce qui compte avant tout, c'est de trouver une solution qui nous convienne à tous les deux. Tant pis si le résultat ne correspond pas complètement à nos attentes. | ■ Chacun veut trouver la solution qui l'arrange. |
| ■ Nous voyons la situation dans ses moindres nuances. | ■ Nous ne voyons les choses qu'en noir et blanc. |
| ■ Nous sommes d'accord pour considérer qu'il est acceptable de ne pas être d'accord. | ■ L'ambiguïté est intolérable. |
| ■ Nous remarquons, reflétons en miroir et éprouvons de la compassion pour la douleur de l'autre. | ■ Nous sommes prisonnier de notre propre chagrin au point que nous ne voyons pas celui de l'autre ; ou bien nous pensons « Bien fait pour lui/elle ». |
| ■ Nous admettons que notre comportement puise ses racines dans notre enfance. | ■ Pour nous, il est clair que le problème n'a rien à voir avec le passé. |
| ■ Nous reconnaissons l'un comme l'autre que notre ombre a joué un rôle dans la situation. | ■ Nous voyons l'ombre[1] de l'autre mais jamais la nôtre. |
| ■ L'amour est présent malgré notre conflit et nous voulons exprimer les cinq A. | ■ Notre drame plonge ses racines dans la peur et nous *devons* sauver la face et protéger notre ego. |
| ■ La pleine conscience est au centre de notre couple. | ■ Nous sommes distrait par les états de l'ego. |

1. L'ombre est l'un des principaux archétypes jungiens, qui désigne la part inconnue de nous-même. *[N.d.T.]*

quelle façon chacune vous empêche d'accéder à l'expérience pure, qui est le fait que votre partenaire vous a quitté. Maintenant, dessinez un deuxième camembert avec seulement la première affirmation au centre et soyez attentif à l'impression d'espace qui en résulte. C'est ainsi que procède la pleine conscience : elle met de l'espace autour de nos expériences pour que celles-ci ne puissent être que ce qu'elles sont et rien de plus. Cela nous permet de ressentir la souffrance qu'elles génèrent – une rupture par exemple – sans y ajouter la souffrance supplémentaire des forces centrifuges produites par notre esprit.

## Faire preuve d'intégrité

Le conflit amoureux a des aspects moraux qui viennent s'ajouter aux aspects psychologiques. Les préceptes bouddhistes qui suivent s'appliquent directement à la construction de relations simples : je m'engage à donner, préserver et honorer la vie ; à me montrer généreux et responsable sur le plan sexuel ; à dire et à aimer la vérité ; à rechercher la conciliation, le pardon et l'amitié ; à me détacher de la peur et à lâcher prise ; à faire preuve d'un amour inconditionnel. La pleine conscience appliquée aux relations amoureuses est un chemin qui se parcourt avec le cœur parce qu'il demande que l'on prête attention l'un à l'autre sans jugements, attentes ni toutes les intrusions narcissiques de l'ego. Shakespeare (à qui l'on pourrait reconnaître le statut de bodhisattva de la sagesse) nous montre la voie dans *Mesure contre mesure* : « Frappe à la porte de ton cœur et demande-lui ce qu'il sait. »

Inscrivez ces préceptes dans votre journal en donnant pour chacun un exemple illustrant sa mise en application ou sa négation. Reconnaissez vos manquements en modifiant autant que possible votre comportement et/ou en présentant des excuses orales. Votre relation vous aide-t-elle à accéder à une plus grande conscience morale ? Vous permet-elle (ainsi que votre partenaire) de revenir sur vos erreurs pour les réparer ? Jusqu'à quel point êtes-vous décidé à ne pas chercher à vous venger face au sentiment d'injustice que vous pourrez éprouver ?

## Se montrer plus adulte

Répondez aux questions suivantes : que recherchez-vous dans vos relations amoureuses selon que ce soient vos besoins enfantins ou adultes qui s'expriment ?

| *Ce qu'exprime l'enfant en demande* | *Ce qu'exprime l'adulte mature* |
| --- | --- |
| ▪ Mets fin à ma solitude. | ▪ Sois à mes côtés mais respectons l'un et l'autre nos besoins respectifs et réguliers de solitude. |
| ▪ Aide-moi à me sentir mieux. | ▪ J'assume la responsabilité de mes sentiments et je ne m'attends pas à me sentir bien tout le temps. |
| ▪ Cède à toutes mes exigences. | ▪ Ne cède pas à mes demandes : négocie. |
| ▪ Ne me trahis jamais, ne me mens jamais, ne me déçois jamais. | ▪ J'accepte que tu ne sois pas parfait et je cherche à gérer les problèmes et à trouver une solution avec toi. |
| ▪ Aide-moi à ne plus avoir peur. | ▪ J'ai besoin de ton aide pour apprendre à aimer. |
| ▪ Je dépends de toi. | ▪ Nous dépendons l'un de l'autre. |
| ▪ Viens combler tous mes besoins. | ▪ Viens combler mes besoins avec modération. |
| ▪ Aide-moi à reproduire des scénarios anciens et douloureux hérités de l'enfance et de relations antérieures. | ▪ J'ai fait le deuil de mon passé, il m'a aidé à avancer et j'aspire à mieux. |
| ▪ Cède aux demandes de mon ego. | ▪ Résiste à mon ego et aide-moi à m'en libérer. |
| *Résultat de l'addition* : Tu es là pour combler 100 % de mes besoins. | *Résultat de l'addition* : Tu viens combler environ 25 % de mes besoins. |
| *L'enfant dit : je recherche la stabilité en dehors de moi.* | *L'adulte dit : je recherche un environnement qui vienne honorer et enrichir la stabilité qui est en moi.* |

Notez vos réponses aux questions suivantes : parmi les partenaires que j'ai eus, quels sont ceux qui se sont adressés à mon moi adulte ? Lequel me vient à l'esprit quand je me sens bien ? Lesquels se sont adressés à mon moi enfant et en demande ? Quel est le visage qui m'apparaît quand je suis au plus bas ? Ou bien encore : quels sont les passe-temps qui viennent me nourrir en tant qu'adulte et ceux qui renforcent mes attentes enfantines inassouvies ?

Si vous avez du mal à retrouver votre voix d'adulte, racontez votre histoire à des amis. Vous entendrez votre voix d'adulte dans leur réaction. Est-ce parce qu'ils sont plus adultes que vous ? Non : tout simplement, ils n'ont pas été aveuglés par l'éclat funeste de votre drame, qui handicape l'adulte en vous.

## Voir les choses honnêtement

Les seules questions que nous traitions avec détachement, sans dramatiser ou exagérer, sont probablement celles qui n'offrent aucun rapport avec notre passé. Il est donc essentiel d'admettre que la plupart de vos difficultés les plus importantes vous renvoient à votre enfance : en cultivant le souvenir du passé vous sabotez votre présent. Dressez une liste de ces problèmes rémanents en la faisant précéder de cette citation d'Emily Dickinson : « Les formes que nous avons enterrées s'attardent/ Familières, dans la pièce. »

Il arrive bien sûr qu'une réaction vive à un comportement ou à des propos soit appropriée. Mais nous réagissons parfois de façon excessive et il est alors utile de se demander : « S'agit-il d'une manifestation de mon ombre ? De mon ego ? De difficultés anciennes et persistantes ? »

1. *L'ombre.* Elle est cette part de nous que nous refoulons et renions tout en la projetant sur les autres. C'est souvent elle qui parle quand nous remarquons chez d'autres un comportement que nous aurions pu avoir, mais dont nous refusons d'admettre l'existence. Nous

détestons observer chez les autres ce qui est chez nous inconscient. Notre tâche consiste donc à apprivoiser nos projections et à reconnaître qu'elles nous appartiennent.

2. *L'ego*. Nous l'avons déjà vu, l'ego est dit névrotique et inadapté quand il est conduit par la peur de ne pas être accepté ou par l'arrogance, la vengeance ou le sentiment d'être dans son bon droit. Des phrases telles que : « Comment oses-tu me faire ça à moi ? », « Je t'attends au tournant », « Sais-tu seulement à qui tu as affaire ? » sont les manifestations d'un ego blessé.

3. *Les difficultés anciennes et persistantes*. Des pensées telles que « Tu répètes ce que j'ai subi petit », « Tu reproduis un scénario ancien qui est encore très douloureux », « Ma réaction aujourd'hui répond en réalité à un stimulus du passé » peuvent être l'expression d'une réaction à des questions non résolues héritées de notre enfance. « Cela ressemble à un souvenir » disait Keats à propos de la facilité avec laquelle certains venaient vers lui. Est-ce que ce n'est pas exactement la même chose pour nous ? Dans quelles proportions ?

Ainsi, des échanges qui semblent avoir lieu dans l'ici et maintenant contiennent aussi en général, dans des proportions variables, les trois éléments ci-dessus et nous renvoient à notre passé. Prenez pour exemple un épisode qui vous a récemment perturbé dans une relation et face auquel vous avez eu une réaction disproportionnée. Notez les signes de la présence de ces trois éléments puis faites part de vos observations à la personne avec laquelle vous vous êtes accroché. Posez-vous des questions telles que : Est-ce qu'elle me contrarie parce que je projette mon ombre sur elle et que je vois en elle le pire de ce que je suis ? Ma réaction est-elle due au sentiment d'un outrage fait à mon ego boursouflé ? Mon malaise est-il provoqué par l'impression que je suis en train de revivre une situation de mon passé ? Engagez-vous à appliquer la même méthode pour explorer l'ensemble de vos attitudes, croyances, réactions, préjugés et motifs de colère et remonter la piste jusqu'aux trois suspects.

La colère n'est pas toujours une manifestation de notre ombre, de notre ego ni de notre passé. Elle cache parfois la tristesse. On peut être triste parce que les choses ne se sont pas déroulées comme nous l'espérions ou parce que nous sommes blessé ou déçu. La tristesse est une réaction authentique que nous refusons souvent de reconnaître, admettre ou ressentir, préférant avoir recours à la colère pour la masquer. C'est le sentiment le plus fréquemment refoulé dans une relation amoureuse et il est donc nécessaire d'y penser face à un stimulus douloureux. Nous pouvons par exemple être contrarié parce que notre partenaire ne nous parle pas de ses sentiments à notre égard et que nous passons notre temps à essayer de les deviner. La colère vient alors occulter notre réaction initiale de tristesse devant son impossible sincérité. Parlez-en ensemble et complétez tour à tour la proposition suivante : « Je suis triste quand tu __________ » à laquelle vous ajouterez le cas échéant la phrase suivante : « Et je dissimule ma tristesse derrière/en/par __________. »

## Introverti ou extraverti ?

Reprenez le tableau de la page 186 et identifiez votre type de personnalité ainsi que celui de votre partenaire. Demandez-lui de procéder de même. Vos deux versions correspondent-elles ? Discutez ensemble des différences.

Réagissez aux questions suivantes : Est-ce que je m'accepte tel que je suis ? Est-ce que j'accepte mon partenaire tel qu'il est ? La réponse sera oui si je ne cherche à nous changer ni l'un ni l'autre. Est-ce que j'accepte que l'introversion soit aussi légitime que l'extraversion (et inversement) ? La réponse sera oui si je ne me plains pas de la façon d'être de mon partenaire ou si je n'ai pas honte de la mienne. Puis-je aussi accepter que je suis peut-être à une telle extrémité du spectre de l'introversion ou de l'extraversion que j'ai des capacités réduites à entrer en relation avec un individu dont le caractère se situe à l'opposé ?

## Guérir

Une relation amoureuse est réussie non pas lorsqu'il y a absence de conflit entre les deux partenaires, mais lorsque le conflit intervient en pleine conscience, autrement dit sans les intrusions de l'ego que sont la peur, le désir, le contrôle, le jugement et l'illusion. La pleine conscience réveille en nous l'archétype du Guérisseur. Faites l'expérience suivante : en silence, placez chacun vos mains sur la tête de l'autre avec l'intention consciente et forte de vous faire réciproquement du bien. Affirmez qu'en faisant cela vous êtes le « medium du Moi supérieur » ou quelle qu'en soit votre représentation, d'une puissance située au-delà de l'ego humain. Construire une relation amoureuse saine est une lourde tâche pour une ou deux personnes, aussi en plus des dieux et des saints, n'oubliez pas que vous pouvez vous appuyer sur vos ancêtres. Pensez aux membres de votre famille ou à des proches dont les relations amoureuses vous semblaient exemplaires quand vous étiez enfant et prenez conscience qu'ils vous accompagnent dans votre entreprise. Plutarque écrivait : « Selon Hésiode, les âmes délivrées de la naissance sont pardonnées et en paix. Elles deviennent les gardiens de l'espèce humaine… Comme de vieux athlètes, elles ne se désintéressent pas de nous mais nous observent avec bienveillance et sympathie nous débattre avec la vie, se montrant prêtes à nous aider et à nous encourager à mesure que nous nous rapprochons et atteignons enfin notre but. »

CHAPITRE 6

# Quand la peur s'en mêle… le danger gronde

« J'avais peur car j'étais nu alors je me suis caché. »
ADAM dans le jardin d'Éden, Gen., 3, 10

« Ce qu'il y a de pire dans la peur, c'est ce qu'elle vous fait quand vous vous efforcez de la dissimuler. »
Nicholas CHRISTOPHER

L'intimité nous effraie car nous redoutons de subir les conséquences de ce rapprochement. Les peurs liées aux relations intimes sont normales dans un monde aussi incertain que le nôtre. Elles peuvent même se révéler utiles à partir du moment où elles ne nous dictent pas notre comportement et où elles ne nous arrêtent pas. *Si la peur me suit, elle ne doit jamais me guider*. Les risques liés à l'engagement amoureux et à la révélation de soi nous angoissent : trahison, blessure, amour, affrontement des ego, abandon et engloutissement semblent nous guetter – les deux dernières peurs étant au cœur de toute relation.

## Peur d'être englouti, peur de l'abandon

Nous avons peur dès que la force et le pouvoir semblent nous échapper. Nous nous sentons alors pris au piège et à la merci des autres. Soit nous avons peur d'être engloutis, nous nous sentons menacés par la proximité physique ou affective de l'autre, envahis par l'idée que nous risquons d'étouffer ou d'y laisser notre liberté. Cela correspond à un excès d'attention ou d'affection et à un manque d'approbation ou de liberté. « Laisse-moi vivre comme je l'entends » implorons-nous face à la menace qui se rapproche. Soit nous ressentons une angoisse d'abandon, une peur de ne pas pouvoir survivre affectivement au départ potentiel de l'autre. Cela correspond à une perte d'attention, d'appréciation ou d'affection. « Reste avec moi » supplions-nous celui qui veut s'en aller.

Les peurs d'engloutissement et d'abandon – avec souvent prédominance de l'une ou de l'autre – se retrouvent aussi chez des personnalités équilibrées, sans toujours être identifiées ou que l'origine en soit connue. Ces peurs sont devenues automatiques, elles relèvent de notre mémoire physique plus qu'intellectuelle, et obéissent donc rarement au pouvoir de la volonté. Par exemple, une étreinte risque d'être perçue comme une menace par la personne souffrant d'angoisse d'engloutissement.

Nous passons notre temps à alterner entre notre besoin et notre peur de proximité. Il est possible que dans l'enfance l'excès d'attention, d'appréciation ou d'affection manifesté par nos parents nous soit apparu comme une menace. Par peur de perdre notre identité, nous avons établi des frontières rigides. Nous avons rejeté les câlins, refusé d'obéir aux ordres et nous sommes cachés pour échapper à l'attention, construisant ainsi un mur qui a permis de prévenir l'invasion de cet amour dangereux, mais aussi, malheureusement, de tout amour. Plus le rejet était sévère et plus le retrait et la fuite étaient importants. En comprenant cela, on devient capable de manifester de la compassion devant le retrait – le nôtre ou celui des autres.

L'angoisse d'engloutissement peut être le résultat des tentatives d'un parent de nous utiliser sur le plan physique, sexuel ou affectif, pour répondre à ses besoins. Plus tard, la victime d'abus infantiles éprouvera une angoisse terrible face au besoin manifesté par un autre adulte, quand bien même ce besoin serait légitime. Mais l'angoisse peut aussi avoir été générée par un événement en apparence tout à fait innocent. Par exemple, un enfant aura pu se sentir abandonné au moment de l'hospitalisation passagère de sa mère. Comme souvent chez les petits, ses peurs auront résisté à toutes les explications rationnelles parce que guidées par une perception des événements enracinée dans le cerveau primitif et cellulaire pour qui absence signifie rejet.

Si, par le passé, la proximité a été comprise comme un danger, cette perception peut demeurer comme dans le cas d'une réaction post-traumatique à un stress. La peur de la proximité et de l'engloutissement est un sentiment subtil et durable dont on ne se débarrasse qu'au prix d'un travail personnel, de persévérance et de volonté, en nous laissant diriger dans l'amour par notre partenaire plutôt qu'en cherchant à contrôler la fréquence et l'intensité de nos manifestations amoureuses. Cet abandon nécessaire est en soit terrifiant pour celui que la proximité effraie.

Ce qui terrifie en définitive n'est peut-être pas la proximité elle-même mais ce qu'elle fait ressurgir. Pour celui qui souffre d'angoisse d'engloutissement, la proximité peut évoquer le souvenir d'un cycle ancien et familier qui menait à l'abandon ou à la maltraitance. C'est ainsi que nous continuons de croire au plus profond de nos cellules et de façon irrationnelle que celui ou celle qui s'approche nous abandonnera ou abusera de nous.

*Les êtres humains ont appris qu'il fallait avant toute chose être courageux et fort. Mais la peur qui surgit et nous empêche d'être fort compte moins que celle qui nous empêche d'aimer, parce que l'amour est notre force la plus précieuse et elle devrait être seule au cœur de nos préoccupations et efforts.*

## Apprendre de ses peurs

> « La peur ne souhaitait pas tant s'évader que l'amour continuer. »
>
> Francis THOMPSON

Ce n'est que lorsque la pomme est mûre que le ver l'aime. De la même façon, la peur a pour habitude de resurgir au moment précis où nous sommes prêt pour le changement décidé à la reconnaître, l'affronter et lui faire un sort : cela fait d'elle un gentil passager clandestin. Si la méthode proposée dans cette partie se révèle efficace, c'est que vous êtes disposé à transcender votre peur. Si ce n'est pas le cas, c'est qu'il vous faut patienter encore un peu et travailler sur vous-même différemment pour renforcer vos ressources intérieures : reconsidérez simplement votre timing, sans honte ni sentiment d'échec. Un travail sur la peur peut se révéler bénéfique autant sur le plan spirituel que psychologique : nous ressentons de la compassion envers nous-même à partir du moment où nous comprenons que la « profonde incapacité à aimer » que nous entrevoyons en nous ne constitue pas un obstacle insurmontable, de l'égoïsme ou de la perversion, mais une mauvaise habitude acquise dont il est possible de se débarrasser, en l'apprivoisant. N'est-ce pas parce que nous sommes convaincus de la précarité des choses que nous nous y accrochons si désespérément ? C'est donc notre regard qu'il faut changer : la compassion est plus efficace que la censure et les représailles.

*La peur nous suit toute notre vie ; telle est notre condition d'homme.*

*La peur parfois nous rattrape ; tel est parfois notre sort.*

*La peur jamais ne doit nous arrêter ; c'est l'objet de notre travail.*

Ce travail sur nous-même nous amène à constater une diminution de l'influence de notre enfance et une diversification de nos choix adultes. Nous observons aussi une plus grande souplesse dans notre gestion des changements et des transitions. Et nous avons intégré que la perfection n'était pas de ce monde, ni même au programme pour notre partenaire ou nous-même. Les approximations deviennent acceptables et les préférences prennent le pas sur les exigences. Les remises en question et les accrochages avec la réalité se transforment en reconnaissance et en acceptation. Nous prenons les choses et les autres comme ils viennent, comme des informations plutôt que comme des verdicts gravés dans le marbre. Nous sommes capables de reformuler ce que nous avons vécu : « Il m'a abandonné » devient « Il est parti » ; « Elle m'engloutit », « Elle est parfois envahissante » ; « J'ai été trahie », « On m'a trompée » ; « Je me sens vide intérieurement » « J'ai fait le vide en moi ».

> « Ce n'est que dans un état d'abandon et de solitude complets que nous faisons l'expérience des pouvoirs thérapeutiques de notre nature... Le mot enfant implique d'évoluer vers l'indépendance. Cela nécessite de se détacher de ses origines. De sorte que l'abandon est une condition nécessaire. »
>
> C. G. Jung

## La jalousie

Milton disait de la jalousie qu'elle était « l'enfer de l'amant blessé ». Il est possible pourtant de la transformer en quelque chose d'un peu mieux – une sorte de purgatoire – à condition de la travailler comme un chagrin. Elle est une combinaison de trois sentiments : la peine, la colère et la peur. Nous sommes blessé et furieux devant ce que nous percevons comme une trahison. La croyance paranoïaque que nous allons perdre accès à une source de bien-être et que c'est fini pour toujours rend la jalousie poignante et nous terrifie. Elle est la porte qui conduit au chagrin que notre ego ne nous laisse pas franchir. Plutôt que de pleurer, triste et effrayé, notre ego arrogant, possessif et meurtri, pénètre dans l'arène : les vannes du reproche s'ouvrent et nous nous en prenons violemment à l'autre au risque de devenir maltraitant. Au lieu d'être animé par une colère saine, nous déclarons notre indignation à propos de la trahison perçue et passons à l'attaque.

Sous la direction de l'ego, la jalousie expose notre possessivité, notre dépendance, notre ressentiment devant la liberté de l'autre, notre refus d'être vulnérable. Au plus profond de nous, nous savons que nous ne sommes pas vraiment démocrate, pas vraiment affranchi d'un mode relationnel de propriété hiérarchique dépassé, pas vraiment prêt à admettre notre peur d'affronter les conditions parfois rudes d'une relation amoureuse : abandon, engloutissement, trahison, etc. Notre ego exige de notre partenaire qu'il nous sauve : « Cesse de faire ce sur quoi je refuse de pleurer. » C'est une réaction parfaitement normale au départ, mais au fur et à mesure que nous affrontons et mettons au clair nos vrais sentiments, nous voyons sur quoi doivent porter nos efforts. Nous admettons notre souffrance, trouvons quelqu'un pour la refléter, l'accueillir et rester avec elle jusqu'à ce qu'elle se soit dissipée. Si notre partenaire se révèle incapable de nous aider dans notre entreprise, une thérapie, des amis peuvent nous permettre de dépasser notre ego pour affronter notre vulnérabilité, le cadeau le plus merveilleux que nous fait l'amour.

La jalousie est un défi posé à notre capacité à rester ouvert et centré, sans reproches ni retrait, au milieu du rejet. C'est en la traversant plutôt qu'en suivant notre ego que nous nous engageons sur le chemin de la maturité et de la libération car elle nous apprend à lâcher prise pour grandir. Au début, on détestera peut-être celui qui nous y oblige, mais au fur et à mesure que nous voyons plus clair dans nos sentiments, nous éprouvons de la reconnaissance devant cette occasion qui nous est donnée de mieux nous comprendre. La jalousie nous montre que malgré la toute-puissance que nous pensons avoir atteinte, nous restons fragile comme un enfant. En portant un coup à notre ego boursouflé, elle nous fait accomplir un grand bond en avant spirituel.

Un dernier mot sur la jalousie : certaines personnes, souvent des hommes, ne peuvent s'empêcher de lorgner vers d'autres femmes en présence de leur partenaire qu'ils blessent ou rendent jalouse inutilement. La tête qui se tourne est vécue comme une claque ou un abandon. Un homme (ou une femme) *peut* contrôler son regard baladeur au moins lorsqu'il se trouve en compagnie. Le « je ne peux pas m'en empêcher » n'est pas acceptable de la part d'un adulte. Nous avons le droit de regarder tant que nous voulons ceux qui nous attirent, mais en présence de l'autre, l'amour et la tendresse que nous lui portons s'expriment en regardant droit devant soi.

## L'infidélité

L'idée couramment répandue selon laquelle « un comportement honnête se voit récompensé par la fidélité et une relation amoureuse idéale » ne fait qu'engendrer un sentiment de dû. Celui ou celle qui n'a jamais été infidèle aura un mal fou à faire face à l'abandon ou à l'infidélité. Son ego estime avoir subi un affront terrible avec pour résultat possible une amertume durable envers son/sa partenaire : « Je pensais que tu t'occuperais toujours de moi, pas que tu me jetterais pour quelqu'un d'autre (de plus jeune). » La souffrance la plus profonde intervient quand nous nous disons : « Il est porteur des cinq A, mais c'est à une autre qu'il a décidé de les donner désormais. Je les ai reçus au début et puis je les ai vus disparaître. J'ai attendu qu'ils réapparaissent en lui, mais quand ça s'est produit, c'était dans les bras d'une autre. »

L'infidélité force à voir en face la réalité d'une relation de couple. Quand deux partenaires traversent une période de trouble, quand nous refusons de lâcher notre partenaire original et cherchons à tout prix à faire vivre ce qui n'existe pas, un troisième élément intervient dans la psyché sous la forme d'un amant, d'une crise, d'une addiction, etc. Est-il possible d'affronter la difficulté qu'il y a à être deux sans introduire ce troisième élément ?

L'infidélité est toujours un problème de couple, pas seulement celui d'un individu. Il n'y a pas d'un côté la victime et de l'autre le bourreau. La liaison extraconjugale n'est que la manifestation symptomatique du dérèglement. L'« autre » n'est pas à l'origine de l'éloignement, mais sert à le créer. L'infidélité semble indiquer les faiblesses du partenaire adultère alors qu'en réalité il révèle peut-être ce que nous-même avons peur de montrer – par exemple, notre vulnérabilité, notre tendresse, notre allégresse, notre générosité, un abandon sexuel, etc. Il est parfois plus facile pour notre partenaire frustré d'aller chercher quelqu'un d'autre pour occuper l'espace éternellement vide que d'exprimer directement sa tristesse ou d'affronter le problème.

Prendre un amant ou une maîtresse est parfois le seul moyen de mettre fin à une relation parce qu'on n'a pas la force de le faire seul. Ce peut être aussi une façon de satisfaire des besoins qui ne semblent pas pouvoir l'être dans son couple. Comme Walter que nous avons croisé au chapitre 3, je satisfais auprès de ma femme mon besoin d'un environnement familier et rassurant et ailleurs mon besoin d'excitation. Je comble mes besoins de dépendance par le mariage et mes besoins de domination par une liaison. Je trouve chez mon nouveau partenaire un miroir pour mes émotions que ne m'offre pas l'ancien. Peut-être me renvoie-t-il aussi une facette positive de moi : un potentiel caché qui n'a jusqu'ici jamais été reconnu et demeure inexploité.

Outre que l'infidélité semble être une mesure risquée et extrême pour rendre tolérable une relation devenue insupportable ou dans laquelle les deux partenaires ne partagent plus la moindre intimité, ceux qui fuient de la sorte l'intimité avec leur ancienne partenaire ne la trouveront guère plus avec la nouvelle (et réciproquement bien sûr quand la femme prend un amant). Qui plus est, le secret et la contrainte temps d'une liaison rendent là aussi l'intimité impossible et en fin de compte, deux partenaires ont encore moins à offrir en la matière qu'un seule. Dans un triangle, personne ne s'offre en entier.

L'infidélité peut faire resurgir une angoisse d'abandon ancienne chez le partenaire trompé. Cela explique le sentiment d'impuissance et la douleur si insupportable ressentis : nous sommes incapable de trouver quelqu'un pour nous donner les cinq A ! C'est dans ces moments-là qu'il est utile de travailler en thérapie sur les difficultés et souffrances qui nous poursuivent depuis toujours. Nous revivons à travers cette infidélité des événements plus ou moins anciens – la perte ou l'absence des cinq A. Une fois que nous avons compris que notre angoisse ne concerne pas à proprement parler notre partenaire et sa décision de nous abandonner, nous sommes sur la piste du matériau psychologique qui attend depuis longtemps d'être révélé pour être travaillé. C'est ainsi que la trahison et l'infidélité peuvent devenir la rampe de lancement d'une vraie croissance intérieure.

Dans une rupture ou une crise liée à une infidélité, les actes des deux partenaires peuvent se répondre dans un principe destructeur d'escalade : puisque tu me quittes pour quelqu'un d'autre, je prends un nouveau partenaire. Les représailles ou les actes précipités ne sont bien entendu jamais propices à la reconstruction même s'ils semblent satisfaire l'ego sur le moment. *Ils sont le signe que le vrai chagrin n'est pas assumé*. De plus, une nouvelle relation ne peut commencer sur des bases saines quand elle sert à nous distraire de notre besoin de faire le deuil. Une personnalité équilibrée refusera de commencer une relation si elle en comprend les implications.

Quand je n'ai pas identifié mes manques, je vais de mon premier partenaire à un deuxième en gardant le premier en roue de secours, puis à un troisième en m'appuyant sur les deux premiers. En mode adulte sain, je vais d'une relation à aucune et profite de ma période de solitude pour accomplir un travail thérapeutique et résoudre les problèmes qui me hantent. C'est une période d'une richesse inouïe pour la connaissance de soi et la progression vers la sérénité. Les ruptures qui conduisent à l'exploration de soi sont douloureuses mais salutaires et précieuses pour qui est décidé à avancer dans sa quête intérieure. Les blessures du cœur conduisent à l'ouverture. Saurais-je consolider la brèche une fois mes plaies cicatrisées ?

Devant l'infidélité d'un partenaire, nous nous demandons souvent : « Comment peut-il me remplacer aussi vite ? Cela fait des années que nous sommes ensemble et voilà que celle-là est tout pour lui en même pas deux mois ? » Mais ce n'est pas difficile à comprendre : les sentiments romantiques qu'il éprouvait pour vous n'étaient sans doute qu'une projection de son désir de trouver la partenaire idéale. Et il n'a fait que le reporter sur quelqu'un d'autre, comme une ampoule que l'on adapte sur une autre lampe. Ce qu'il transporte n'a rien à voir avec vous. Et ce que cette nouvelle conquête a à offrir ne correspondra peut-être pas à la promesse surdimensionnée de ses projections. Malheureusement, il lui faudra sacrifier beaucoup de choses de valeur (vous, votre vie commune, vos enfants, etc.) avant de s'en rendre compte.

Il n'est pas rare d'entendre : « J'aime Un(e)tel(le) et je ne t'aime plus. » Serait-ce donc qu'*aimer*, dans ce contexte, signifie simplement un attachement agréable et excitant, avec une résonance physique et sexuelle qui donne le sentiment d'avoir enfin trouvé le/la partenaire parfaitement complémentaire ? « Je ne t'aime plus » peut très bien vouloir dire : « J'éprouve toujours de la tendresse à ton égard, mais ce n'est plus agréable. »

Il arrive que le/la partenaire abandonné(e) s'en veuille de ne pas être capable de s'accommoder de cette liaison quand bien même son corps lui dit « C'est insupportable ». Cette façon de penser appartient aux années soixante-dix. Le concept d'« amour libre » prôné à cette époque a fait beaucoup de mal. Sachez écouter votre corps et rappelez-vous qu'une relation amoureuse a pour but l'honnêteté et la poursuite du bonheur, pas celui d'infliger ou de supporter la souffrance.

Quant à la troisième personne du triangle – « l'autre homme/femme » – il ou elle peut faire beaucoup souffrir le/la partenaire trahi(e). À vous de décider – dès maintenant ? – de ne jamais jouer ce rôle à l'avenir. Et si vous rencontrez quelqu'un qui se trouve en couple, laissez-le/la mettre un terme à sa relation (et pas seulement promettre de le faire) avant d'aller plus loin. Une telle attitude constitue à la fois une pratique spirituelle et un engagement personnel à respecter et aimer les autres êtres humains vulnérables en étant fidèle à l'injonction « je ne ferai pas de mal à autrui ».

Pour finir, soulignons, car c'est important, que la fidélité c'est plus que la monogamie. Être fidèle, c'est aussi s'engager à travailler sur les problèmes qui surgissent. Cela inclut de ne pas réagir à l'infidélité de façon isolée, mais en explorant les implications de ce qui s'est produit et en trouvant une voie qui laisse la place aux excuses et au pardon. Quand la liaison prend fin, la fidélité peut recommencer et les partenaires reprendre leur chemin vers une vie commune plus belle avec une indulgence et une énergie nouvelles. Cela demande une générosité et une non-intrusion de l'ego que les lecteurs qui ont fait les exercices proposés ici devraient atteindre plus facilement.

## Faire face à la déception

*Les attentes confèrent parfois une énergie brûlante à nos entreprises et à nos relations. Elles poussent à être sur la brèche et à dépasser la médiocrité. Être équilibré sur le plan psychologique ne signifie pas ne pas avoir d'attentes, mais ne pas se laisser posséder par elles. L'espérance est allègre : elle est suivie soit d'accords qui la comblent, soit d'une acceptation sans récriminations ni reproches de la déception comme condition légitime de l'existence. On est à l'opposé du sentiment qu'a l'ego d'avoir droit à tout et de son implacable cohorte d'exigences.*

Notre vie intérieure est complexe et ses facettes multiples. À certains moments, nous sommes tous poussés à marcher et à courir, à d'autres à rester immobiles. La déception est aussi cruciale pour notre monde intérieur que la confiance. Comme l'alternance des saisons l'est pour la nature. Quand le Bouddha nous dit que la première noble vérité réside dans le caractère insatisfaisant de la vie, il met en lumière un ingrédient nécessaire de notre humanité commune. Des êtres tels que nous ne pourraient jamais rester fleuris dans un monde tropical de satisfactions ininterrompues. L'expérience humaine a besoin des saisons pour être pleinement vécue et la vie intérieure d'ombre pour s'épanouir. La difficulté est de demeurer d'une fidélité sans faille aux saisons de la vie et du changement. Cela inclut les pertes, l'abandon et les interruptions choisies ou imposées. Si recevoir les cinq A fait du bien, la déception peut parfois être une chance, « le véhicule le plus rapide vers l'éveil » comme dit le proverbe tibétain.

Les ruisseaux de la déception sont si nombreux à s'écouler de notre cœur dans le somptueux paysage de l'existence. Ils partent dans toutes les directions et certains se remarquent à peine. Par moments, ils prennent la forme d'une immense déception à l'égard de son partenaire ou de sa relation sentimentale. La déception est une sorte de perte, celle de l'espoir que les choses soient conformes à nos attentes. À la base, il y a la perte d'une illusion à laquelle on se raccrochait. La seule chose que l'on puisse perdre, après tout, c'est l'illusion.

La déception peut conduire au désespoir qui est l'illusion qu'il n'existe aucune alternative. Mais faire consciemment l'expérience de la déception, c'est aller à sa rencontre, en tirer les leçons et continuer à aimer, c'est accepter que tous les humains soient un mélange de contradictions. Tout le monde peut plaire et déplaire, réussir et échouer, satisfaire et décevoir. Nos projections quant à la perfection des autres ou à la confiance qu'on peut leur faire s'effondrent quand nous grandissons et devenons réalistes. Dorothy a été très déçue de constater que le Magicien d'Oz n'était qu'un vieux bonhomme un peu raté (cependant plein de bonne volonté). Mais cela a marqué le tournant de son voyage à la recherche d'elle-même. Le petit chien qui a tiré le rideau de l'ignorance lui a montré que la seule magie à laquelle elle devait se fier était la sienne et elle s'est fait confiance (c'est en général la part instinctive et animale de nous-même qui fait ce genre de découverte). Dorothy a compris qu'il n'y avait ni raccourci vers le sommet, ni parrain pour faire les choses à sa place. La déception a été une étape nécessaire de son voyage vers l'âge adulte – autrement dit, prendre soin d'elle-même tout en soutenant et en étant soutenue par les autres.

La déception, c'est le « désillusion-nement », c'est-à-dire une libération des illusions, projections et attentes. Ce qui reste, c'est la pleine conscience. *À la personne qui m'a déçu(e), je pourrais dire : « Merci de m'avoir libéré(e) d'une nouvelle série d'illusions.* »

Quand Dorothy voit qu'il n'y a pas de magicien, elle comprend qu'il n'y a rien à trouver qui ne soit déjà en elle. Elle a tout entre les mains, à elle d'en faire quelque chose. C'est exactement ce que nous apprenons tous à la fin d'une relation. Dorothy devait d'abord passer par une phase de déception avant de pouvoir affronter les données de l'existence. Je suis la seule à pouvoir me prendre en charge. Les autres – ses trois amis et la gentille sorcière (ses premiers compagnons sur son chemin spirituel) – pouvaient la soutenir, mais seule Dorothy avait la capacité d'accéder à ses pouvoirs.

La déception nous rend plus fort quand elle nous conduit à nous repérer et à nous faire confiance. Mais elle peut aussi nous affaiblir si elle ne mène qu'au regret d'avoir aimé une telle personne ou au reproche face à la trahison. On se place en position de victime. Le regret nous affaiblit : « Si seulement j'étais resté en dehors de tout cela » ou « Si seulement j'avais agi autrement, il ne m'aurait peut-être pas trahi ». Le regret se transforme en honte et nous empêche de faire l'expérience de toute la gamme de notre déception : prise de conscience, chagrin, deuil et progression grâce à elle. Il faut aller au bout de ses expériences pour grandir et évoluer.

Aussi devons-nous travailler sur notre chagrin face à la déception. D'autres peuvent nous y aider en comprenant nos sentiments et en nous exprimant de l'empathie : réconforté, nous reprenons goût à la vie. L'attention et l'approbation que l'on reçoit donnent de meilleurs résultats que toute autre forme de gratification. Voici un exemple (évidemment plus ou moins idéal) :

> LUI : Je sais que je t'ai déçue quand je ne t'ai pas soutenue pendant ce dîner hier. J'ai vu que je t'avais blessée et j'y ai repensé toute la journée. Je sais combien on se sent seul dans ces cas-là : c'est un sentiment que je connais bien pour l'avoir déjà éprouvé. Mais je suis là et je vais essayer d'être à la hauteur de tes attentes désormais.
>
> ELLE : Merci. Malgré ton attitude hier, je me sens en sécurité avec toi parce que je vois que je peux exprimer mes besoins et mes sentiments. Tes paroles montrent que dans le fond tu les accueilles avec attention, approbation, appréciation, affection et que tu m'autorises à être moi-même comme je le suis maintenant. Je crois que je peux revivre avec toi mes besoins et désirs archaïques sans m'attendre à ce que tu les satisfasses parfaitement. Je peux réessayer et adapter mes besoins à ce que les adultes peuvent donner à d'autres adultes. J'espère que cela sera possible entre nous et je t'offre cela.

L'histoire de Katrina est à la fois un exemple de déception et d'une façon d'en sortir. Katrina est née dans un pays d'Europe de l'Est mais elle vit aux États-Unis depuis soixante ans. Elle a épousé Robert, leur mariage a duré quarante-cinq ans et elle l'a accompagné au travers de son Alzheimer pendant les dernières années de sa vie. Aujourd'hui âgée de soixante-cinq ans, Katrina est en colère : elle a l'impression de « s'être fait avoir ». Elle ne s'est jamais sentie aimée par Robert qui a multiplié les aventures tout au long de sa vie. Quand elle a eu quarante ans ils ont cessé tout rapports sexuels, parce qu'il ne la trouvait plus séduisante. Elle se rend compte aujourd'hui qu'il ne voyait en elle que la mère de ses enfants et la femme qui tenait sa maison. Katrina avait elle-même été élevée dans une famille où la tradition voulait que la femme ne sorte pas de son rôle de gardienne du foyer/intendante/mère ni ne s'attende à être aimée ou respectée – sans même parler d'égalité. Katrina est donc une veuve éplorée, mais ce n'est pas son mari qu'elle regrette. Elle pleure sur sa propre vie et tout ce à côté de quoi elle est passée. Elle a l'impression d'avoir été dépouillée. Aujourd'hui, elle traverse une sorte de syndrome de stress post-traumatique et ressent enfin ce qu'elle s'est empêchée de ressentir il y a des années.

En se mariant, Katrina n'avait pas signé pour être aimée mais pour une sécurité matérielle assurée par son mari. Sa religion la réconfortait tout en la maintenant dans un modèle de soumission. Désormais, elle n'a plus que ses souvenirs et ses sentiments et ils lui font peur. Mais si elle est capable d'accueillir ses sentiments, de s'aimer et d'oublier son passé, elle pourra reprendre sa vie sans amertume. Le travail de deuil rend cela possible car il implique de ressentir pleinement les choses puis de les laisser aller complètement. Peut-être Katrina saura-t-elle définir de nouveaux objectifs qui réfléchiront enfin ses besoins et désirs les plus profonds et l'amèneront à se réinventer plutôt que traverser vaille que vaille la vieillesse en attendant la mort. Certes on a abusé d'elle, mais elle peut encore en tirer profit si elle est enfin capable d'investir en elle-même.

> « Les relations les plus riches sont celles où chacun des partenaires amène l'autre à prendre davantage possession de son être. »
>
> TEILHARD DE CHARDIN

## Pratiques

### Faire face aux sentiments d'abandon et d'engloutissement

Vous reconnaissez-vous dans le tableau ci-dessous ?

| *On a peut-être une angoisse d'abandon si on...* | *On a peut-être une angoisse d'engloutissement si on...* |
|---|---|
| ▪ a de la difficulté à accepter le besoin de distance exprimé par notre partenaire ; | ▪ a du mal à rassurer son/sa partenaire qui en exprime le besoin, si on a peur de l'engagement ; |
| ▪ s'accroche et ne semble jamais rassasié(e) de contact ; | ▪ met des distances et que notre espace vital ne nous semble jamais assez grand ; |
| ▪ se montre excessivement attentionné(e), attentif/ve, tolérant(e) et résigné(e) ; | ▪ prend les attentions de son partenaire pour un dû ou on se sent menacé par elles ; |
| ▪ se livre volontiers (sentiments, activités, etc.) ; | ▪ a des secrets, parfois même une double vie et qu'on s'énerve quand on nous pose des questions ; |
| ▪ s'occupe et se soucie plus de son partenaire que de soi-même ; | ▪ trouve normal que l'on s'occupe de nous sans nous sentir obligé(e) de rendre la pareille ; |
| ▪ a le sentiment qu'on ne pourra jamais donner assez ; | ▪ vit comme une menace ou une contrainte le fait d'avoir à donner/recevoir ; |
| ▪ s'accommode des exigences et obligations de son partenaire ; | ▪ veut toujours tout contrôler/décider ; |
| ▪ met peu de limites et on accepte d'être maltraité(e), malheureux/se, trahi(e) ou trompé(e) ; | ▪ défend son territoire avec rigidité et tout abus, trahison ou manquement est intolérable ; |
| ▪ est accro à l'autre à qui on ne cesse de donner plus ; | ▪ séduit l'autre puis fait machine arrière et fuit ; |
| ▪ est en attente permanente de manifestations de tendresse et d'affection ; | ▪ le besoin que manifeste l'autre d'être rassuré(e) met mal à l'aise ou en colère ; |
| ▪ est sensible à l'exubérance de son partenaire ; | ▪ se sent menacé(e) ou agacé(e) par l'exubérance de l'autre ; |
| ▪ tend à considérer les rapports sexuels comme une preuve d'amour ou à s'en servir pour acquérir un sentiment de sécurité ; | ▪ confond rapports sexuels fréquents et proximité (on se sert de la sexualité pour manipuler) ; |

| *On a peut-être une angoisse d'abandon si on...* | *On a peut-être une angoisse d'engloutissement si on...* |
|---|---|
| ▪ est prêt(e) à se plier à tous les désirs sexuels de l'autre même s'ils nous déplaisent ; | ▪ utilise la distance physique/sexuelle ou le manque d'intérêt comme un moyen de maintenir son indépendance, une défense contre la vulnérabilité ; |
| ▪ a besoin de la présence permanente de son partenaire à ses côtés (« reste ! ») ; | ▪ doit pouvoir compter sur la présence de notre partenaire pendant nous allons et venons ; |
| ▪ recherche le contact et la proximité ; | ▪ cherche la connexion mais pas la proximité ; |
| ▪ se sent perdu(e) en l'absence de l'autre ; | ▪ on est angoissé par l'idée d'« être ensemble » surtout sur une longue durée ; |
| ▪ rationalise le comportement de son partenaire – on lui trouve toujours des excuses ; | ▪ intellectualise et remplace les sentiments par la logique ; |
| ▪ montre sa peur mais on dissimule sa colère ; | ▪ montre sa colère, on dissimule ses peurs ; |
| ▪ marche sur des œufs et passe son temps à faire des compromis ; | ▪ peut se montrer hostile, faire un scandale ou se montrer violent(e) pour rétablir une distance ; |
| ▪ est très sensible aux arrivées et aux départs ; | ▪ le fait de donner et de recevoir nous met mal à l'aise ; |
| ▪ se laisse submerger par ses propres besoins ; | ▪ transforme les besoins en attentes ; |
| ▪ recherche le contact, ce qui semble être de l'amour mais peut être de la peur ; | ▪ se réfugie dans une froideur apparente au point que l'on pourrait croire à une absence d'amour alors que c'est en réalité de la peur ; |
| ▪ Des deux, c'est probablement celui qui partira en premier ! | ▪ peut être en proie à une angoisse d'abandon quand on est quitté ! (Sous l'angoisse d'engloutissement se cache la peur du rejet.) |

La colonne de gauche signale parfois une personnalité codépendante ou borderline ; celle de droite une personnalité narcissique.

## Traiter sa peur par l'approche « triple A » : admettre, autoriser, agir comme si

ADMETTRE sa peur de l'abandon ou de l'engloutissement (ou les deux), autrement dit se l'avouer à soi-même et aux autres, la nommer sans la reprocher à qui que ce soit. Souvenez-vous que si vous vous sentez aimé quand ou parce qu'une autre personne reste à vos côtés, vous serez encore plus affecté par le sentiment d'abandon si votre histoire prend fin. Si vous êtes dans ce cas de figure, acceptez de regarder la vérité en face et parlez-en à votre partenaire.

AUTORISER les peurs à venir à la surface, les ressentir pleinement et suspendre son jugement en évitant de les qualifier (de mauvaises par exemple). Connaissez intimement vos sentiments, appropriez-les-vous. Il ne s'agit pas de vous identifier à certains ni d'en nier d'autres, mais de les laisser émerger les uns après les autres pour les laisser repartir une fois qu'ils ont été au bout de leur cycle. L'intimité avec nos sentiments les légitime et nous libère.

Autoriser la peur à émerger, c'est en vivre tous les stades – palpitations, transpiration, tremblements si c'est ainsi qu'elle se manifeste – sans pour autant se venger sur quelqu'un d'autre, la laisser ronger son estime de soi ou tomber dans l'addiction. C'est aussi faire appel à sa part adulte pour rester debout tout en apaisant sa part enfant terrorisée ou s'effondrer *tout en* restant soi-même. La peur fait partie de nous et en tant que telle, elle doit être accueillie avec les cinq A. C'est alors qu'on peut comprendre sa sagesse et sa raison d'être, que l'on résout le paradoxe de la pratique et qu'il devient possible de lâcher prise. *L'inconfort de la peur devient tolérable à partir du moment où on le maîtrise.*

Quand la peur ou la mélancolie se saisissent de nous, il arrive que l'on se demande pourquoi et que l'on cherche à s'en débarrasser. Mais c'est peut-être un exemple de synchronicité, quand un événement en cache un autre et marque le début d'une période de transition. Ce sentiment désagréable est alors comme la chouette qui vient s'installer sur le chêne de notre jardin intérieur parce qu'elle a remarqué qu'il y avait de nombreux nuisibles à éradiquer. Cette sombre présence est en réalité notre alliée comme peut l'être ce malaise dont on ne parvient pas à identifier clairement la cause. L'accueillir en pleine conscience, c'est l'autoriser à se déployer et être attentif aux bénéfices qui peuvent en découler.

Le bouddhisme enseigne que la satisfaction s'atteint non pas en cédant à ses désirs mais en renonçant à s'y accrocher. Ainsi cette discipline spirituelle vise directement nos angoisses d'abandon. Pratiquez-la au travers de la méditation en pleine conscience en berçant votre enfant intérieur qui s'agrippe. Ne le jugez pas, ne cherchez pas à changer les choses et maintenez votre étreinte attentionnée le temps nécessaire. C'est une façon de prendre soin de soi.

Soyez aussi plus attentif aux différentes façons dont vous abandonnez les autres sur le plan affectif. Cherchez les moyens de rester auprès d'eux dans leur souffrance – de maintenir votre étreinte –, surtout quand vous êtes à l'origine de cette souffrance. Cela implique de créer un environnement rassurant qui offre les conditions idéales de croissance. Le but de toute évolution personnelle est de trouver un milieu qui reconnaisse et comble nos besoins. De la même façon, le but de l'évolution universelle est que le monde entier devienne un jour cet environnement rassurant jusque dans ses moindres recoins et moments. Comme le suggère Trungpa Rinpoche : « Maintenez en votre cœur à la fois la tristesse et la douleur du *samsara* [la souffrance] et la force et la vision du grand soleil de l'Est. »

Voici des affirmations qui pourront vous aider : *Je m'autorise à ressentir cette peur. J'y fais face en l'accueillant et en la laissant aller. J'étreins dans un même mouvement ma peur et ma force et ressens ainsi une compassion accrue envers les autres. Que les puissances qui m'assistent (anges, bodhisattvas, etc.) se tiennent à mes côtés au moment où j'affronte ma peur, la traverse et la laisse aller.*

*Que tous ceux que j'aime et les autres aillent au-devant de leurs propres peurs et s'en libèrent. Je me joins à l'intention aimante de l'univers lequel me berce déjà et toujours.*

Ensuite, servez-vous d'une pratique du bouddhisme tibétain qui consiste à recevoir la lumière blanche en la visualisant et en disant : « Que la lumière pénètre maintenant le sommet de mon crâne et s'écoule à travers mon corps jusqu'à la plante de mes pieds. » On n'est pas très loin de ce qu'écrivait Virginia Woolf : « Instant après instant les choses perdent de leur dureté ; même mon corps laisse désormais passer la lumière. » Voici une autre formule plus personnelle : « Que l'être bienveillant qui absout toutes les fautes m'emplisse de lumière du sommet de ma tête à la plante de mes pieds. » Veillez à n'avoir recours à cette pratique que dans un deuxième temps pour éviter qu'elle ne devienne le moyen de fuir votre expérience plutôt que son aboutissement. Cette combinaison du psychologique et du spirituel sert aussi à reconnaître le rôle de la grâce dans le processus de guérison, le cadeau de la lumière qui jaillit spontanément.

AGISSEZ COMME SI vous n'aviez pas peur. Si vous redoutez l'abandon, autorisez l'autre à vous laisser pour une minute de plus que votre seuil de tolérance. Accrochez-vous une minute de moins qu'il ne vous est supportable. Si l'engloutissement vous fait peur, laissez l'autre vous approcher de quelques centimètres de plus que vous ne supportez habituellement. Éloignez-vous de lui une minute plus tard que vous ne le feriez si vous vous écoutiez. En prenant ces risques, vous jouez avec votre douleur. Le jeu est un outil bien trop souvent négligé par ceux d'entre nous qui prennent les choses trop au sérieux.

Chaque A de cette pratique encourage les changements individuels tout en développant l'intimité entre les deux partenaires. Discutez-en avec le vôtre et faites-lui les propositions suivantes : la prochaine fois que vous admettez votre peur, demandez-lui de faire preuve d'une *écoute active*, à savoir accueillir l'information avec ouverture et respect, sans reproches ni protestations ni chercher à vous changer, à vous faire taire ou à vous consoler. Il s'agit d'entendre votre réalité la plus profonde, celle qui vient des tripes. Par ailleurs, quand vous commencerez à mettre en place des changements, demandez-lui de respecter votre rythme au lieu de vouloir accélérer ou ralentir les choses en fonction de ce que lui ferait. Le partenaire capable de vous accompagner sur ce chemin est prêt pour l'intimité et il saura tenir l'espace à l'intérieur duquel vous pourrez exprimer votre peur en toute sécurité. « *Tenir l'espace* » *signifie qu'il reste avec vous dans vos sentiments, tout en exprimant les cinq A*.

## Accueillir la proximité

Ce n'est pas le contact physique qui fait peur. Au contraire, nous le recherchons avec ceux qui nous aiment. *Ce qui nous effraie, c'est ce que nous ressentirons quand nous serons trop proches. C'est de nous d'abord que nous avons peur et nous nous le reprochons*. Pourtant, nous ne devrions pas, car la peur est notre plus grande vulnérabilité et la qualité qui nous rend le plus digne d'être aimé. N'est-il pas ironique que nous dissimulions ce qui nous rend attirant ? À moins que ce ne soit encore un tour de notre ego qui a inventé un nouveau stratagème compliqué pour nous protéger de la proximité humaine ?

Réfléchissez aux questions suivantes et notez vos réponses dans votre journal : comment est-ce que je réussis à éviter la proximité avec ceux que j'aime ? Si nécessaire, demandez de l'aide autour de vous. Est-ce que je reproduis le modèle relationnel qu'avaient mes parents pendant mon enfance (par rapport à moi ou entre eux) ? Puis-je faire la déclaration suivante à mon partenaire : « Quand tu me laisses de la place, je te montre mon amour parce que je me détends et que je m'exprime à mon rythme et comme j'en ai envie. Sinon, je joue un rôle non sans talent, mais mon cœur est absent » ?

## Être seul

Laisser derrière soi sa famille pour partager la vie de quelqu'un d'autre prive la psyché de la solitude dont elle a besoin pour se développer pleinement. Nous sommes des êtres complexes et avons besoin de prendre du recul pour explorer la profondeur de notre caractère et de notre destinée. Que nous soyons introverti ou extraverti, des périodes régulières de solitude nous sont nécessaires pour nous ressourcer, trouver de nouveaux trésors de créativité et de connaissance de soi, et découvrir au fond de nous des possibilités qui demeurent invisibles quand nous sommes entourés. C'est ainsi que nous évoluerons. Notez votre réponse à la question suivante puis discutez-en avec votre partenaire : votre relation comprend-elle (autorise/encourage) des moments de solitude ?

> « La thérapie est terminée quand l'enfant est capable de jouer seul. »
>
> D. W. Winnicott

## L'argent dans le couple

Après plusieurs expériences d'abandon, l'enfant apprend à remplacer les biens affectifs par un attachement matériel : les jouets, eux, ne le laissent pas tomber. Sommes-nous dans la même logique une fois adulte ? Avons-nous recours aux objets pour nous distraire et nous consoler quand nous n'attendons plus rien de l'humain ?

Le nourrisson qui reçoit une dose suffisante d'attention est bercé et consolé par un adulte en qui il a confiance et se sent satisfait. Par la suite, cet enfant ne se tournera ni vers le monde matériel ni vers l'addiction pour se distraire ou s'apaiser, mais vers les cinq A, qui lui procureront les éléments de tendresse et de réconfort nécessaires. Nous ne perdons jamais notre désir/besoin d'être tenus quand nous pleurons ; nous ne dépassons jamais notre besoin de contact. Nous ne faisons qu'apprendre à dissimuler les besoins que nous avons désespérément aspiré à combler. Imaginez quelles angoisses farouches et futiles sont enfouies au plus profond de nous.

L'un de nos parents a pu essayer de remplacer par des objets et des actions la tendresse qu'il aurait dû nous manifester en nous consolant et en nous berçant. Plus tard, dans nos relations amoureuses, nous penserons peut-être que l'amour se résume à cela et chercherons à manipuler les autres à agir d'une certaine façon ou à nous faire des cadeaux pour nous prouver leurs sentiments. Nous n'avons pas pour autant l'impression d'être aimé parce que nos besoins en la matière sont insatiables et impossibles à combler, comme tout besoin enfantin dont on attend par erreur la satisfaction dans une relation adulte.

L'argent est utilisé dans le cadre d'un échange, quelque chose que l'on donne et que l'on reçoit – ce qui est précisément ce en quoi consiste l'intimité. C'est pourquoi il vient facilement symboliser l'amour. Quand nous sommes plus à l'aise sur le plan financier, il perd sa fonction de représentation symbolique des biens affectifs dont nous avons manqué et devient normalement un outil qui permet de vivre et de donner. Comme une canne à pêche, c'est le moyen dont nous nous servons pour obtenir ce que nous voulons, puis partager nos prises dans la joie et la générosité.

Notez dans votre journal ce que vous éprouvez par rapport aux points suivants : acheter ou vendre ; donner ou dépenser ; emprunter ou prêter ; être débiteur ou créditeur ; gagner ou épargner ; payer ou rembourser ; perdre ou gâcher ; louer ou donner en location ; proposer en partage ou recevoir en partage ; inviter ou être invité. Attendez-vous de votre partenaire qu'il manifeste son amour par des cadeaux ou des actions ? Raisonnez-vous en fonction d'un principe d'abondance ou de manque ? Discutez-en ensemble. Votre rapport à l'argent vous en dira peut-être long sur votre façon d'appréhender les relations intimes. Par exemple, si vous cherchez toujours à obtenir des choses gratuitement, cela peut vouloir dire que vous attendez de l'autre qu'il s'engage sans être prêt vous-même à vous impliquer.

Le statut social est un élément essentiel pour l'ego narcissique : Paris, New York, Hollywood, Milan sont autant d'endroits qui le flattent. Ainsi cherchons-nous peut-être à obtenir au travers de nos possessions ce que nos parents, partenaires et nous-même étions censés nous fournir, à savoir les cinq A : les voitures sont un moyen de transport, mais les modèles les plus rutilants et branchés sont une promesse d'être remarqué et de bénéficier d'un pouvoir d'attraction supérieur ; les vêtements servent à nous tenir au chaud et à nous protéger, mais celui qui est à la pointe de la mode attire les regards et projette une impression d'aisance et de classe.

Les objets matériels revêtent ainsi une signification qui n'a rien à voir avec ce qu'ils sont à l'origine, et c'est l'âme qui, en transcendant l'ego, donne un vrai sens aux choses. Vivre en pleine conscience ne signifie pas qu'il faille rejeter les beaux objets, mais qu'il faut éviter d'être victime de l'apparence et savoir distinguer derrière les enjolivements les vrais marqueurs du statut : vertu, intégrité, générosité, amour inconditionnel. Telles sont les qualités qui donnent à toutes nos possessions une teinte radieuse et rendent possible la générosité.

Pensez aux biens que vous avez et interrogez-vous sur leur rôle. Souvenez-vous des raisons qui vous ont poussé à les acquérir – maison, voiture, vêtements, etc. Comparez le soin avec lequel vous les achetez à celui que vous mettez à faire des dons à des œuvres de charité. Discutez-en en couple.

Un mot pour finir : il est normal de ne pas être totalement équilibré dans les trois domaines que sont le sexe, l'argent et la nourriture. *Puis-je trouver en moi la compassion nécessaire face à mon rapport parfois passionnel avec l'un ou l'autre de ces aspects ?*

> « Je te donne mon amour. Il est plus précis que l'argent. »
>
> Walt WHITMAN

## Quand votre partenaire est jaloux

Votre partenaire peut se sentir menacé par l'amitié que vous portez à quelqu'un d'autre. Dans le contexte d'une relation amoureuse, on ne peut plus continuer à affirmer « Je suis libre d'avoir les relations que je veux », mais « Je suis libre d'avoir les relations que je veux, cependant je dois tenir compte des réactions de mon partenaire ».

Demandez à votre partenaire d'évaluer sa peur sur une échelle de un à dix (dix étant le maximum). S'il place le curseur à cinq et au-delà, il serait souhaitable, dans l'intérêt de votre couple, de faire cesser la situation qui l'angoisse. C'est à vous qu'appartient la décision bien sûr, mais agissez avec compassion et dans le respect des sentiments de votre partenaire. Si sa peur se situe en deçà de cinq, vous êtes libre de poursuivre comme avant tout en prenant soin de tâter le terrain régulièrement. Il revient aussi à votre partenaire de travailler en parallèle sur son problème de jalousie, en thérapie ou en en parlant à des amis.

## Être le gardien de son couple

Personne n'est là pour veiller sur votre couple et s'assurer que votre relation s'approfondit avec le temps. Saurez-vous assumer ce rôle ?

Quand nous sommes petit, les adultes prennent soin de nous. À l'âge adulte, nous sommes en charge de notre vie et c'est à nous de piloter nos relations amoureuses si nous voulons qu'elles durent. Prenons l'exemple d'un couple dont l'un des partenaires reprend des études pendant que l'autre passe la majeure partie de son temps à travailler pour gagner l'argent du foyer. Il existe un risque sérieux qu'ils s'éloignent l'un de l'autre. Voici une technique simple qui les aidera à rester proches et même à resserrer leur lien. À chaque fois qu'ils sont sur le point de s'engager dans un nouveau projet, ils doivent se demander comment faire en sorte que celui-ci les rapproche. En général, la réponse comporte deux éléments : en faisant preuve des cinq A et en partageant le projet d'une façon ou d'une autre.

Pour reprendre l'exemple ci-dessus, pour que le couple continue de fonctionner harmonieusement, les deux partenaires doivent être impliqués dans le projet et les contributions de chacun doivent être reconnues : la reconnaissance est une forme d'appréciation ; l'attention est apparente quand celui des deux qui travaille s'intéresse à l'enseignement suivi par l'autre et participe aux activités proposées, et quand celui qui étudie pose des questions sur ce qui se passe au bureau ; l'affection se manifeste par différents gestes de tendresse ; l'approbation et l'autorisation interviennent quand l'un soutient sans ressentiments le projet d'études de l'autre qui, à son tour, accepte que son partenaire ait parfois besoin de temps pour lui et qu'ils partagent des moments. Enfin, nous entendons souvent parler d'engagement envers les autres sans nous rendre compte que nous négligeons peut-être celui que nous avons envers nous-même. Nous imposons à nos corps un emploi du temps lourd d'obligations tant personnelles que professionnelles. Il n'est donc pas inutile d'élargir la pratique ci-dessus en nous demandant : « Comment puis-je assumer cette tâche supplémentaire tout en continuant à m'occuper de moi ? » En l'occurrence, il ne s'agit pas d'égoïsme mais de veiller sur soi.

CHAPITRE 7

# Laisser aller l'ego

> « Êtes-vous prêt à être écrasé, effacé, supprimé, réduit à rien ? Si ce n'est pas le cas, vous ne changerez jamais vraiment. »
>
> D. H. LAWRENCE

Si deux partenaires ne se préoccupent que de se prouver mutuellement qu'ils ont raison, on peut dire que le couple est dirigé par l'ego. Si, en revanche, ils ont à cœur de faire fonctionner leur relation, ils sont dirigés par un amour coopératif. L'ego, qui signifie « Je », est le principal obstacle à l'intimité, qui implique « nous ». En réalité, il n'existe pas de moi solide et séparé. Nous sommes tous interconnectés et dépendants les uns des autres.

L'ego est le mot qui traditionnellement désigne le centre de notre vie consciente et rationnelle. Il joue son rôle quand il nous aide à atteindre nos buts. Quand il est sain, il fait de nous des témoins honnêtes et attentifs sans que l'humeur ne s'en mêle, nous aide à évaluer les chances qui s'offrent à nous et les dangers à éviter, à faire des choix en accord avec nos convictions, valeurs et désirs les plus profonds, et, fait encore plus admirable, à accepter les paradoxes humains, à savoir qu'une même personne est à la fois bonne et mauvaise, proche et distante, loyale et hypocrite, juste et injuste, polie et blessante, généreuse et égoïste. Cet ego-là prend en compte tous les aspects du comportement humain, même les plus déplaisants, tout en continuant d'aimer.

Quand tout fonctionne pour le mieux, un tel ego suscite les cinq A chez les autres. Quand nous avons le courage de nous mettre à nu, d'exposer ce qui fait de nous un être unique, nous sommes susceptible de recevoir de l'attention ; quand nous nous acceptons avec fierté tout en admettant nos erreurs, il est probable que nous serons accepté ; quand nous offrons notre générosité et notre compassion avec intégrité, il y a de fortes chances que nous soyons apprécié ; quand nous faisons preuve d'affection, de tendresse et de considération, il est probable que cela nous soit rendu ; et quand nous nous affirmons en posant des limites claires, respectueuses des droits de chacun, il est probable que les autres nous autoriseront à être nous-même.

Notre ego, qui est le centre de notre vie rationnelle, est fonctionnel quand il nous permet d'atteindre nos buts. Il est dysfonctionnel – ou névrotique – quand il nous en distrait et sabote les tentatives que nous faisons pour les atteindre. Derrière chaque névrose se cache une peur sournoise qui n'a jamais été traitée et encore moins résolue. De fait, *névrotique* implique la répétition inefficace d'une forme de protection archaïque et en l'occurrence inutile. Certains font preuve d'un ego équilibré et adulte dans leur vie professionnelle, mais névrotique et infantile dans leur vie privée.

Prenons par exemple la double vie de Suzanne : ses collaborateurs l'adorent et l'accueillent chaleureusement quand elle arrive le matin à la banque où elle est responsable du service des emprunts. Toujours ponctuelle, elle remplit ses fonctions avec professionnalisme, accorde et refuse des prêts sur des bases saines, rationnelles, froides mais justes, procède aux saisies hypothécaires avec compassion et supervise son équipe en fixant des limites tout laissant un droit raisonnable à l'erreur. Cependant, à l'heure du déjeuner, Suzanne se précipite chez elle à l'insu de tous, poussée par une angoisse d'abandon incontrôlable et un attachement addictif à son petit ami, Joseph, qu'elle supplie de ne pas la quitter comme il l'en menace. Au cours des derniers mois, Joseph, qui est cocaïnomane, lui a dérobé de l'argent, cassé le poignet et l'a forcée à envoyer son fils adolescent habiter avec son père. Mais rien de cela ne semble prendre son véritable sens aux yeux de Suzanne. Il y a comme une coupure entre son moi fonctionnel au travail et son moi dysfonctionnel à la maison. Professionnellement, elle place la barre très haut et obtient le meilleur de tout le monde ; dans ses relations amoureuses, elle place la barre au plus bas et préfère avoir moins que rien. Dans le premier cas, elle fonctionne dans le cadre élaboré par son ego équilibré ; dans le second, elle se laisse guider par son ego névrotique et ne pose aucune limite.

Selon Jung, en plus de l'ego, notre psyché inclurait aussi (et serait incluse par) le Soi, qui est l'archétype de la totalité face à l'individualité de l'ego. Il est semblable à l'esprit de Bouddha. Le Soi est à la fois le centre et la circonférence de la psyché et regroupe des éléments tant conscients qu'inconscients. C'est une « psyché objective », qui n'est ni limitée ni définie par la personnalité individuelle. Elle est la même en chacun et consiste en un amour inconditionnel, une sagesse éternelle, un pouvoir de guérison de soi et des autres et l'ombre de tous ces éléments.

Notre destin est de rendre de plus en plus conscient ce qui jusque-là était resté inconscient, d'« allumer une lumière dans l'obscurité de l'être » comme le disait Jung. C'est le but d'un travail psychologique, amener l'ego au service du Soi et concevoir chacun de nos pensées, paroles et faits pour qu'ils manifestent l'amour, la sagesse et la capacité de guérison qui résident d'une façon inconditionnelle au fond de nous. Notre travail spirituel consiste alors tout simplement à laisser advenir ce processus et d'être réceptif aux grâces toujours à notre disposition pour le mener à bien. Les relations amoureuses relèvent à n'en pas douter de ce type de grâce spirituelle. Elles sont même un excellent outil dans cette tâche. Peu à peu, elles broient notre égocentrisme et mettent à bas nos prétentions démesurées. Dès lors que nous avons enfin compris que nous donnons les cinq A plus facilement une fois débarrassé de l'ego et de nos peurs, nous découvrons le prix d'un amour authentique et combien il peut être merveilleux de ne plus s'encombrer de l'ego. L'ego timoré redoute inutilement ce que l'ego courageux appelle depuis toujours de ses vœux. Ce dernier se sent libéré et joyeux quand il n'a plus à promouvoir ni à défendre son pouvoir, mais peut se détendre et faire confiance à la vie qui suit librement son cours. Le paradoxe, c'est que plus l'ego est faible et plus notre capacité à faire face aux événements s'en trouve renforcée.

L'ego névrotique et suffisant craint le Soi car il est persuadé qu'en s'alliant avec ce dernier il perdra ce qui fait de lui un être particulier et unique, alors qu'en réalité le Soi se sert de ces caractéristiques pour s'incarner dans chaque ego et nous amener à la rencontre de notre destin. Quand le dalaï-lama dit qu'il pardonne aux Chinois les souffrances qu'ils infligent au Tibet et qu'il n'appellera pas à la vengeance, il ne parle pas en tant qu'individu. C'est le Soi supérieur, l'esprit de Bouddha qui s'exprime au travers de cette personnalité unique et singulière. L'intellect et la volonté de l'homme n'ont rien à voir avec une telle largeur de vue. Il faut pour cela la grâce de l'éveil et d'un esprit libéré de l'ego. Tenzin Gyatso, l'homme qui, dans le processus évolutionnaire, remplit le rôle du dalaï-lama, contribue ainsi à l'évolution du monde. Et c'est ce qui produit lorsque nous promettons d'abandonner les pouvoirs de notre ego à la douce domination du Soi. Nous ne sommes pas perdants et le monde est gagnant.

Martin Luther différenciait deux sortes d'amour : l'amour humain qui recherche un objet digne d'être aimé et l'amour divin, dans lequel c'est Dieu qui, par la grâce, crée l'objet d'amour. Il y a une vérité humaine archétypique dans cette différence. Dans l'amour conditionnel et ego-centré, nous exprimons nos sentiments envers quelqu'un qui se montre à la hauteur de nos attentes ; dans l'amour inconditionnel, nous créons les conditions pour être aimé en donnant spontanément les cinq A. Cette forme de générosité ne suppose pas que l'être aimé remplisse des critères préétablis. Autrement dit, l'amour a une portée infinie et peut toucher tout le monde. Les cinq A ne sont pas seulement l'étoffe de l'amour ; ils sont une façon de *faire* l'amour. On comprend dès lors comment l'amour peut conduire à la compassion.

> « Mon amour tu gagnes encore et encore ;
> Mais faisons une partie d'échecs.
> Je ne chercherai pas à te battre,
> Simplement à tout abandonner entre tes mains
> Tu auras tout, mon amour, mon corps comme mon âme. »
>
> WEN ITO

## Anatomie d'un ego arrogant

La prétention a poussé le Sphinx à se précipiter du haut de son rocher après la victoire d'Œdipe. À l'inverse, Circé a compris que Ulysse lui était supérieur, et cela a attiré plus fortement son attention. Elle s'est offerte à lui, lui promettant même de partager sa divinité avec lui. Ce faisant, elle a choisi la vie et offert à son amant une glorieuse destinée, démontrant ainsi que les relations amoureuses s'épanouissent tant sur le plan spirituel qu'érotique lorsque l'ego bat en retraite.

L'ego est manifeste dans des affirmations telles que « J'ai raison », « Je fais les choses comme elles doivent être faites, je suis parfait », « Je n'ai aucun besoin de changer ». Le changement nous fait peur parce qu'il nous demande d'admettre nos erreurs ou nos pertes (d'un aspect de nous-même auquel nous tenions ou bien d'un sentiment de sécurité). Cela se résume à la peur de la proximité : « Si je m'adoucis et m'ouvre aux autres, ils seront trop près de moi. » Cette peur peut se manifester par de l'entêtement, un refus de coopérer, un besoin inflexible de gagner ou d'avoir raison, une incapacité à admettre ses torts ou à s'excuser. Déclarer « Tu n'as pas le droit de me dire quoi que ce soit » revient à affirmer « Tu n'as pas le droit de t'approcher trop près de moi ».

L'ego arrogant combat l'intimité de l'amour car nous cherchons à tout prix à ne pas perdre la face. Celle de l'ego vaniteux est faite de Peur, d'Attachement, de Contrôle et de Suffisance. Ce PACS est formé des ennemis les plus vicieux de l'intimité. L'égocentrisme de la suffisance et du bon droit nous empêche de faire preuve d'attention et d'appréciation envers qui que ce soit. Impossible de manifester la moindre approbation ou autorisation quand le contrôle prend le pas sur l'égalité ou quand nous sommes trop attaché à notre propre version de la réalité. Quant à une authentique affection, comment pourrions-nous l'exprimer quand nous sommes conduit par la peur ?

Nous avons peur (souvent de façon inconsciente) d'être rejeté ou de ne pas nous faire entendre. Au risque de faire preuve d'un entêtement stupide, nous sommes attaché à notre propre conception de la vie et entendons dicter aux autres leur comportement. Nous exigeons de contrôler les autres et les situations. Nous estimons que l'amour est un dû que tous doivent nous témoigner et sommes prêt à nous venger en cas d'offense.

L'ego n'est pas une entité stable mais assumée, qui plonge ses racines dans des blessures et dans l'amour. Nous réagissons avec de la peur, de l'attachement, une volonté de contrôle ou de l'orgueil. Comme ces réactions se manifestent régulièrement, nous imaginons qu'elles *nous* représentent. Nous mélangeons nos réactions et ce que nous sommes vraiment. C'est pourquoi nos comportements peuvent être le mieux observés dans la pleine conscience de l'attention pure, où nous aurons recours différemment à la souffrance ou à l'amour de façon à laisser l'ego venir à la surface.

Il faut dénoncer le PACS pour que la peur se transforme en excitation. La peur nous accompagnera peut-être quand même mais *elle ne sera pas à l'origine* de nos actions, nous oserons en faire état ainsi que de notre vulnérabilité, laquelle est une des données de l'existence et n'a rien à voir avec une vulnérabilité de victime. C'est une vulnérabilité saine qui a plus de chance de se manifester quand notre sentiment d'inadéquation et de honte s'évaporent et quand nous avons confiance qu'en l'exprimant nous ne risquons pas l'humiliation.

Selon le penseur bouddhiste Robert Thurman, l'ego s'observe le mieux dans les épisodes d'« innocence blessée » (mais également au volant d'une voiture...), autrement dit dès que nous sommes pénétré du sentiment outragé d'être la victime d'une injustice ou d'un complot. Une telle énergie est malsaine parce qu'elle est génératrice de stress, de souffrance, de comportements irrationnels, de frustration ou de gêne.

Comment faire la différence entre le sentiment de dû généré par l'ego et celui produit par une réelle injustice ? Le premier est une attente, un attachement, une exigence – autant de manifestations et d'états d'esprit générateurs de souffrance, à l'opposé de la pleine conscience et conférant le sentiment d'un droit aux représailles. Or la vengeance n'est pas la justice : elle est un réconfort haineux face aux indignations de l'ego, le renoncement à tout espoir de changement, la négation du pouvoir de la grâce. En revanche, quand la demande de réparation est légitime, elle s'exprime de manière directe et non violente, dans un combat loyal. Et, au cas où nous n'obtiendrions pas la réparation à laquelle nous pensons avoir droit, nous n'exerçons pas notre vengeance, mais nous utilisons les canaux officiels et nous adressons à une autorité supérieure comme par exemple un tribunal, que nous chargeons de statuer. S'il arrive que la loi soit injuste, nous entamons une résistance passive et non violente qui combine pleine conscience et intégrité.

Il n'est bien sûr aucunement question d'anéantir l'ego, mais de le démanteler pour le ré-assembler de manière plus créatrice. Ce n'est qu'alors que l'intimité devient possible. Vous trouverez ci-dessous quelques réactions constructives à adopter quand nous avons le sentiment d'un échauffement de l'ego.

Chaque composante de l'ego névrotique est source de souffrance : il est douloureux de vivre dans une peur telle

| *Quand je suis traversé par...* | *Je choisis de...* |
|---|---|
| ▪ la peur ;<br>▪ l'attachement ;<br>▪ une volonté de contrôle ;<br>▪ un sentiment de dû bafoué. | ▪ aimer ;<br>▪ lâcher prise ;<br>▪ laisser être ;<br>▪ me voir comme un égal. |

que nous sommes toujours sur nos gardes et pourtant toujours blessé ; il est inconfortable de ne jamais pouvoir se détendre ; il est stressant de passer sa vie à tenter de contrôler les autres ; il est éprouvant d'avoir à affronter les conditions de l'existence en étant persuadé qu'on ne parviendra jamais à s'en libérer. Ne serait-il pas tragique de mourir en ayant systématiquement sauvé la face dans toutes nos relations amoureuses ? Cependant, les défauts offrent aussi des côtés positifs et nous avons tous en nous un potentiel d'amélioration. Même névrotique, l'ego recèle des réserves de bonté à explorer.

| | |
|---|---|
| ▪ La peur. | ▪ Évaluation prudente et intelligente du danger. |
| ▪ L'attachement. | ▪ Persévérance et dévouement dans l'adversité. |
| ▪ Une volonté de contrôle. | ▪ Capacité à faire avancer les choses, énergie mise dans l'évaluation, le traitement et la résolution des problèmes. |
| ▪ Un sentiment de dû bafoué. | ▪ Estime de soi saine et refus de se laisser marcher dessus tout en étant prêt à accepter le fait que la réalité est parfois injuste. |

Se faire confiance ne garantit pas que la peur, l'attachement, la volonté de contrôle ou le sentiment de légitimité seront toujours absents de nos vies, mais que nous avons accepté d'être exactement qui nous sommes en chaque instant *et* que nous serons attentif aux comportements dictés par l'ego et décidé à leur chercher une alternative. Tel est le paradoxe spirituel du fait de s'accepter tel que l'on est tout en devenant plus que ce que l'on n'a jamais été. En renonçant à la polarité, nous trouvons refuge au centre.

## Anatomie d'un ego déprimé

Il se situe à l'opposé de l'ego arrogant. Déprimé, appauvri, cet ego-là s'enracine dans la peur et un style victimaire qui empêche toute intimité non hiérarchique. Voici quelques attitudes caractéristiques :

- Victime : « Je ne contrôle pas ma vie. Je suis la victime des gens et des circonstances. Tout ce qui m'arrive, c'est de la faute des autres. Je suis impuissant à changer quoi que ce soit. » Derrière cette attitude se niche la peur d'être tenu responsable. Avoir pitié de soi et se considérer comme une victime peuvent constituer des formes de désespoir et donner l'illusion qu'il n'y a pas d'alternative à cette situation douloureuse.

- Suiveur : « Tout le monde sait comment faire sauf moi. Je dois suivre les autres. Dites-moi ce que je dois faire et croire, je le ferai et je le croirai. » Cette attitude recouvre le refus apeuré de prendre en charge sa vie ou de commettre des erreurs.

- Autocritique : « J'ai toujours tort, je suis nul et mauvais. Dès que survient un problème, je me le reproche. J'ai honte de moi-même et je suis taraudé par la culpabilité. » Une telle attitude cache la peur de la responsabilité.

- Indigne : « Je ne mérite rien, ni richesse, ni amour, ni respect. » Cette attitude cache la peur de recevoir.

- Insignifiant : « Personne ne s'intéresse à moi et je ne compte pas. Que je sois là ou pas ne change rien. » Cette attitude dissimule la peur d'être aimé et la peur devant les cinq A (laquelle est présente dans chacune des attitudes ci-dessus).

Heureusement, chacun des visages de l'ego appauvri porte en lui un potentiel de valeurs comme le montre le tableau ci-dessous.

| | |
|---|---|
| ■ Victime. | ■ Capacité à générer chez les autres un amour compassionnel. |
| ■ Suiveur. | ■ Capacité à coopérer et à reconnaître ses propres limites. |
| ■ Autocritique. | ■ Capacité à reconnaître ses faiblesses. |
| ■ Indigne. | ■ Capacité à laisser à l'autre la place de s'exprimer. |
| ■ Insignifiant. | ■ Capacité à respecter les hiérarchies et le protocole. |

Transformer l'ego névrotique nécessite de renforcer l'estime de soi, l'assurance et les capacités coopératives. La difficulté est de prendre sa place tout en restant connecté. C'est tout le travail psychologique qui se fait quand on devient adulte, et qui rend possible l'intimité.

L'ego arrogant et l'ego déprimé ou appauvri sont en réalité les deux revers d'une même médaille. L'ego névrotique a d'ailleurs parfois été appelé le « roi bébé ». Comme un roi, l'ego arrogant est persuadé de posséder un droit divin, légitime, à tout contrôler, à être aimé et respecté de tous et à occuper la première place ou centrale en toutes circonstances. Comme un bébé, l'ego déprimé semble démuni et sans défenses tout en ayant la capacité de mobiliser son entourage autour de ses besoins. Étant le centre de l'attention des autres, il contrôle leur comportement et a droit à un traitement spécial. Pour être adulte sur le plan moral (et psychologique), il faudra déposer l'ego royal et laisser grandir l'ego infantile. Les aspects névrotiques de l'ego se caractérisent par une estime de soi exagérée ou, à l'inverse, déficiente. L'ego sain, comme la vertu, se trouve à mi-chemin.

L'ego névrotique, qu'il soit surdimensionné ou déprimé, a du mal à exprimer et à recevoir les cinq A, le premier parce qu'il est imbu de son statut et convaincu de tout contrôler et le second parce qu'il est trop blessé et angoissé pour oser les demander. Comme l'intimité s'appuie sur l'échange des cinq A entre les deux partenaires, on peut donc se demander si l'amour est envisageable pour l'ego non transformé.

## Transformer l'ego déprimé

La victime change à partir du moment où elle admet son pouvoir, le suiveur lorsqu'il fait preuve d'indépendance dans ses décisions, l'autocritique dès lors qu'il assume ses responsabilités, l'indigne et l'insignifiant quand ils renforcent leur estime de soi et acceptent qu'on puisse les apprécier.

Pour changer, il faut s'obliger à se comporter et à penser à l'inverse de ses habitudes. Avec le temps et une pratique régulière, nos attitudes se modifient pour s'accorder à notre nouvelle façon d'être. Si vous appartenez à l'une des catégories ci-dessus, réfléchissez à un plan d'action. Si vous êtes une victime, assumez vos choix et cherchez comment vous pourriez améliorer ce que vous ne pouvez pas changer. Pour sortir du rôle du suiveur, exprimez-vous dès que la situation ou la relation ne vous convient pas. Pour cesser de vous sentir coupable de tout, assumez vos responsabilités, mais sans oublier de prendre en considération la marge de manœuvre qui était la vôtre au moment de l'action.

Décider de croire en sa valeur et en ses capacités adultes, c'est opérer un choix qui relève à la fois du psychologique et du spirituel. Le limité accueille l'illimité. Le sentiment d'une plénitude consciente est de plus en plus manifeste dans notre quotidien. L'amour, la sagesse et la bienveillance que nous faisons rayonner dans notre vie s'étendent aux autres. C'est pourquoi les choix personnels ont des répercussions morales et un travail sur soi profite à l'univers entier.

## Les richesses de l'ego et comment les trouver

L'ego déprimé feint l'humilité pendant que l'ego boursouflé affecte la confiance en soi, l'orgueil, la splendeur. L'ego sain, lui, montre un respect de soi authentique et, en gratifiant les autres des cinq A, un amour inconditionnel.

L'amour inconditionnel s'appuie sur la pleine conscience : nous devons abandonner nos attentes, peurs, hontes, besoins de vengeance, d'agrippement, de faire du mal ou de nous transformer en victime ainsi que les exigences de l'ego prétentieux et apeuré qui empêchent l'intimité. Cette tâche est difficile car elle va à l'inverse de la construction de l'ego à laquelle nous avons en général été encouragé et il faut plus qu'un travail psychologique pour la mener à bien. L'ego névrotique n'a aucune raison de renoncer à lui-même. Seule la grâce, une force au-delà de l'ego, peut l'y pousser. Une transformation spirituelle est donc nécessaire au travers de l'amour, de la sagesse et du pouvoir de guérison qui sont les qualités du Soi.

D'habitude, nous méprisons, rejetons ou désavouons les qualités du Soi. Alors que l'ego est *existentiel*, lié aux vicissitudes du moment présent, prisonnier du drame et de l'addiction, le Soi *essentiel* n'est pas affecté par les circonstances de l'existence ou les attachements personnels. Le Soi éprouve quelque chose qui ressemble au vide et nous fait peur. Mais si nous demeurons dans le Soi avec le vide, nous parvenons à atteindre la plénitude. Le vide devient la porte qui mène vers une richesse plus importante à côté de laquelle nous passions jusque-là. En se libérant des drames de l'ego, on gagne la liberté d'entrer en contact avec son âme, une âme sœur qui n'a pas son pareil.

Si le fonctionnement de l'ego a un but névrotique, offrant distractions et consolations contre les atteintes de la réalité et du changement, la pleine conscience est une pause, un moment de repos délibéré entre distraction et consolation. Elle est la seule à pouvoir mettre un terme à l'obsession et à la compulsion qui empêchent l'amour de s'épanouir.

## Dire oui à ce que nous n'avons pas le pouvoir de changer

Se libérer de l'ego névrotique, c'est finir par accepter les données de l'existence et se voir non pas en victime ou combattant des données de la réalité, mais en adulte qui leur fait face avec honnêteté. Ces données sont au nombre de cinq : tout change et a une fin ; la vie n'est pas toujours juste ; la croissance se fait au prix de la souffrance ; les choses ne se déroulent pas toujours comme prévu ; les gens ne sont pas toujours loyaux ni aimants*. Les accepter implique d'abord d'admettre sa vulnérabilité. Renoncer à ce que nous considérons comme notre droit à l'immunité, c'est être prêt à accueillir l'amour et à être enfin heureux.

Quand nous comprenons que les données de l'existence, aussi rudes soient-elles, ne sont pas une punition mais les composantes de la profondeur, de l'amour et du caractère, nous devenons capable de nous affranchir de l'idée que nous sommes invincible (ou devrions l'être) : « Ce n'est pas possible qu'un truc pareil m'arrive ! » ou « Comment osent-ils me faire ça, à moi ? » se transforment en « Tout ce qui est humain peut m'arriver et je ferai de mon mieux pour y faire face ». La force qu'il faut rassembler pour affronter les difficultés est directement proportionnelle à notre capacité à nous libérer de notre sentiment de dû.

Une fois que l'on a cessé son combat contre les circonstances pour les accepter, on se sent serein, on change ce qui peut l'être et on fait avec le reste. Ce faisant, on construit les fondations d'un respect de soi solide, qui est une alternative saine au sentiment de dû. Cela implique

* Ces cinq données de l'existence font l'objet d'un autre ouvrage de David Richo, *Les cinq choses qu'on ne peut pas changer dans la vie*, Paris, Payot, 2010. [*N.d.T.*]

notamment d'établir et de préserver ses frontières pour éviter que les autres n'abusent de nous. Cependant, si le respect de soi est bien une force, il ne nous rend pas tout-puissant. Il triomphe de notre peur de manquer. Nous sentons l'amour et la liberté jaillir de nous en abondance.

Jung nous suggère d'accueillir par un oui inconditionnel ce qui est, sans récrimination ni reproches, car ce faisant, nous accédons au meilleur de la religion et de la psychologie des profondeurs. Voyons comment au travers de nos cinq données :

*Tout change et a une fin* – et pourtant tout peut être renouvelé. Savoir cela nous fait entrer dans l'archétype de la résurrection.

*La souffrance fait partie de la croissance* – et pourtant nous ne cessons de trouver des moyens de faire jaillir le bien du mal. Cela ouvre sur l'archétype de la rédemption.

*Les choses ne se déroulent pas toujours selon nos plans* – et pourtant il est possible de trouver la force de caractère pour dire oui à ce qui est et remercier pour ce qui a été. Cela conduit à l'archétype de la synchronicité et d'un projet divin qui fait de notre destinée un projet plus vaste que nous ne l'avons jamais imaginé.

*La vie n'est pas toujours juste – et pourtant, nous pouvons nous montrer juste et même généreux*. Cela nous donne un sentiment de justice et renforce notre volonté de nous battre pour la faire régner en respectant les archétypes du karma, de la rédemption et du pardon.

*Personne ne se montre toujours aimant ni loyal – et pourtant cela ne nous empêche pas de faire preuve d'amour et de loyauté sans jamais perdre espoir au lieu de chercher à nous venger*. C'est le chemin vers l'archétype de l'amour inconditionnel.

Ainsi, les données de la vie – lieu de nos peurs les plus profondes – se révèlent être la condition indispensable à l'évolution personnelle et à la compassion. Elles sont comme la loi, sévères mais sans cruauté. La pleine conscience, c'est tout simplement accueillir ce qui est par un oui inconditionnel, c'est une fidélité à la réalité sans succomber aux états d'esprit séditieux et tentants. Le fait d'accepter chaque donnée existentielle marque une étape dans notre cheminement ; les aborder les unes après les autres au lieu de vouloir les combattre nous prépare pour le voyage héroïque qui nous attend. En grandissant, nous renonçons aux prétentions de l'ego à être exempté de ce qui constitue un héritage universel. La souffrance apparaît quand nous adoptons une position agressive et revendicatrice à l'égard des conditions de l'existence. L'ego est souffrance. Les situations difficiles conduisent vers la libération.

Le raisonnement dynamique qui va de la thèse à l'antithèse puis à la synthèse nous aide à comprendre le processus à l'œuvre : la thèse, ce sont les conditions elles-mêmes et la haine que nous en avons ; l'antithèse, c'est notre oui inconditionnel. Et la synthèse, c'est notre transformation qui se sert des données de l'existence pour grandir.

Nous pensons parfois que nous sommes seul, ce qui rend les données terrifiantes et paralysantes. Quand nous cherchons à comprendre pourquoi les choses changent, pourquoi l'innocent souffre, pourquoi les autres nous font du mal, nous ressentons un profond désespoir et une grande amertume. Mais quand nous accueillons les faits et disons oui aux données de la vie, nous comprenons que tout cela n'a rien à voir avec un quelconque destin, mais avec la réalité et son riche potentiel. Les données nous relient au reste de l'humanité et nous enracinent dans ce qui est en pleine conscience, non dans les attentes et désirs de l'ego. La spiritualité, ce n'est pas tant la transcendance du monde qu'une participation plus grande au monde.

Maintenir une attitude ouverte face aux données de l'existence, tel est le secret pour traverser les crises avec équanimité. Dire oui aux conditions mortelles de l'existence, c'est automatiquement dire oui à chacune de ses possibilités immortelles. En ce sens, accueillir la vie par un oui inconditionnel est un moyen de trouver l'éternité au sein du temps.

On dit oui en exprimant les cinq A en pleine conscience. Comme témoins de ce qui est, nous portons notre *attention* sur les changements et les fins, les échecs, l'injustice, la souffrance, les trahisons occasionnelles auxquelles nous sommes confronté. Nous *approuvons* tout cela comme une donnée de l'existence humaine. Nous en *apprécions* la valeur pour notre développement. Nous portons un regard *affectueux* sur ce qui est et ce qui a été. Nous *autorisons* les événements et les individus à être eux-mêmes.

Associer ainsi la pleine conscience aux cinq A contribue à renforcer la confiance en soi parce que nous voyons qu'il est possible de faire face à la réalité telle qu'elle est, sans la fuir ni l'enjoliver. Cela améliore notre capacité à l'intimité parce que c'est le moyen d'être présent avec attention, approbation, appréciation, autorisation et affection. En reconnaissant ainsi qu'il existe un monde au-delà de nos désirs et de nos manipulations, nous prenons pied dans la réalité. Cela nous apprend à aimer le moment présent qui est tout ce que nous avons, et à aimer dans le moment présent avec tout ce que nous sommes.

Dire oui aux conditions de l'existence nous console de notre aliénation existentielle et crée un merveilleux terreau pour l'intimité. L'ego n'est plus contraint d'intégrer le Soi, il s'y associe volontairement et avec joie car il est soulagé d'apprendre qu'il existe une alternative à la souffrance générée par la peur, l'attachement, le contrôle et l'arrogance. C'est ce que signifie cette phrase de Rilke quand il écrit à son propre ego : « Comme j'aimerais te voir assiégé… même si je devais pour cela attendre des années. »

Nous avons donc le choix entre deux chemins dont l'un, selon les bouddhistes, mène au bonheur et à l'éveil au cœur même de l'existence terrestre. Pour Jung cependant, même la personne la plus saine ne peut échapper à la souffrance ni à l'ombre. Le défi est donc d'embrasser notre dualité avec joie.

## Pratiques

### Au-delà du ou/ou

L'incertitude met l'ego si mal à l'aise qu'il ne peut s'empêcher de voir les choses en noir ou blanc, gain ou perte. Quand nous parvenons à garder tout simplement au cœur et à l'esprit les opposés qui nous font face, nous apprivoisons l'ambiguïté de notre lot terrestre. C'est une forme de confiance consciente. Être pris dans les polarités créées par l'arrogant ego, c'est vivre dans la peur. La disparition de l'ego, à l'inverse, permet l'émergence d'un amour universel.

C'est ainsi qu'en renonçant au contrôle, les ou/ou de notre vie peuvent se transformer en et/et : « Je dois m'occuper de tout ou rien ne tiendra la route » devient « Je fais ce que je peux, advienne que pourra ». Cela nous libère en transformant notre peur de la spontanéité en une acceptation de cette peur *et* de tout ce qui peut advenir en dehors de notre contrôle. Dressez un tableau où vous inscrirez dans la colonne de gauche tous les ou/ou de votre existence et dans la colonne de droite de quelle façon ils peuvent devenir des et/et. Montrez-le à votre partenaire ou à votre meilleur ami et réfléchissez ensemble à la manière de mettre les et/et en pratique. Demandez-lui de vous soutenir dans cette entreprise qui peut paraître effrayante.

Et si tous les regrets que nous nourrissons par rapport au passé et peut-être même la honte qui leur est associée étaient liés à notre façon de penser et aux choix que nous avons faits sous l'influence du ou/ou ? Notre travail consiste à reconnaître notre honte et notre regret et à nous pardonner. Pouvez-vous imaginer à quel point votre énergie est absorbée par les regrets du passé ? Vous donnerez-vous la possibilité d'accéder à votre part de bonheur en accomplissant le travail nécessaire au dépassement de tout cela ? Notez vos regrets par rapport au passé et cherchez comment les surmonter. Si besoin, demandez de l'aide autour de vous.

## Devenir non violent

L'assurance, comme tout acte parfait, « ne laisse pas de traces derrière elle » ainsi que l'affirme le proverbe zen. L'ego, à l'inverse, génère rancœur et jalousie. Dans le sermon au mont des Oliviers – la version chrétienne de la dissolution de l'ego –, Jésus aborde directement cette question quand il dit : « Si quelqu'un vous force à l'accompagner pendant un kilomètre, faites-en deux. » La personne équilibrée est celle qui n'hésite pas à dire ce qu'elle pense face à l'injustice et qui cherche à ce qu'elle soit réparée en se concentrant sur le fait objectif (l'injustice) et non sur l'interprétation personnelle qu'elle en a (l'affront). Le *sentiment d'affront* trahit l'intervention de l'ego névrotique. D'ailleurs, ce mot n'a pas de sens pour l'ego adulte et équilibré qui repousse les insultes sans violence, les enregistrant comme une information sur la colère agressive qui habite son interlocuteur dont la frustration peut même engendrer la compassion. Prenez l'engagement (d'abord en vous-même puis à voix haute auprès de votre partenaire) de ne plus répondre à l'injustice par la vengeance, mais de chercher à créer la réconciliation.

L'ego indigné est sournois. Face aux blessures ou à la déception, il cherche parfois à se venger par des moyens indirects. Si vous vous surprenez à espérer que votre partenaire ait des problèmes prochainement, admettez-le et demandez pardon. Quand elle vient du cœur, l'humilité peut vous libérer de cette forme subtile de vengeance. Même si reconnaître les faits est embarrassant, c'est de cette honnêteté que pourra jaillir l'amour sans intervention de l'ego.

## Transformer notre besoin d'avoir raison

Le besoin d'avoir raison naît de notre peur de ne plus être approuvé : « Si j'ai tort, pensons-nous, je perds mon identité et du même coup tout droit à l'approbation. » Il peut prendre la forme d'une incapacité à accepter la critique (alors volontiers assimilée à une insulte), d'une volonté de justifier ses décisions ou ses actions par la nécessité ou l'absence de choix à la moindre demande d'explication ou d'une insistance excessive pour obtenir des excuses. De telles réactions sont automatiques – autrement dit, inconscientes – pour la plupart d'entre nous. Être adulte, c'est prendre davantage conscience de l'omniprésence de l'ego dans nos comportements, pensées et motivations. « C'est moi qui ai raison et il faut faire comme ça » peut se transformer en « Je négocie pour que nous gagnions autant l'un que l'autre. Je recherche ce qui est vrai et je pars de là ». Accepter que les autres gagnent génère aussi de la sécurité dans la proximité qui nous faisait peur.

## Transformer l'autojustification

Cela revient à affirmer dorénavant : *J'autorise les autres à se faire leur propre opinion de moi sans chercher à la corriger ou à leur faire bonne impression. Une telle démarche inclut de nommer la réalité des événements telle qu'elle est sans faire de reproches.* « Il/elle m'a quitté(e) » remplacera « Il/elle a eu tort de me quitter. C'est vraiment trop injuste ».

Quand on décide d'aller dans cette direction, on se rend compte qu'on n'a plus besoin de répondre aux remarques sournoises par des sarcasmes. À la place, on prend conscience de la souffrance et du caractère défensif qui se cachent derrière les commentaires mesquins et on éprouve de la compassion pour qui en est à l'origine. Les répliques sardoniques, même sous couvert de plaisanterie, dissimulent une colère refoulée, autre exemple d'un mode de fonctionnement par vengeance. L'adulte sain s'efforce de faire appel à la réconciliation car il comprend désormais la souffrance qu'il inflige en cherchant à blesser comme celle qui se dissimule derrière les blessures causées par d'autres. Ayant un besoin bien moindre de l'approbation des autres, il cesse de la rechercher. Le regard qu'il porte sur lui-même ne vient plus de l'extérieur où errent les ego effrayés, mais de l'intérieur, là où réside le Soi. Promettez-vous de cesser une bonne fois pour toutes vos recours à ces armes de réaction passives-aggressives que sont sarcasmes, moqueries, piques, ironie mordante, persiflages, railleries et autres mots d'esprit acérés. Prenez cet engagement d'abord envers vous-même puis devant votre partenaire.

## Se libérer du sentiment de dû

Répondez en silence aux questions ci-dessous : pensez-vous être en droit d'attendre que les choses se passent comme vous le voulez ; que l'on vous dise la vérité ; que tout le monde vous aime, s'occupe de vous et vous apprécie ; que l'on tienne les promesses qu'il est normal que l'on vous fasse ; de bénéficier d'un traitement de faveur et d'une attention particulière dans toutes vos entreprises ? Derrière ces attentes se cachent les raisonnements suivants : « Les promesses sont faites pour être tenues », « Je suis à part », « C'est impossible que cela m'arrive à moi » et « Comment osent-ils ? ». De telles pensées peuvent cacher la peur de manquer : « Je n'en aurais pas assez », « On ne me donnera jamais ce à quoi j'ai droit », « Je ne parviendrai jamais à survivre en tant qu'individu si je dois ressembler à tout le monde ». Penser ainsi, c'est faire fi de deux faits essentiels de l'existence : rien n'est jamais juste et l'égalité n'existe pas.

Le sentiment de dû peut prendre la forme d'attentes, de réactions excessives quand on a l'impression de se faire avoir, de la conviction que l'on vous doit quelque chose ou que l'on est victime d'un complot. Le meilleur exemple de cette caractéristique de l'ego, c'est la réaction que l'on a lorsqu'on vous fait une queue de poisson en voiture : est-ce que la première réaction sur le mode « Comment ose-t-il/elle me faire ça » tourne à la poursuite frénétique et vengeresse ? Est-ce que cela vous reste sur l'estomac et vous poursuit tout le reste de la journée ? La soif de vengeance et l'indignation indiquent un ego arrogant, narcissique – et fondamentalement terrorisé. Mais derrière le sentiment furieux d'humiliation se dissimule la tristesse de ne pas avoir été traité avec l'amour et le respect auquel on estime avoir droit. Ce que nous aurions vraiment voulu dire à celui qui nous a coupé la route c'est : « Comment osez-vous ne pas me témoigner le respect qui m'est dû ! Comment osez-vous ne pas m'aimer ? » En secret, l'ego pense avoir toujours le droit à ça. Faites-vous la promesse d'exprimer directement votre demande d'amour à chaque fois que vous vous surprendrez à succomber à l'une des manifestations de l'ego décrites dans ce chapitre.

## Tomber les masques

L'égocentrisme peut être transformé en une appréciation et un amour de soi sains et équilibrés, à commencer par l'envie que les moindres de nos paroles, faits et gestes portent la marque de notre moi authentique. Il est possible que l'on se dise au fond de soi : « S'ils savaient vraiment qui je suis, ils me détesteraient. » Et pourtant n'est-ce pas plutôt la forme que le fond, ce qu'on cache que ce qu'on découvre qui risque de nous aliéner les autres ? Celui qui admet ses limites et ses faiblesses avec candeur désarme. Quand on comprend cela, on voit qu'il n'est pas utile de continuer à faire semblant et que c'est peut-être le moment de laisser affleurer la vérité de son être. L'adulte sain laisse tomber la pose pour la sincérité, il veut être « ex-posé » de façon à pouvoir agir en toute liberté sans avoir besoin d'inventer ou de protéger une image qu'il a créée de toutes pièces. Êtes-vous prêt à vous montrer impitoyable dans votre entreprise de libération de l'ego ?

Si nous avons peur de nous mettre à nu, c'est avant tout en raison de l'un des cinq A : nous redoutons de ne pas être *accepté* si nous exposons aux autres quelque chose qui pourrait leur déplaire, leur sembler déplacé ou les troubler. Nous étions sans doute très jeune quand nous avons décidé que le mieux pour continuer à recevoir les cinq A, c'était de mettre en avant ce qui est accueilli avec un sourire approbateur et de dissimuler le reste.

Est-ce que vous vous reconnaissez dans la description précédente ? Racontez par écrit des expériences semblables venues de votre enfance et de votre passé proche. Faites-vous la promesse de tomber les masques dans votre couple et évaluez votre degré de confort/malaise par rapport à cela sur une échelle de un à dix. Cela vous permettra de mesurer la confiance qui règne dans votre relation. Faites part de vos observations à votre partenaire.

## Cesser de bouder

Si vous vous surprenez à bouder comme un enfant quand les choses ne se passent pas de la façon dont vous l'espériez, appliquez la méthode ADA ci-dessous pour desserrer la prise de l'ego :

- Admettez votre attitude auprès de la personne devant qui vous boudez.
- Demandez ce que vous voulez directement, mais sans l'exiger.
- Accueillez le « oui » avec gratitude et le « non » avec amusement.

## Prendre rendez-vous pour un audit de l'ego

Tout au long de ce livre, je vous ai recommandé d'être attentif/ve aux réactions que suscitent vos comportements et manières d'être. L'adulte a à apprendre de tous et à ne craindre de personne : plutôt que de faire preuve d'une attitude défensive qui prive d'un accès à de précieux renseignements, empêche d'évoluer et ôte toute possibilité de gagner en intimité, partez à la recherche de la vérité qui se trouve dans ce que les autres ont à vous dire et qui vous sera utile. Écoutez-les : rien ne désarme tant que la réceptivité. Vous verrez qu'accepter les feed-backs avec grâce se révèle être un bon moyen pour recevoir plus d'amour. Prenez l'engagement, d'abord envers vous-même puis auprès de votre partenaire, de rechercher et d'accueillir dans un esprit d'ouverture ce que les autres ont à vous dire sur les manifestations de votre ego.

## Se libérer du reproche

Les reproches et les critiques recouvrent souvent des besoins qui n'ont pas été exprimés ou satisfaits. Nos besoins essentiels attendent d'être comblés derrière toutes les couches qui recouvrent l'ego : peur, attachement, contrôle, plainte et défenses. Les énoncer au lieu de reprocher aux autres de ne pas les satisfaire conduit à une ouverture et à une vulnérabilité ouvrant sur une intimité authentique. Considérez votre tendance au reproche comme le signal d'un besoin en souffrance et remplacez vos critiques par une formulation claire de ce que sont réellement vos attentes. Transformez votre sempiternel « Tu as eu tort de te comporter comme cela » en « J'ai besoin de ton attention, approbation, appréciation, affection ou autorisation ».

Essayez de passer du mode critique (« Tu devrais arrêter de fumer ») au mode affirmatif, bienveillant et plein d'espoir (« Pourvu que tu trouves la force d'arrêter de fumer ») et utilisez la même technique face à l'autocritique (« Je sais que j'en suis capable et j'espère que je vais réussir à trouver le déclic »). *C'est la voie royale pour se libérer des instincts vengeurs de l'ego*. Cela signifie aussi qu'en toutes circonstances nous laissons les autres être rattrapés par les conséquences de leurs actions – ou non. Nous n'imposons pas notre jugement et nous gardons même de le formuler. N'étant ni des juges ni des bourreaux, nous nous contentons d'être des témoins attentifs et justes, y compris face aux actes les plus graves. Nous ne nous réjouissons pas qu'« ils aient eu ce qu'ils méritaient ». Nous espérons simplement qu'ils s'éveilleront un jour.

## Au-delà de nos défauts

Dans le bouddhisme, les « six poisons » que sont l'orgueil, l'envie, le désir, la cupidité, l'ignorance et l'agression sont des vices de l'ego qui nous maintiennent prisonniers de la roue du *samsara*, le monde des incessantes renaissances. On s'en libère en faisant des choix qui émanent de la partie la plus éveillée de l'ego. Ainsi, l'orgueil cède le pas à l'humilité, l'envie à la joie devant le bonheur des autres, le désir à la satisfaction devant ce que nous avons, la cupidité à la générosité, l'ignorance à la volonté de s'instruire et de progresser et l'agression à la compassion non violente. C'est ainsi que le royaume empoisonné de l'ego se transforme en un lieu où l'éveil devient possible.

Prenez une feuille de papier et dessinez un tableau à deux colonnes. Dans celle de gauche, inscrivez les six poisons et la forme qu'ils prennent chez vous. Dans la colonne de droite, décrivez ce que vous ressentirez quand vous en serez délivré.

## Admettre

Dans un couple, la pratique d'une justice attentionnée et aimante ne vise pas à rétribuer, mais à restaurer pour permettre d'aller de l'aliénation à la réunion quand les plaies auront cicatrisé. Cultivant ainsi une vulnérabilité saine, on contribue à une diminution de l'ego et on réduit le risque de comportements blessants à l'avenir.

Sur le plan spirituel, être adulte implique un examen de conscience régulier et le besoin de réparer quand c'est possible. L'alternative – que tout le monde est mauvais sauf nous – nous donne un droit sinistre à la vengeance et à la punition.

La confiance peut commencer à apparaître dès lors que nous reconnaissons que nous ne sommes pas parfait. Dans un couple, les deux partenaires admettront leurs écarts respectifs en suivant un parcours en six étapes :

1. Admettez que vous n'avez pas toujours été le miroir de votre partenaire et avez manqué d'attention, d'approbation, d'appréciation, d'affection ou de capacité à autoriser son individualité à s'exprimer librement. Avez-vous refusé d'affronter les difficultés, de les traiter et de chercher à les surmonter ? Avez-vous fait passer égoïstement vos problèmes avant ceux de votre couple, manqué de respect, menti, trahi, rejeté la tendresse qui vous était manifestée, été critique ou cupide, laissé la colère vous envahir jusqu'à la violence, déçu votre partenaire, foulé aux pieds des promesses, refusé de reconnaître vos responsabilités, médit, violé l'intimité de votre partenaire, manipulé ou contrôlé, trompé, exercé votre vengeance, etc. ? Vous dresserez cette liste après un examen de conscience approfondi et armé de la volonté de reconnaître vos torts et de travailler. Le reste de l'exercice se fait en couple.

2. Admettez vos défaillances devant votre partenaire. Cette démarche fait appel à un mélange touchant de fierté et d'humilité. La dimension toxique de quelque chose qui vous fait honte ne se trouve pas tant dans l'horreur factuelle que dans la dissimulation. Garder le secret est plus dommageable pour vous que le fait lui-même. Le tragique, c'est que plus vous enfouissez votre souffrance, plus il vous sera difficile de vous soulager.

3. Exprimez votre tristesse et vos regrets.

4. Présentez vos excuses à votre partenaire (un comportement autodestructeur – comme par exemple Œdipe se crevant les yeux – est en réalité une forme de

vengeance exercée aussi bien contre soi que contre l'autre et encore un vilain tour de l'ego).

5. Engagez-vous à ne pas répéter votre comportement. Le cas échéant, demandez à votre partenaire de vous faire un feed-back régulier si vous avez peur de ne pas réussir à vous contrôler seul.

6. Appréciez la chance d'avoir pu partager ce moment et remerciez votre partenaire.

Ces six étapes permettent de désarmer la colère de son partenaire et de susciter le pardon qui est la réaction naturelle et automatique au repentir.

Il existe un modèle en trois étapes qui consiste à admettre, s'excuser et rectifier. Un peu moins lourd, il peut être utilisé dans des circonstances moins « solennelles », par exemple lors d'un dîner de famille où vous vous rendez compte que votre comportement a blessé quelqu'un. Notre ego préférerait se défendre et oublier, mais il est important de reconnaître la souffrance que l'on a pu provoquer en dépit de nos bonnes intentions éventuelles. Quand on aime, c'est l'impact de nos actions sur les autres qui compte avant toute autre chose. *Le but de tout notre travail est de remplacer un comportement motivé par l'ego par une réaction d'amour*.

Certains d'entre nous ont reçu une éducation religieuse dans laquelle la confession était suivie de pénitences indiquées par un prêtre pour réparer les péchés commis. Dans l'approche que je vous propose, vous assumez vos responsabilités en proposant réparation à ceux que vous avez blessés. Ce n'est pas une punition que vous vous infligez, mais une façon adulte de se racheter et de se libérer de la culpabilité. L'humilité est à la base de toute transformation et les relations amoureuses sont de formidables laboratoires spirituels car elles nous rendent toujours plus humbles. Et quand un jour nous faisons le *choix* de cette humilité, c'est qu'une vertu a fait son chemin en nous.

Quand on est blessé, on se sent souvent victime. Dire, sur un ton accusateur : « Tu m'as fait cela », c'est s'isoler et mettre l'accent sur la polarité. Mais quand vous comprenez que nous avons tous des tendances et des comportements similaires, vous remettez du lien : dire ou penser « Je suis comme toi » n'excuse pas l'abus, mais aide à trouver un chemin vers un échange compassionnel et la réconciliation.

## Développer la compassion

La vanité et le sentiment de dû (« gros ego ») peuvent être des tentatives désespérées de préserver un sens du Soi en pleine décomposition et de maintenir à distance la menace d'annihilation que l'on sent planer (selon Freud, l'« ego est le siège de l'angoisse »). La prochaine fois que vous serez confronté à l'arrogance, prenez conscience de la souffrance et de la peur qui se cachent sous le masque de la toute-puissance et transformez votre colère en compassion. Celle-ci devient possible dès lors que nous comprenons aussi que les boursouflures de l'ego ont leur origine dans une enfance carencée en nourritures affectives. L'enfant qui a été humilié, insulté, ridiculisé, critiqué méchamment, etc., aura tendance à reproduire ce comportement une fois adulte dans une tentative poignante et pathétique de montrer au monde à quel point et de quelles façons il a été blessé autrefois. Malgré leur attitude détestable, ce sont pourtant eux qui ont le plus besoin d'amour (les cinq A offrent une pratique pour se libérer de l'ego et se montrer compatissant). La victoire de l'amour rend les sirènes de l'ego beaucoup moins attirantes. Efforcez-vous de prendre conscience des moments où vous assistez à une inflammation de l'ego chez les autres. Au lieu de les suivre dans la même voie, faites appel à la tendresse et à un amour désarmant. C'est ainsi que l'on parvient à transformer les réflexes de compétition et à prendre de la distance pour ensuite mieux se rapprocher.

## Se libérer de l'ego pour pouvoir aimer

Les habitudes de l'ego – peur, agrippement, censure, contrôle, attachement aux résultats, préférence, plainte, préjugé, défense – sont des *interférences*. Elles viennent contrarier l'expérience du réfléchissement en miroir tout en protégeant et en renforçant l'ego. Réagissez par écrit aux questions suivantes après une séance de méditation : est-ce que ma pratique méditative m'aide à dépasser les interférences de l'ego ? Me montre-t-elle que j'ai en moi la capacité qui m'est nécessaire pour observer les sentiments et comportements des autres sans l'intervention des aspects dramatiques de mon ego névrotique ?

Complétez votre travail par les affirmations ci-dessous : Je suis attentif aux moments où c'est mon ego qui parle et qui agit et je présente mes excuses. Je choisis d'agir et de me libérer de ma tendance à avoir peur, m'agripper, me plaindre, contrôler, censurer, etc. Je demande à mon entourage de me signaler chaque manifestation de l'ego qu'ils constateraient à travers mes paroles ou mes actions. C'est le chemin qui conduit à une fidélité indéfectible à la vérité. C'est aussi le moyen de se libérer de sa souffrance – celle que l'on vit comme celle que l'on cause.

## Devenir présent

La pleine conscience amène à être présent en étant débarrassé des habitudes qui figurent dans la colonne de gauche du tableau qui suit. Ces artifices dramatiques élaborés par l'ego nous empêchent d'accéder à une véritable intimité, à tout le poids de l'ici et maintenant qui est notre lot et à une compréhension complète de nous-même et de notre partenaire. Nous nous interdisons d'être vraiment présent à nous-même et aux autres. De fait, on peut les considérer comme une forme de violence. À l'inverse, les habitudes indiquées dans la colonne de droite – par exemple la pleine conscience – sont des formes de non-violence.

La terreur qui s'abat sur nous dans les moments de crise vient de l'impuissance que l'on ressent (Joseph Campbell définit l'enfer comme le fait d'être « prisonnier de son ego »). Nous échapperons à l'anéantissement qu'engendrent les crises à la seule condition de nous être libéré des causes de notre effondrement (indiquées dans la colonne de gauche du tableau) grâce à l'élaboration d'habitudes alternatives (colonne de droite). Ce sont les clefs de l'équanimité, d'une existence heureuse et de notre capacité à traverser l'adversité. La pleine conscience est donc une réaction saine et non dramatique aux stress de la vie et aux difficultés qui surgissent au sein d'un couple. Remarquez comme les habitudes décrites dans la colonne de l'ego névrotique, diminuent notre capacité à faire face à la réalité et renforce l'emprise de celle-ci sur nous.

| *Les mauvaises habitudes de l'ego névrotique* | *L'alternative saine de la pleine conscience* |
|---|---|
| ■ Peur et défense. | ■ Vigilance. |
| ■ Cupidité et insatiabilité. | ■ Ne désirer que le nécessaire et le partager. |
| ■ Interprétation subjective. | ■ Ouverture d'esprit. |
| ■ Jugement, préjugé. | ■ Jugement équilibré et juste. |
| ■ Censure. | ■ Ouverture et accueil. |
| ■ Reproches, culpabilisation. | ■ Jugement équilibré et juste. |
| ■ Attachement à un résultat. | ■ Persévérance (l'intention prime sur le résultat). |
| ■ Contrôle. | ■ Coopération. |
| ■ Punition/rétribution. | ■ Reconnaître ses faiblesses, s'excuser et pardonner. |
| ■ Exigence. | ■ Demande. |
| ■ Attentes. | ■ Accord. |
| ■ Analyse. | ■ Contemplation, observation. |
| ■ Comparaison ou évaluation en fonction d'un modèle de perfection. | ■ Acceptation de ce qui est, prise en compte de la réalité. |
| *Telles sont les élaborations de l'ego dysfonctionnel et isolé.* | *Telles sont les collaborations d'un ego sain en relation avec les autres.* |

Servez-vous du tableau pour faire le point sur le regard que vous posez sur votre partenaire ou les difficultés auxquelles vous êtes confronté ces temps-ci. Remarquez comme la plupart des problèmes ou souffrances au sein d'un couple sont provoqués par une attitude ou une conviction qui trouve son origine dans l'une des tendances figurant dans la colonne de gauche. Les habitudes de l'ego névrotique résultent d'un conditionnement dont sont exempts tant l'amour inconditionnel que la pleine conscience. C'est ainsi que cette dernière est directement liée à un amour mature et adulte. Elle est une libération des conditions de l'ego.

## Pratiquer le lojong

La pratique du lojong, discipline mise au point au XIIe siècle par Geshe Langri Tangpa pour résumer les concepts bouddhistes et qui fait aujourd'hui partie du bouddhisme tibétain, permet de faire diminuer l'ego et de voir chacun comme un ami précieux. Cet enseignement s'articule autour d'un principe central : « Face à l'injustice et aux insultes, puis-je accepter ma défaite et offrir aux autres la victoire ? » En cultivant la compassion et en dépassant l'illusion d'un Soi indépendant, il est possible d'aimer de cette façon humble. Les implications de cet enseignement exalté pour la vie amoureuse sont évidentes dès lors que l'on comprend que l'amour est tourné vers les autres, qu'il n'a pas de hiérarchie et qu'il n'y est pas question d'autonomie individuelle ni d'autojustification.

Voici un résumé des enseignements du lojong. Lisez tous les jours les affirmations suivantes à voix haute avec une pause méditative entre chacune :

> Faites que je considère tous les êtres comme précieux.
>
> Faites que je respecte toujours les autres comme mes supérieurs sans perdre mon estime de soi.

Faites que j'affronte mes ombres intérieures et les transforme en bien.

Faites que je témoigne de la compassion face à la souffrance que j'aperçois derrière le mépris.

Quand les autres me blessent, faites que j'aille au-delà de mon envie de vengeance tout en continuant à combattre l'injustice.

Faites que je sois capable de considérer ceux qui me trahissent comme des maîtres sacrés.

Faites que j'offre de la joie à tous les êtres et que je prenne en secret sur moi leur souffrance.

Faites que je sois libéré, ainsi que tous les êtres, du désir de gagner et de la peur de perdre qui sont des préoccupations de l'ego.

## Se façonner un ego sain

Porter sur soi-même le regard de la pleine conscience, se faire le cadeau des cinq A développe l'estime de soi. On y parvient en s'affirmant tel qu'on est :

> Je me regarde et je regarde ma vie sans peur de ce que je pourrais y voir ou y trouver et sur lequel j'aurais à travailler. Je me regarde sans censure, reproche ou honte, mais avec un sentiment de responsabilité pour toutes les fois où j'ai pu blesser les autres et je le regrette. Je m'accepte tel que je suis, sans tenter de corriger, transformer ou contrôler mes tendances naturelles et mes attributs. Je renonce à rechercher un résultat pour ce qui se produit dans ma vie aujourd'hui ou ce qui s'y produira dans le futur. Je m'autorise à vivre en accord avec mes besoins et désirs les plus profonds. Je m'aime tel que je suis et je m'occupe de moi. Je suis attentif à mon corps et à ce qu'il me dit de moi, des joies et des tensions du cadre dans lequel j'évolue. Je me suis libéré de la peur et de mes attentes. Je partage avec les autres les cadeaux que je reçois. Puissent tous les êtres trouver la paix du fait de mon travail, mes cadeaux et ma pratique.

## Et maintenant, c'est à vous

Revenez aux cinq données de l'existence figurant page 241 en ajoutant les vôtres ; donnez pour chacune par écrit des exemples tirés de votre propre expérience et dites oui à chaque fois de la façon suivante : « Oui, c'est arrivé et je traite cette expérience avec attention, approbation, appréciation, affection et je l'autorise à être ce qu'elle est/était. Je lui suis reconnaissant, car elle m'a fait grandir et j'éprouve de la compassion pour ceux qui la traversent aujourd'hui. Que tous les êtres accèdent au bonheur dans leur vie telle qu'elle est. »

Puis écrivez ou prononcez à voix haute la phrase suivante : « Tout cela demande du temps ; toutes ces données s'appliquent à moi aussi. Il n'y aura pas d'exemption, pas de traitement de faveur. Je suis totalement vulnérable à toutes les conditions de l'existence tout le temps, où que j'aille et quelles que soient mes qualités ; comprendre cela me déconditionne de l'illusion et du sentiment de dû. Dire oui aux données de l'existence me libère. Je les affronte au lieu de subir leur PACS. »

> « La sagesse, c'est comprendre qu'on n'est rien ; l'amour, c'est comprendre qu'on est tout. Ma vie est un mouvement entre ces deux pôles. »
>
> NISARGADATTA MAHARAJ

CHAPITRE 8

# La fin d'une relation

> « Nous accédons à l'ensemble de ce que nous sommes grâce aux relations amoureuses et à leur fin. »
>
> Sigmund FREUD

Rien de tel que de vivre la fin d'une histoire d'amour et d'observer ses réactions pour comprendre vraiment ce qu'est une relation amoureuse. Quand on commence une relation, on accepte implicitement qu'elle aura une fin, que celle-ci ait pour cause une séparation, un divorce ou la mort : chagrin et deuil font partie du « contrat » d'origine. Les événements douloureux, changements, transitions et pertes émaillent notre parcours terrestre.

La peine que nous ressentons au terme d'une relation vient du fait que nos besoins – et surtout les cinq A – ne sont plus satisfaits. On a l'impression de ne le ressentir qu'à la fin, mais sans doute cela s'est-il mis en place dès le début, et cela nous revient en mémoire ensuite. Nous ne l'avions pas remarqué parce que nous étions occupé à élever nos enfants, à tenir la maison, à aller au cinéma, à sortir, à faire l'amour. Le paradoxe, c'est que moins la relation était bonne, plus notre souffrance sera grande parce qu'au terme d'une histoire difficile, ce n'est pas seulement à notre partenaire que nous renonçons, mais à tout l'espoir et au mal que nous nous sommes donnés pour maintenir en vie quelque chose qui était déjà mort depuis longtemps. Malheureusement, nous pensions à tort que les cinq A étaient là quelque part en l'autre et qu'il nous suffisait de poursuivre nos efforts pour qu'ils surgissent un jour. Désormais, il nous faut admettre que ce jour ne viendra jamais.

La souffrance est d'autant plus vive que nous nous battons inutilement contre un dénouement nécessaire. L'agrippement est la composante douloureuse du lâcher-prise. Mais que lâchons-nous exactement ? L'idée que nous nous faisions de la relation et la prise de conscience de ce qu'elle n'était pas, ce que nous avons essayé d'en faire sans y parvenir, ce que nous avons en vain espéré qu'elle deviendrait, ce que nous avons cru y voir et qui ne s'y trouvait pas. Ce dernier élément est peut-être le plus douloureux : nous étions dans l'attente de quelque chose qui n'a en réalité jamais existé, ce qui fait d'autant plus mal quand cela réveille des souvenirs familiers d'expériences semblables vécues pendant l'enfance.

Je grandis quand j'admets que l'enfant que j'ai été, avec ses insatisfactions, sa solitude et ses aspirations, continue de vivre en moi une fois adulte et d'attendre des réponses. Nous acceptons volontiers l'idée que c'est lui qui me pousse à acheter ce paquet de goûters au chocolat à l'épicerie quand j'étais parti pour acheter des légumes, alors pourquoi ne se manifesterait-il pas ailleurs ?

C'est pourquoi le travail de deuil que l'on accomplit par rapport aux pertes enfantines (voir Annexes) s'applique-t-il aussi à la fin d'une relation amoureuse. Le fait que les sentiments éprouvés au terme d'une relation soient le plus souvent plus forts que ceux qui ont présidé à l'ensemble de l'histoire est bien le signe que notre chagrin ressemble à un chagrin antérieur et que nous revivons des pertes du passé. De nombreuses fins s'étaient accumulées en nous, attendant l'occasion de susciter nos larmes. Nous pleurons donc bien plus que la fin de cette relation.

Il est possible qu'au cours d'un dénouement douloureux ou au milieu d'une crise due à l'infidélité ou à la trahison de l'un des partenaires, notre pratique spirituelle et notre travail psychologique échouent à restaurer notre sérénité. Nos pensées obsessionnelles nous empêchent longtemps de méditer et l'analyse psychologique que nous faisons des événements se révèle n'être qu'un palliatif. Faut-il pour autant y voir une déficience dans notre programme ou notre pratique ? Je ne pense pas car l'afflux d'adrénaline que nous subissons alors les empêche l'un comme l'autre de fonctionner correctement. Si nous n'apprécions pas les opéras de Mozart ou *la Joconde* pendant cette période, en conclurons-nous que l'art ne sert à rien ? La souffrance transforme tout. C'est quand il est plongé dans le plus profond désespoir que l'ego montre son vrai visage : frustré, apeuré, prisonnier d'un attachement douloureux, impuissant à prendre de la distance. Arrivé devant cette porte, le héros ne peut que dire : « Je suis à l'endroit où je dois être. »

Face à cela, il nous faut prendre le risque de lâcher prise : c'est même la seule option raisonnable. Cela demande une très grande discipline parce que l'ego veut recommencer à s'affirmer et retrouver son pouvoir. Nous comprenons maintenant pourquoi la rupture fait partie intégrante de la phase de lutte du voyage héroïque. Et en même temps, notre tâche est aussi extrêmement simple : nous sommes là pour servir de témoin aux événements et aux participants plutôt que participer nous-même. Nous jetons les dés et ce qui nous reste nous servira à construire la suite.

Pour finir, il arrive qu'une rupture exprime juste le besoin de récupérer de l'espace ou de sortir de son marasme. De nombreux couples se séparent alors que le problème essentiel est que chacun a besoin de prendre l'air.

*Les pratiques proposées pour ce chapitre sont intégrées au texte.*

## Savoir rompre avec grâce et tourner la page

Le premier jour, j'ai sangloté tout ce que je pouvais et j'ai été incapable d'aller travailler. Le deuxième jour, j'ai continué de pleurer, totalement déprimé et toujours incapable d'aller travailler. Le troisième jour, j'ai pleuré puis j'ai réussi à travailler quelques heures. Maintenant, je fais des heures supplémentaires.

Au début, je me lamentais en disant : « Elle m'a abandonné ! » puis : « Elle m'a quitté. » Aujourd'hui, je dis : « Cette personne est inconnue à cette adresse. »

Si vous envisagez de mettre un terme à votre relation amoureuse, il est essentiel d'en discuter d'abord avec votre partenaire puis d'aller voir un thérapeute spécialisé pour faire un diagnostic afin d'affronter, traiter et surmonter ensemble votre problème. Pour commencer, posez-vous les questions suivantes et voyez si vous obtenez plutôt une majorité de oui ou de non. Réagissez individuellement avant de comparer, si vous le souhaitez, vos réponses.

- Est-ce que vous vous témoignez amour, respect et soutien en vous prodiguant l'un à l'autre les cinq A ?
- Est-ce que vous appréciez mutuellement votre compagnie ? Est-ce que vous vous sentez en sécurité en présence de l'autre ?
- Passez-vous régulièrement du temps ensemble ?
- Est-ce que cette relation respecte vos besoins, valeurs et désirs les plus profonds ?
- Votre vie sexuelle vous satisfait-elle ?
- Êtes-vous fidèle l'un à l'autre ?
- Faites-vous confiance à votre partenaire ?
- Êtes-vous prêts à travailler ensemble à la résolution de vos conflits ?
- Tenez-vous les promesses que vous vous (êtes) faites ?
- Avez-vous réussi à dépasser vos blessures anciennes ou vivez-vous dans un ressentiment amer et obstiné et des plaies mal cicatrisées ?

- Votre couple correspond-il à ce que vous aviez toujours rêvé trouver dans une relation intime ?
- Êtes-vous/Restez-vous ensemble par choix ou par habitude, conventions sociales ou religieuses, sécurité financière, paresse ou peur d'avoir à affronter une séparation et ses conséquences, absence d'alternative immédiate ?
- Décrivez-vous votre première rencontre ou échange amoureux avec enthousiasme, détails et sans regrets ?
- Est-ce que votre trio intérieur – cœur, tête et tripes – aspire à ce que votre relation continue ?

Si finalement votre relation se solde par une séparation ou un divorce, voici quelques conseils pratiques qui pourront vous être utiles. Tout d'abord, prenez le temps nécessaire pour pleurer et faire votre deuil. Faire une pause seul est indispensable ; se précipiter la tête la première dans une nouvelle relation est contre nature. Le travail de deuil permet la croissance en nous faisant avancer vers un plus haut niveau de conscience. (Il est fort probable que la personne sur laquelle je tomberai juste après la fin d'une relation aura le même niveau de maturité que mon ancien partenaire alors qu'après un temps de solitude pendant lequel j'aurai réfléchi sur mon expérience pour en assimiler les différents aspects et avancé sur ma route, j'aurai plus de chance de rencontrer quelqu'un de plus mature.) *Je m'engage à prendre tout le temps qu'il convient pour pleurer mon histoire et en tirer les leçons, en évitant d'être distrait de mon travail de deuil par une nouvelle relation*.

Le chagrin rend absent aux autres, y compris à ses propres enfants. Ces derniers reflètent votre détresse et il n'est pas étonnant que leur tristesse vienne se mélanger à la vôtre, d'autant plus que l'unité familiale a volé en éclats.

Pour autant, dès lors que l'un des partenaires au moins parvient à faire preuve de la compassion qui permet d'*accueillir* la fin d'une relation comme faisant partie d'un processus au lieu de la considérer comme un terme destructeur, une rupture n'a pas à se transformer en une compétition haineuse d'ego. Une telle pratique spirituelle bienveillante aide à se détacher de la relation et à lâcher prise.

Il est courant de connaître à ce moment-là des troubles du sommeil, voire de retomber dans certaines habitudes autodestructrices (anorexie, addiction ou pensées suicidaires). Le deuil marque la fin de quelque chose que notre corps peut associer avec un désir de mort parfois enfoui depuis l'enfance.

Une thérapie ne peut être que bénéfique pour gérer les difficultés causées par ces bouleversements. Elle nous amènera aussi à travailler sur des problématiques anciennes souvent refoulées. Posez-vous la question : « Ne serait-ce pas cela, le but de nos pertes – une occasion que me donne l'univers de sortir enfin de cette tombe ancienne ? »

Le chagrin est comme une drogue dont il faut se sevrer. C'est une démarche nécessaire que l'alcool et les médicaments empêchent d'accomplir : « Je me sentais tellement mal que j'ai pris des tranquillisants. » La première partie de cette phrase évoque le deuil, la seconde la fuite. *Prenez l'engagement de traverser cette épreuve sans recours à des palliatifs dangereux qui vous détournent de votre but*.

À la fin d'une relation, il est normal de se demander si l'on est digne d'être aimé : « Je me rends compte maintenant qu'il/elle ne m'aimait pas vraiment » entraîne souvent : « Je ne mérite pas d'être aimé(e) » (le reproche est dirigé contre soi) ou « Il/elle est incapable d'aimer qui que ce soit » (je rejette le blâme sur l'autre). Mais pourquoi ne pas essayer pour changer de poser un regard adulte sur une réalité : « Je suis digne d'être aimé(e) ; il/elle est capable d'aimer ; il/elle ne m'aime pas. » Car : *n'importe qui est capable d'aimer ; personne n'est indigne de l'être ; mais tout le monde ne m'aimera pas*.

Raconter son histoire à qui veut bien l'entendre est un autre aspect normal du travail de deuil. C'est en revenant à voix haute sur des détails traumatisants que l'on finit par absorber le choc et le stress. Un jour cependant, vous en aurez marre de raconter toujours la même histoire (combien il/elle était méchant[e] et à quel point vous avez eu raison, etc.). Soyez attentif à ce signal qui indique qu'il faut passer à la phase suivante. Avec un peu de chance, au moment où vous atteindrez ce moment libérateur, il vous restera encore quelques amis que vous n'aurez pas lassés à force de leur raconter toujours la même chose !

Un beau jour, l'autre personne, votre couple et tout ce que vous avez traversé seront devenus de simples informations. C'est le signe que vous êtes allé au bout de votre deuil et que vous êtes désormais passé à autre chose. Cela demande du temps et de la patience, mais cette dernière est affaire de pratique. Un beau matin, quelqu'un dira : « Vous étiez malheureux ensemble et ça avait cessé de marcher pour toi, mais maintenant que vous êtes séparés, à toi de construire ton bonheur » et l'honnêteté de ce constat très direct résonnera en vous comme une vérité incontournable.

Le stress obscurcit notre capacité de raisonnement. Pendant une telle période, il est donc plus sage de déclarer un moratoire sur toute décision importante ; qu'elle soit d'ordre financier ou légal, qu'il s'agisse d'un déménagement ou de la garde des enfants. Il n'est pas rare de rêver de s'installer au bout du monde – loin de votre souffrance. Si seulement c'était aussi simple ! Foncer tête baissée dans n'importe quelle aventure sans encadrement thérapeutique ou amical à une période comme celle-là est dangereux. Il est conseillé de définir un temps, par exemple trente jours consécutifs, pendant lequel vous mettrez votre envie – y compris celle de vous remettre ensemble – à l'épreuve avant de passer à l'acte.

Vous serez probablement hanté par un désir de vengeance envers la personne qui vous a fait du mal. C'est ainsi que l'ego substitue l'interaction à l'action intérieure, autrement dit un travail personnel, et protège du chagrin. Laissez venir tous vos sentiments et pensées, mais évitez de les mettre en pratique.

L'extrait suivant est tiré d'une lettre écrite par un de mes amis proches, un homme remarquable, au moment de son divorce houleux : « J'ai l'impression d'être en train de devenir une meilleure personne, et je suis moins possédé par le désir de faire du mal aux autres. Il m'arrive d'imaginer les traitements terribles que je pourrais lui infliger, mais je me garde bien de passer à l'action. Elle n'est pas en paix, un jour elle se réveillera peut-être et elle changera. Mais c'est une autre histoire qui ne me regarde pas. » Ce que l'on entend là, c'est le son d'un cœur qui s'ouvre et d'un ego qui s'écroule.

Peut-être vous direz-vous alors que vous ne rencontrerez plus jamais personne, qu'on ne voudra plus de vous. C'est une illusion paranoïde qu'il faut prendre soin d'identifier pour l'écarter au plus vite. Elle a cependant son utilité puisqu'elle vous retient de vous précipiter sur la première personne venue avant que vous ne soyez prêt à regarder la réalité en face.

Peut-être serez-vous incapable d'oublier l'autre ou la trahison dont vous avez été victime. L'ego préfère choisir un seul côté d'une polarité et ignorer l'autre, ce qui explique notamment l'origine et la longévité des pensées obsessionnelles qui nous rendent incapables d'envisager une solution alternative. Vous n'êtes pas dans la tour de contrôle et vous avez même l'impression que l'on s'attend à ce que vous vous transformiez en piste d'atterrissage. Laissez tout simplement tous les sentiments et pensées qui se manifestent se poser ou s'abattre sur vous. C'est un phénomène normal qui finit en général par s'estomper avec le temps.

Ne commettez pas l'erreur de renouer trop tôt avec votre ancien partenaire. Là un ego surdimensionné peut se révéler utile. Il est trop fier pour rechercher le contact. *Avec le temps, quand vous aurez cessé de nourrir des pensées obsessionnelles à l'égard de l'autre, de rêver qu'il change, souffre ou paye ou même d'avoir envie d'être en contact, vous serez prêt à normaliser votre relation*. Cela se produit quand il n'y a plus rien en jeu et c'est particulièrement important bien sûr quand il y a des enfants.

La volonté n'a guère d'influence sur le chagrin ; il vaut donc mieux ne pas chercher à combattre ce dernier ou à s'en débarrasser, mais plutôt le laisser venir en lui laissant la place dont il a besoin. Laissez-lui – autrement dit, laissez-vous – le temps nécessaire sans vous préoccuper de ce que dit votre entourage à ce sujet.

Méfiez-vous des faux espoirs qui surgissent si le partenaire qui a pris la décision de partir semble vouloir reprendre contact. Cela ne signifie pas nécessairement qu'il souhaite se remettre en couple. L'ambivalence est normale dans toutes les ruptures et il y a en général de nombreux pas en avant et en arrière entre l'affirmation d'une fin et la fin en soi. Le temps se chargera de vous montrer si l'espoir n'est pas qu'une illusion.

La personne que l'on quitte peut avoir l'impression d'être comme l'enfant maltraité et abandonné qui, la casquette à la main, attend un signe de gentillesse ou qu'on veuille bien le reprendre. C'est tout à fait normal et cette vulnérabilité peut même se révéler saine et utile pour le futur. La psyché apprend à sa manière à laisser aller les difficultés et à faire entrer la lumière. Le petit enfant suppliant vous montre que vos attentes étaient trop fortes. Écoutez ce poème d'amour du sixième dalaï-lama : « Ô, j'ai tant exigé de toi/ Dans cette courte existence,/ Peut-être nous retrouverons-nous/ Au début de la prochaine. »

« Tes blessures sont au-delà de toute guérison », dit le prophète Jérémie. Chaque deuil a sa part inconsolable et il restera toujours quelque chose d'insoluble, d'impossible à éradiquer dans une perte majeure, comme dans un chagrin d'enfant. C'est ce qui alimente notre aspiration à trouver le partenaire parfait, laquelle devient souvent synonyme de l'impression d'être indigne d'amour qui nous empêche, une fois adulte, de recevoir la totalité de l'amour qui nous est destiné.

Les cicatrices morales laissées par le chagrin peuvent garder un très vilain aspect pendant des années ou bien s'estomper assez vite. Le résultat dépend de l'efficacité de notre travail de deuil, tout comme des cicatrices sur le corps témoignent du talent variable des chirurgiens qui nous ont opéré.

Si votre rupture est intervenue parce que votre partenaire avait rencontré quelqu'un d'autre, pourquoi n'écririez-vous pas une lettre à l'intrus(e), non pour changer quoi que ce soit, mais pour l'informer de ce que vous avez traversé à la suite de sa décision de faire effraction dans un couple qui n'était pas allé au bout de sa course. N'accusez pas, mais racontez simplement ce que vous avez éprouvé à la suite de cette trahison, votre perte de sommeil et d'appétit, vos incapacités à réagir, vos pleurs incontrôlables. N'entreprenez cela qu'à la condition de ne rien espérer en retour, votre but ne doit pas être de blesser l'autre. L'alternative consiste à écrire une lettre sans la poster.

Résistez à l'envie de dire à votre partenaire un dernier mot « pour la route » ou de lui donner une information majeure qui a en réalité pour but de le manipuler et de le faire réagir comme vous en auriez envie. Confiez-vous plutôt à la lune et la divinité qui s'y trouve se chargera de transmettre le message adapté.

> « La pleine lune brille, immobile, au-dessus de la mer,
> Faisant rayonner le visage céleste
> Et apportant aux cœurs séparés par la vie
> La mélancolie pensive et poignante de la nuit.
> Je souffle ma chandelle, mais il fait toujours aussi clair ;
> J'enfile mon manteau, mais le froid est toujours aussi vif.
> Alors, je ne peux lire mon message qu'à la lune
> Avant de m'allonger en rêvant de rêver de toi. »
>
> CHANG CHUI-LING

Lisez lentement les paragraphes qui suivent puis restez assis à méditer. Ils résument le processus spirituel que nous avons vu jusqu'ici. Appliquez-le à toutes les fins et les crises que vous traversez.

Les passe-temps névrotiques de l'ego – peur, attachement, reproches, plaintes, attentes, jugements, préférences, culte du résultat, besoin de trouver une solution et de contrôler, attirance, aversion et préférence – créent l'intrusion. La pratique de la pleine conscience me libère de recours aussi limités et m'aide à assumer mon expérience telle qu'elle est et sans peur. Si mon monde s'effondre, le vide qui s'ouvre alors sous mes pieds est une invitation libératrice à réinventer ma vie. En fait, sans le sol sur lequel je m'appuie habituellement, je peux apprivoiser mes souffrances de façon inconditionnelle au lieu de les fuir le plus possible. La pleine conscience, c'est comme voir quelque chose pour la première fois, sans les intrusions perturbantes de l'ego. C'est pourquoi on l'appelle aussi l'*esprit de l'innocent*. Elle m'offre le moyen de travailler avec la réalité plutôt que contre elle.

Le but de cette pratique n'est pas de calmer ou d'organiser ma tempête intérieure, mais de rester assis tranquillement dans l'œil du cyclone pour en recevoir et en réfléchir l'énergie en miroir. Les efforts désespérés que je déploie pour réparer un échec douloureux m'éloignent de cette possibilité. Je suis moi-même mon propre obstacle aussi négatif et effrayant cela puisse-t-il paraître. Toute tentative pour échapper à cette réalité est le moyen de fuir l'impact de ce qu'est ma vie aujourd'hui et l'enseignement que je dois y trouver. La sagesse c'est de ne pas fuir. La pleine conscience ne permet pas de devenir plus calme, mais d'accéder pleinement à ce que je suis dans l'ici et maintenant en reflétant ma réalité immédiate.

Parfois, la vie m'apparaît comme dénuée de sens. Quand j'accepte ce côté sombre, que je pénètre à l'intérieur, que je m'autorise à rester avec le processus à l'œuvre, je me sens plus léger, plus éveillé. Accepter, ce n'est pas se laisser aller, qui est ce qui se produit quand je suis la victime de mes pensées. J'accepte d'être envahi par le ressenti immense de cette obscurité, loin de toute pensée : c'est la pleine conscience physique que je pratique désormais sous la forme d'une attention non verbale graduelle portée aux différentes parties de mon corps – de la plante de mes pieds au sommet de mon crâne – tout en relâchant toute la tension qui s'y est accumulée.

Quels que soient les pensées et sentiments négatifs qui sont les miens en ce moment, je ne peux les supporter qu'en leur accordant l'hospitalité d'une attention consciente. Alors j'accède aux expériences pures, dans une immédiateté zen – comme par exemple le fait de voir un lilas en fleur sans pour autant souhaiter en voir plus ou de manger une pomme sans craindre de manquer.

> Je suis heureux de ne pas être plus intelligent que l'univers.
> Que mes incertitudes soient mon chemin.
> Que tout ce qui m'arrive mette au jour mes aveuglements et [mes tentatives de me dissimuler.
> Que mon corps soit mon témoin et mon maître.
> Que mes épreuves actuelles et ma pratique apportent le [bonheur à tous les êtres sur terre.
> Que mon ex accède à l'éveil.

## Quand on est quitté

Céline est une psychiatre d'une quarantaine d'années qui souffre depuis toujours d'une terrible angoisse d'engloutissement. Elle a suivi et arrêté plusieurs thérapies et lit avec avidité tous les livres semblables à celui-ci. Mais sa peur prend une place de plus en plus importante et s'approfondit en parallèle de sa relation amoureuse. La distance qu'elle a mise entre son compagnon, Jeff, et elle leur rend la vie de plus en plus difficile. Jeff a une dizaine d'années de moins que Céline et il redoute l'abandon autant que Céline l'engloutissement. Lire des livres tels que celui-ci ne l'intéresse pas. Pendant les cinq ans qu'a duré leur relation, plus Céline demandait à avoir le champ libre, plus il se raccrochait à elle. Ce qui avait bien entendu le résultat de la faire fuir encore plus loin.

Jeff a quitté Céline car à force d'être tenu à distance, il a fini par se tourner vers quelqu'un d'autre. De toutes les façons, cela faisait des années que leur couple ne fonctionnait plus. Aucun des deux n'avait jamais vraiment été là pour l'autre et ils ne partageaient plus grand-chose d'intime depuis longtemps. Céline aspirait d'ailleurs à faire une pause, mais voilà qu'avec la rupture, elle s'est mise à se raccrocher désespérément à la relation. À partir du moment où il a été associé à l'abandon, elle a chéri le nom de Jeff comme elle ne l'avait jamais fait. Son angoisse d'engloutissement s'est transformée en une incapacité à tolérer l'abandon.

Cela fait cinq mois que je vois Céline en thérapie et voici quelques extraits de son journal. Certains concernent Jeff et lui sont même adressés, mais elle ne lui a rien envoyé car la jeune femme sait bien que, dans le fond, ces écrits parlent surtout d'elle.

> « Jeff n'est plus seulement Jeff, mais l'acteur principal de mon film intérieur. Il est le dernier homme vers qui je me sois tournée dans ma recherche désespérée de nourritures affectives qu'il était incapable de me donner. L'incroyable attachement que j'ai à notre couple et les réactions qu'a provoquées chez moi sa dissolution sont sans rapport avec le vrai Jeff. Notre relation était en réalité douloureuse et je sais très bien qu'il valait mieux qu'elle prenne fin. Tant que je ne parviens pas à voir la figure métaphorique que représente pour moi Jeff, je ne regarde pas les choses en face. Serait-ce qu'à partir du moment où vous êtes quitté, la personne qui s'en va devient une métaphore et perd de son sens littéral ?
>
> Jeff m'apparaît comme un comédien capable de jouer un grand rôle alors que ses prédécesseurs n'étaient que des acteurs de séries B. Le thème de l'"enfant abandonné par son père" traverse ma vie. N'est-ce pas étrange que Jeff m'ait justement abandonnée pour quelqu'un d'autre ? Au fond de moi, je devais m'y attendre depuis notre premier baiser et mon intuition m'a fait rechercher quelqu'un qui

avait de troublantes similitudes avec le père que j'ai perdu. Quand le vrai Jeff m'a quittée, il a aussitôt été remplacé par le Jeff symbolique dans mes rêves et dans mon cœur et je n'y ai vu que du feu. Pour moi, il n'y a qu'un seul Jeff. Mais il y a un Jeff archaïque et élaboré en moi et un Jeff quelconque à l'extérieur. Ce dernier ne peut être responsable de la peine incroyable que je ressens. Ma perte, c'est celle d'une illusion qui a été de l'investir comme celui auprès de qui j'allais trouver l'amour auquel j'avais toujours aspiré toute ma vie. En réalité, je ne perds que la possibilité de lui faire porter les oripeaux de mes attentes insatisfaites – l'essence même de ma solitude existentielle.

Ce chagrin et toi m'avez aidée à m'ouvrir, mais tu ne peux satisfaire les besoins que tu m'as aidée à identifier. Tu peux m'ouvrir, mais pas me remplir. Tu n'y peux rien. C'est à moi de traiter ce problème.

Le sentiment de manque et de privation m'ont accompagnée toute ma vie. Je pensais que ce partenaire pourrait m'aider à le surmonter. Mais je dois d'abord commencer par me soigner et à un moment donné peut-être trouver quelqu'un qui m'assiste dans cette entreprise. Maintenant que ce compagnon est parti, je m'imagine que tout aurait été bien si seulement il avait été là pour moi de la façon dont j'avais besoin de lui. C'est sans doute parce qu'il s'est cogné la tête à la porte scellée de ma psyché. Du coup, je l'associe à la satisfaction de mes besoins dans la mesure où notre relation a été importante pour moi. En réalité, ce n'était pas tant lui qui comptait que le déclic qu'il a permis et c'est pour cela que j'ai du mal à me détacher de lui.

Comment puis-je si facilement oublier que la solitude ne m'avait pas quittée même quand j'étais avec lui ? J'avais fait appel à lui pour me défendre contre mes propres sentiments, des sentiments anciens, et pour me sauver du vide que je portais en moi depuis l'enfance. Bien sûr aujourd'hui, il m'apparaît automatiquement dès que je me sens vide et désolée. Quand j'ai peur, je lui confère des pouvoirs héroïques au lieu de jouer moi-même ce rôle dans ma propre histoire. Je dois le renvoyer et partir moi-même au combat, comme le ferait un adulte.

Le Jeff que j'ai perdu représente tout ce que j'ai jamais aimé et perdu. En l'aimant, j'en aimais tant d'autres en même temps. À travers lui, je recherchais tout l'amour dont j'avais toujours manqué. J'avais l'impression qu'il m'offrait cette possibilité, que grâce à lui, tous mes espoirs et besoins allaient enfin pouvoir être satisfaits. Quand il m'est apparu qu'il ne serait pas à la hauteur, j'ai projeté sur lui tout le reste, l'enracinant encore plus fermement dans ma vie. Comme dit cette vieille chanson de Noël : "Les espoirs et les peurs de toutes ces années, tu les accueilles ce soir !" Je me rends compte que c'est ce que j'attends depuis une éternité.

Quand j'ai reçu une lettre du vrai Jeff, j'ai été envahie par la panique et par l'espoir. Je sais que j'ai besoin de garder mes distances le temps de soigner les plaies de son départ. Et pourtant il me manque et je rêve de son contact. Je me raconte que c'est sa présence physique qui me manque, mais je sais que je suis mieux sans lui de toutes les façons. En réalité, ce que je projette, c'est Papa et tous les hommes qui m'ont quittée – l'homme qui m'a envoyé cette lettre est à la fois leur émissaire et leur incarnation. Répondre, ce serait prendre ça au sens propre, comme si mes sentiments avaient quelque chose à voir avec le vrai Jeff. Si je lui écris dans mon journal, je travaille efficacement sur le Jeff intérieur qui est mon thérapeute dans mon effort pour me trouver. J'étais portée disparue jusqu'à ce que Jeff me ramène à moi-même. Je suis rentrée à la maison quand il m'a quittée.

Je sais très bien que je ne lui convenais pas non plus. Je lui ai promis le ciel et la terre pour essayer de le faire revenir. Mais je ne peux pas me raconter d'histoires : rien de tout cela n'aurait tenu et nous serions repartis dans le même mode de fonctionnement une fois les dernières brumes romantiques envolées.

C'est fou comme je nie tout ce que pourtant je trouvais insupportable chez lui ! Je me mens en me racontant qu'il était parfait, qu'il était la meilleure chance de ma vie et que j'ai tout raté. Je le pare de mille couleurs chatoyantes et ne vois plus que ses qualités (d'ailleurs il fait peut-être la même chose avec mes défauts). À l'origine de mon chagrin, il y a d'abord un déni qui me protège de la violence de la perte, mais m'empêche de voir les choses comme elles sont. Je magnifie, déforme et embellis la valeur de ce que j'ai perdu. C'est pourquoi je rêve de le récupérer.

Ce que j'aspire à obtenir ne me satisfera pas. Puis-je accepter que de telles contradictions, que mes attentes irrationnelles soient mon mode de fonctionnement normal ? J'irai bien tant que je ne chercherai pas à combler mon manque. Je suis prête à tout pour me sentir proche de quelqu'un. Je suis comme une droguée qui cherche sa dose auprès d'une personne qui est incapable de la lui fournir. Pour autant, cela ne signifie pas que personne ne le peut. Je dois rester avec moi-même maintenant, dans l'état terrible dans lequel je suis. Devant cet enfant abandonné, je finirai peut-être par éprouver de la compassion pour ce moi que j'ai si souvent laissé tomber. Est-ce que ma compassion me permettra de traverser tout cela ?

Je me souviens de ces fois où je te tenais dans mes bras avec amour à t'écouter et à chérir tes petites faiblesses. Ce que je faisais là, c'était ce dont j'avais moi-même besoin et auquel j'aspirais. Je te montrais comment j'avais envie d'être aimée en t'aimant de cette façon. La part de moi qui rêve que tu reviennes, c'est l'enfant en manque et apeuré qui, en réalité, a besoin que je le prenne dans mes bras et que je le console. La part de moi qui sait qu'il est temps de te laisser partir, c'est ma part adulte. Les parts de moi les plus aimantes et puissantes te laissent aller et me laissent continuer ma route.

J'ai baissé ma garde et les autres me disent que j'ai l'air mieux. C'est une période riche pour moi : je peux enfin me libérer de mes tendances à l'autosabotage. Combien de temps me faudra-t-il avant de retrouver mes vieilles peurs ?

Il est tout à fait naturel que j'enjolive la réalité et que je me raconte des histoires sur notre futur ensemble. Cette phase de négociation fait partie du travail de deuil.

Jeff, comment est-il possible que tu vois la détresse dans laquelle je suis et que tu ne fasses rien pour y mettre un terme ? Il te suffirait pour cela de revenir. Mais je sais que je veux que nous nous remettions ensemble pour mettre fin à ma souffrance et non pour retrouver quelque chose d'essentiel. Je ressens la tristesse de notre relation et je m'imagine que cette tristesse vient de la rupture.

Je me sens abandonnée depuis ton départ. Mais tu as toujours été absent sur le plan affectif. Simplement, je ne le voyais pas. Même maintenant, au lieu d'admettre les faits, j'idéalise le passé que nous avons eu ensemble. Non pas que tu sois responsable ; tout cela est une histoire entre moi et moi et l'énergie avec laquelle je me raccroche. Tu es parfait tel que tu es, Jeff.

Je vois au travers de ma croyance en la magie des mots. Il est inutile de t'écrire ou de te parler à ce stade : cela ne marchera pas parce que ce sera une tentative de manipulation visant à provoquer une réaction de ta part. C'est comme si j'appelais quelqu'un dont la ligne est occupée parce qu'il est au téléphone avec quelqu'un d'autre. Je ne peux plus me mentir. Mon ego veut gagner et c'est pour cela que je dois couper tout contact avec toi. Si je te récupérais dans ce but, je ne ferais que renforcer mon ego malmené.

Je ne serais jamais sortie de cette relation malheureuse, je n'en étais pas capable. Ta nouvelle compagne et toi avez agi à ma place. Tu mets un terme à ce que je cherchais à prolonger. Je me lamente sur ton départ et, simultanément, sur le fait que nous ayons laissé cette histoire durer si longtemps.

À quoi j'aspire ? Revenir à l'ancienne relation qui n'avait aucun futur ou aller vers une nouvelle relation avec un futur, mais qui ne pourra commencer avant que la précédente ne soit derrière moi ? Céline, ne gâche pas la chance qui t'est offerte d'être libre !

J'ai l'impression d'être semblable à cette petite fille qui pleurniche parce que son ami de toujours joue avec quelqu'un d'autre et pas avec elle. Cette perte a atteint ma psyché juste au niveau de la petite fille rejetée qui s'y trouve encore. Mes vieux manques insatisfaits, le besoin que j'ai que l'on s'occupe de moi explique que je m'accroche si fermement à la fin.

Notre vie sexuelle a été le meilleur catalyseur de mon aveuglement. Le sexe n'est pas un indicateur fiable pour juger de la qualité d'une relation car il peut être formidable quand bien même les deux partenaires sont mal assortis – c'était d'ailleurs notre cas. Rien de tout cela n'est de ta faute Jeff.

Jeff ne m'apportait pas ce que j'avais besoin qu'un partenaire m'apporte. Mais je ne pouvais pas renoncer à tous mes espoirs, alors je me suis accrochée. Même encore aujourd'hui, il est nimbé de toute l'aura divine de l'attente amoureuse et reste une idole malgré le fait que je sache pertinemment qu'il n'est qu'un saint de pacotille. Quand ces deux images auront fini par se dissocier, ma demande d'amour retournera à sa source en moi. Alors il reprendra sa taille normale et deviendra "quelqu'un que j'ai connu autrefois". Un travail personnel et une absence de contact, c'est le meilleur chemin vers un iconoclasme libérateur.

Si, au lieu de tenir bon dans ma quête, je retombais dans un vieux cycle ? Je peux très bien recommencer les mêmes erreurs. Comme le dit l'expression populaire, "tout nouveau, tout beau", mais ce sont forcément les mêmes projections – c'est comme de prendre un nouvel acteur pour un vieux rôle qui ne change pas. Peut-être que ce à quoi j'aspire, c'est trouver une capacité inexplorée à prendre soin de moi. Je ne cherche pas à trouver un trésor chez quelqu'un d'autre, mais plutôt à trouver des pistes qui me permettent de trouver mon propre trésor caché.

Je dois regarder cette relation s'estomper comme je regarde les roses faner : sans reproche ni chagrin. J'offrirai un cadeau au monde en remerciement de tout ce que je suis en train d'apprendre. »

## TROISIÈME PARTIE

# Rendre la grâce que l'on a reçue

« Dès lors que l'on accepte qu'il y aura toujours une distance infinie même entre les êtres les plus proches, il est possible de mener une vie merveilleuse côte à côte. Ainsi, il faut devenir capable d'aimer la distance qui existe entre nous, grâce à laquelle chacun aperçoit l'autre entier, découpé contre le ciel. »

Rainer Maria RILKE

CHAPITRE 9

# Renforcer l'engagement et la sincérité

En « rentrant à la maison », le héros du voyage héroïque montre qu'il a atteint un plus grand degré de conscience par rapport à lui-même et au monde. Rentrer à la maison est dans ce cas une métaphore servant à désigner le fait que nous avons compris que tout ce dont nous avons besoin se trouve en nous et dans le cœur de tous ceux qui nous entourent. Éprouver l'envie de construire une relation amoureuse est donc l'expression d'un instinct de retour à son origine qui va dans le sens du projet de l'univers.

Dans la phase culminante d'une relation, notre amour s'élargit au monde entier. Notre engagement, qui consiste à donner et à recevoir les cinq A, à travailler sur ce qui bloque et à tenir ses promesses, permet d'atteindre la compassion universelle au travers de l'amour que l'on porte à un seul être et que l'on étend aux autres. Le succès nous rend fort et confiant, les obstacles deviennent des ponts.

Mais que se passe-t-il exactement en nous pour que nous nous ouvrions ainsi au monde ? Dans une relation fondée sur un engagement sincère, nous finissons par renoncer à la formidable insistance de notre ego à avoir toujours raison, à tout contrôler, à vouloir sans cesse rivaliser avec les autres. Nos disputes n'ont peut-être pas toutes disparu, mais elles durent moins longtemps, ne sont plus autant qu'avant un écho du passé et finissent par trouver une solution. Nous considérons le contenu de la dispute comme une information plutôt que comme de l'eau à apporter au moulin du ressentiment. Au lieu d'exiger un résultat conforme à nos attentes, nous recherchons les compromis. Nous pouvons être en désaccord et continuer à aimer. Nos ego sont plus légers et nous les prenons moins au sérieux. Nous cessons de chercher à prendre le pouvoir *sur* l'autre pour trouver comment mettre notre pouvoir *au service de* nos intérêts communs et de la relation.

Il nous est impossible d'affirmer avec autant de certitude qu'avant que nos positions sont non négociables maintenant que la compassion et la sagesse président à nos décisions. Nous regardons avec un certain amusement ce qui nous semblait si énorme autrefois et renonçons à notre posture tragique. Nous reconnaissons celle-ci comme une manifestation de notre souffrance, laquelle, désormais, conduit à la compassion et au changement et non plus au reproche ou à la honte.

Une fois que nous avons compris que tout ce qui est du pouvoir de l'être humain est à notre portée, nous nous sentons moins menacé par les comportements blessants et la compassion s'étend. Comme l'affirmait Trungpa Rinpoche : « Le bodhisattva n'est jamais surpris. » Un engagement adulte intime et sincère s'appuie sur un consentement éclairé : « Je connais l'architecture de ton ego et les recoins sombres de ton ombre, et c'est les yeux grands ouverts que je m'engage à tes côtés. Mon ego n'est plus aussi compétitif ni possessif. Autrefois, je voulais te posséder pour le flatter. Dorénavant, je me dépossède de l'ego pour renforcer notre relation. » La force impérieuse de la passion cède la place au choix enchanteur de l'engagement sincère. C'est le temps du mariage.

Les partenaires s'acceptent maintenant l'un et l'autre comme parfaits – mais à la façon dont on le dit d'une vieille chemise. L'amour vrai prend des aspects différents à chaque phase de la relation. Même si le chêne se transforme de saison en saison, il reste un chêne. Nous exprimons les cinq A de façon romantique pendant l'acmé de la passion, dramatique pendant la phase conflictuelle, sereine et fiable pendant la phase d'engagement sincère (où nous en faisons aussi profiter le monde). *Les pratiques proposées dans ce livre ne se limitent pas au domaine amoureux, elles ont pour but d'améliorer l'ensemble de vos relations*.

Notre voyage au cœur de notre relation amoureuse reflète celui que nous faisons vers un épanouissement créateur. Nos buts personnels deviennent interpersonnels puis transpersonnels. Les phases de la relation nous font passer d'un idéal conduit par l'ego à l'ego et son ombre pour arriver enfin au Soi qui transcende l'ego et embrasse l'univers. Un enchaînement similaire peut se dérouler en nous (et pas seulement entre nous) et nous découvrons ainsi les cercles incommensurables de la psychologie et de la spiritualité au cœur même de nos relations.

Les problèmes psychologiques que nous rencontrons dans notre vie amoureuse sont le côté obscur de notre potentiel spirituel. Il n'y a guère de séparation entre le psychologique et le spirituel, juste une distinction. Le tableau qui suit vous montre les liens qui existent entre ces deux aspects de la psyché ainsi qu'entre ce qui relève du personnel et du transpersonnel.

Parfois nous sommes prisonniers de notre propre histoire et de ses conflits passés et présents au point de perdre toute perspective et d'oublier qu'il existe un monde au-dehors. Quand une force qui transcende notre passé et nos relations amoureuses nous absorbe et nous anime, nous nous ouvrons à de nouveaux potentiels dans le monde et en nous et laissons le passé derrière nous pour créer le futur. Ensemble, nous nous engageons en faveur d'une cause, qu'elle soit sociale, professionnelle, religieuse ou familiale. Aucune transformation n'est entièrement personnelle parce que la bonté ne peut que se disséminer. Nous passons de notre couple au monde entier et nous participons à l'évolution de la planète. Notre but originel qui était de quitter le foyer familial pour fonder notre

| *Le problème psychologique...* | *A pour potentiel spirituel...* |
|---|---|
| ▪ Angoisse d'abandon. | ▪ l'acceptation de sa sauvagerie intérieure. |
| ▪ Angoisse d'engloutissement. | ▪ l'abandon à un pouvoir supérieur. |
| ▪ Narcissisme et égocentrisme. | ▪ l'ouverture au contact avec le soi spirituel. |
| ▪ Refus de commencer un travail psychologique ou une pratique spirituelle. | ▪ l'ouverture à son propre appel. |
| ▪ Réactions de représailles. | ▪ le pardon de soi. |
| ▪ Ego arrogant. | ▪ la disponibilité pour l'humilité. |
| ▪ Addiction. | ▪ la recherche de l'esprit et la disponibilité pour le recevoir. |
| ▪ Jalousie. | ▪ la disponibilité pour l'exhaustivité de la grâce. |
| ▪ Infidélité. | ▪ la recherche de l'anima/animus. |
| ▪ Frontières rigides. | ▪ la protection du monde intérieur. |
| ▪ Frontières perméables. | ▪ l'ouverture à la grâce et à l'unité. |

propre foyer s'élargit pour devenir un but plus général : faire du monde un foyer ouvert à tous. Quand nous nous engageons avec sincérité auprès de notre partenaire en lui donnant les cinq A, c'est au monde que nous faisons aussi cadeau de ces cinq aspects de l'amour.

## Les vertus de l'intimité amoureuse

### « Je fais confiance à une énergie vivante en chacun de nous et entre nous »

Nous possédons une sagesse corporelle innée et organismique qui connaît notre potentiel et y accède. Elle est homéostatique au sens où chaque déséquilibre qui surgit au sein du couple psyché/corps fait aussitôt surgir des ressources intérieures visant à le corriger. David Palmer, le fondateur de la chiropratique, appelait cette sagesse l'« intelligence innée » du corps, expression par laquelle il désignait un instinct présent dans chacune de nos cellules et visant à promouvoir l'équilibre, le processus de guérison et la régénération et à laquelle il s'est par la suite référé comme à une « intelligence universelle » dans le cosmos. Il a fini par prendre conscience que cette intelligence et notre sagesse corporelle ne faisaient qu'une. Cela revient à dire que notre sagesse corporelle est infinie et infiniment accessible, que notre essence, l'essence du monde et celle du divin sont une.

Si nous gardons cela présent à l'esprit, nous réaliserons nos besoins, parce que les cinq A ne sont pas des faiblesses. Au contraire, ce sont notre force de vie. Se faire confiance, c'est croire que nos besoins et sentiments sont précisément ce pouvoir invincible qui rend possible de supporter toute la force de la réalité, de faire face aux conditions de l'existence et de réagir de façon adéquate. Si je fuis la réalité, si je la travestis ou je la déforme, mon énergie vitale se perd en cours de route. C'est en définitive ce que reflètent une faible estime de soi, le fait de se percevoir comme une victime et des attentes infantiles.

L'énergie vitale prend chez chacun une forme unique. Si par exemple je n'ai jamais été seul (sans parent ou partenaire amoureux dans ma vie), il est fort possible que je n'aie jamais trouvé ma propre vitalité (vitalité ici désigne le fait d'autoriser la circulation des sentiments, ceux que je montre et ceux que je reçois, qui fait grandir la confiance). Il se pourrait que mes sentiments les plus profonds me mettent mal à l'aise et que je ne les aie jamais montrés. Ou bien, je crois que je ne peux accéder à mon énergie vitale et, maintenir que dans un contexte relationnel. Ce besoin de relation peut être le signe de la distance qui s'est créée avec moi-même. Ce qui, formulé autrement, revient à dire : « J'ai évité de laisser émerger mon vrai moi en ayant toujours quelqu'un dans ma vie. Je cherche qui je suis au travers de mes relations, ce qui signifie que je ne trouve jamais. »

L'énergie vitale développe la confiance en soi et on comprend alors qu'aucune relation saine ne peut être fondée sur une confiance totale. La fiabilité absolue n'existe pas. Les relations adultes acceptent ce fait comme une donnée de départ. L'amour inconditionnel est flexible et n'a rien à voir avec une confiance aveugle et rigide. C'est ce qui nous permet de nous mettre en colère devant une trahison, mais de pardonner quand l'autre s'excuse, se rachète et change.

Quand nous avons trouvé les cinq A chez quelqu'un, nous lui donnons notre confiance et nous pouvons nous appuyer sur lui. De la même façon, se donner à soi-même les cinq A développe la confiance en soi. La confiance, c'est laisser entrer l'amour et accepter les faiblesses sans peur. C'est une tâche adulte difficile. Je me fais suffisamment confiance pour recevoir ton amour et ta loyauté quand tu es aimant et loyal et pour affronter et traiter tes trahisons quand tu ne l'es pas, sans te laisser t'en tirer à bon compte, mais sans m'éloigner de toi à cause d'elles si tu acceptes de changer. Faire confiance à son énergie vitale, c'est ne plus avoir besoin des autres pour nous protéger de nos sentiments et de l'impact de nos expériences : « Sois gentil avec moi et ne me fais jamais de mal pour que je me sente toujours bien. » Est-ce une relation d'adulte à adulte que je recherche ou est-ce un port pour me protéger des vicissitudes dérangeantes de l'intimité ?

## « Je donne et je reçois les cinq A »

Donner et recevoir dans l'intimité est un processus duel sain que nous observons dans la plupart des domaines de la vie humaine. Ainsi, notre corps survit en laissant entrer l'oxygène et en rejetant du gaz carbonique. Les cellules sont poreuses pour laisser entrer les nutriments et ressortir les déchets. Nous communiquons en écoutant et en parlant. Sur le plan spirituel, nous recevons la grâce et donnons de l'amour. Même lire ce livre implique d'accepter certains de ses mots et de ses idées pour les mettre ensuite en pratique dans le monde.

Ce que nous donnons et recevons dans une relation intime correspond exactement à la fois à nos premiers besoins et à notre pratique spirituelle adulte : les cinq A. Nous donnons à l'autre et recevons de lui le même amour que nous demandions de façon instinctive étant enfant. La différence, c'est que nous le voyons aujourd'hui comme un don enrichissant, désiré au lieu d'exigé. Cela nourrit notre estime de soi tout comme autrefois cela a rendu possible la construction du moi.

Mais voyons de plus près comment nous donnons et nous recevons. La première façon est à la fois simple et difficile : demandez ce que vous voulez et écoutez votre partenaire. Demander combine les éléments les plus cruciaux de l'intimité. Vous offrez à l'autre la possibilité de vous connaître ainsi que vos besoins et votre vulnérabilité. Cela implique aussi d'être prêt à entendre la réaction de la personne qui reçoit votre demande. Il y a un risque pour les deux protagonistes et c'est ainsi que l'on mûrit. Vous apprenez à vous départir de votre insistance face à un oui, à être plus vulnérable face à un non et à accepter un refus sans ressentir le besoin de vous venger.

Écouter intimement un partenaire vous demander ce qu'il veut, c'est être attentif aux sentiments et besoins qui s'expriment sous les mots prononcés. C'est être capable d'apprécier l'origine de la requête. C'est ressentir la compassion pour la souffrance qui est tapie le cas échéant au cœur de la demande. C'est saluer le courage de l'autre qui prend le risque du rejet ou de l'incompréhension. Nous entendons avec nos oreilles, mais nous écoutons avec notre intuition et notre cœur. Donner et recevoir implique la capacité à accueillir tout le spectre des peurs et des faiblesses de son partenaire et de faire la différence entre les besoins que nous pouvons nous attendre à voir comblés et ceux qui ne peuvent l'être.

Le jeu et une sexualité librement choisie par chacun constituent la deuxième façon qu'ont les adultes de donner et recevoir : faire l'amour, c'est quand les deux partenaires en ont envie, pas quand l'un des deux pousse l'autre. Intimité et sexualité n'ont pas grand-chose à voir. La première, c'est savoir s'amuser ensemble. Jouer sans se faire de mal, sans se livrer au sarcasme ou ridiculiser l'autre, sans se moquer de ses imperfections.

Enfin, nous donnons et nous recevons grâce à l'égalité entre les partenaires et l'émancipation du concept de hiérarchie. Seul un ego sain, et pas une autre personne, a vocation à présider à nos destins. Quand l'intimité est vraiment partagée, les voix des deux partenaires pèsent du même poids dans la prise de décision. Aucun des deux ne cherche à avoir le premier rôle.

Certains couples, c'est vrai, fonctionnent sur un mode soumission/domination, notamment d'un point de vue sexuel. Ce peut être une forme de jeu (dans la mesure où chacun joue un rôle) et peut se révéler être un choix sain quand il est porté par les deux partenaires. Mais s'il comporte une dimension compulsive ou violente, cela peut être la répétition d'abus subis pendant l'enfance. Qu'est-ce qui différencie un mode érotique fondé sur la soumission/domination et une faible estime de soi ou l'absence de frontières ? Le premier est choisi et consensuel. Ce ne doit pas être une routine dans laquelle le couple s'enlise par défaut ou ennui ni une pratique imposée par l'un des partenaires à l'autre contre son gré et ses besoins. Cette sexualité est joyeuse et ne s'appuie pas sur la peur, elle transforme plutôt qu'elle ne déforme l'amour et le respect, élargit plutôt qu'elle ne rétrécit le territoire de la découverte de soi. Pratiquée de façon saine, elle n'est pas le moyen d'avoir le pouvoir sur l'autre, mais de mettre en acte des penchants qui sont en chacun de nous, mais n'ont peut-être jamais trouvé à s'exprimer de façon légitime. Tant qu'il n'est pas question d'abus, elle peut contribuer au renforcement de la relation et donner accès à des aspects jusque-là enfouis de l'identité des deux partenaires, de l'ego et des limites.

## « Je montre ma colère avec une intention aimante »

La proximité évoque tant l'affection que l'agression, l'amour et la haine. Cette ambivalence, qui est normale, peut nous éloigner l'un de l'autre comme deux chevaux qui tirent à hue et à dia ; on peut aussi l'accepter comme une donnée de base de la relation humaine. Dans une intimité sincère et partagée, je peux être en colère contre toi tout en continuant de t'aimer. Je peux te laisser te déchaîner sur moi sans avoir besoin de rendre les coups. Je suis à la fois avec et contre toi. « Tu peux m'en vouloir et t'en prendre à moi, je sais qu'en même temps tu continues de m'aimer. Et je peux me comporter de la même façon avec toi. Nous ne sommes pas possédés par la colère, c'est nous qui la possédons. De brefs passages orageux ne peuvent venir obscurcir définitivement notre ciel amoureux. »

Quand il est au clair avec lui-même, le Soi accepte et vit la totalité des sentiments humains. Dire que nous sommes incapables de colère, par exemple, c'est nier notre penchant à l'agression qui nous aide à combattre l'injustice. Nous nous appauvrissons et appauvrissons les autres quand nous avons peur ou refoulons certains aspects de nos pouvoirs humains. Si nous sommes incapables de ressentir toutes les polarités de l'émotion pleinement et en toute sécurité, comment pourrions-nous faire l'expérience de l'équanimité, si nécessaire à l'accomplissement de soi ?

Le désir de vengeance se situe juste à côté de la colère. Comme elle, il est enraciné en nous et n'est pas un signe de dégénérescence morale, mais un réflexe de survie naturel et automatique à la menace et à l'abus. Notre travail, qui va à la fois à l'opposé de nos tendances naturelles et devance notre évolution, est d'accepter cela comme un fait de la nature humaine tout en décidant de ne pas passer à l'acte. Cela ne veut pas dire qu'il ne faut pas agir, mais qu'il faut trouver un moyen d'exprimer la colère sans blesser les autres. Cette résistance non violente émane d'une conscience supérieure et fait du monde un lieu plus bienveillant et plus aimant.

Certains d'entre nous ont, consciemment ou non, prêté serment au dieu de la vengeance. La haine est une colère puissante ressentie par un ego névrotique prisonnier d'un désir de revanche dont il ne parvient pas à s'échapper. Les personnes qui en sont la proie ont un sens du soi confus, fragmenté et dégradé. La haine peut d'ailleurs conférer à celui qu'elle anime le sentiment d'exister d'une façon cohérente et maîtrisée car elle donne un but. C'est en quelque sorte sa fonction. Mais ces stratégies-là sont celles de l'agonie et devraient susciter la compassion chez ceux qui en sont témoin.

Quand on est adulte, on est capable d'embrasser et de vivre des sentiments et des états en apparence contradictoires. Nous nous sentirons ainsi proche de quelqu'un *tout en* maintenant nos frontières personnelles, en conflit *tout en* travaillant dessus, en colère ou abandonné *tout en* éprouvant ou en exprimant de l'amour. En fait, on se rend compte qu'on peut continuer à aimer quoi qu'il arrive, ce qui est bien la preuve du lien entre le psychologique et le spirituel. Voir d'un côté les bons, de l'autre les méchants, c'est séparer le monde entre ceux qui font naître l'amour et ceux qui provoquent la haine. Intérieurement, nous associerons l'amour à l'attente et notre haine cachera notre peur. Dès lors que nous sommes à l'aise avec le fait d'éprouver de la colère, nous formons un arc de connexion qui nous donne le sentiment d'être entier et que les autres le sont aussi. Ce qui nous propulse et nous soutient dans l'intimité, c'est un amour qui trouve sa place aux côtés des autres sentiments. Alors la colère devient une réaction normale et occasionnelle qui n'élimine jamais l'amour. Rien ne le peut.

Comparez la colère énorme qui s'exprime généreusement dans la nature et celle toute racornie d'un voisin dépité. Le tonnerre fulgurant qui remplit la nature n'a rien à voir avec les grommellements hargneux du riverain au visage sinistre, n'est-ce pas ? En tant qu'adulte, il est bon d'exprimer sa colère sans peur ni détour parce qu'elle attire l'attention d'une façon sonore et pressante sur l'état préoccupant de la relation On peut donc considérer que seule une personne généreuse montre vraiment sa colère, laquelle ouvre à l'amour quand elle est reçue avec les cinq A. C'est ainsi qu'elle coexiste avec l'intimité et l'aide à grandir.

## « Je maintiens mes propres frontières tout en restant proche de toi »

Pour les Orientaux, penser que nous avons des identités séparées est illusoire et le résultat d'une faille de la conscience. Mais la vérité spirituelle d'un tel point de vue n'empêche pas que nous ayons un besoin psychologique de frontières qui protègent des incursions et assauts des autres. Au final, nous sommes pur espace, mais en attendant il est commode de faire comme si nous avions une identité et de la défendre si besoin. Si notre destinée spirituelle est de reconnaître l'unicité, notre tâche psychologique est de surseoir à cette idée. Car bien que le moi solide, séparé et indépendant, n'existe pas, chacun a un noyau inviolé et inaliénable de responsabilités et droits personnels. Ce noyau est l'ego sain, une caractéristique provisoire mais légitime de qui nous sommes.

Les frontières nous protègent et protègent nos engagements. La personne qui en est dépourvue s'efforce de préserver son couple contre vents et marées, pas de faire en sorte qu'il marche. En revanche, quand les frontières sont clairement établies, nous sommes capable de voir quand notre relation ne fonctionne plus et d'enrôler notre partenaire à y travailler avec nous. S'il se joint à nos efforts, cela nous encourage ; s'il refuse, il faut entendre le message et insister – et s'il refuse de céder d'un pouce, passer à autre chose.

## « Tu représentes plus à mes yeux que les cinq A »

Se battre pour maintenir son couple hors de l'eau pendant les moments où nos besoins ne sont pas satisfaits, c'est avoir compris qui est vraiment son partenaire au-delà des cinq A qu'il ne sait pas toujours donner. Cela veut dire que l'on accepte l'un comme l'autre de pouvoir se montrer parfois faible, en demande ou indisponible. Cependant, si cela se produit trop souvent, il est indispensable de s'interroger sur sa fonction dans le couple : suis-je considéré comme un partenaire à part entière ou suis-je là pour prendre soin de l'autre ? Chacun doit prendre ses responsabilités et aller chercher l'aide dont il a besoin de façon à pouvoir remplir son rôle par rapport aux cinq A.

S'il est indispensable de regarder la vérité en face, d'en parler ensemble avec honnêteté et d'offrir son soutien, il ne sert à rien d'être sans cesse sur le dos de l'autre. Par exemple, face au toxicomane ou à l'alcoolique qui refuse de reconnaître les faits et de faire le nécessaire pour se sevrer, dire : « Puisque tu as décidé de te détruire, je vais commencer mon travail de deuil » peut avoir de l'effet. C'est une réaction brutale mais adulte face à un fait qui est que : « Si je suis alcoolique, je suis incapable de remplir ma part du contrat, de prendre soin ou de m'intéresser à toi. Si je refuse de me soigner, même après que tu m'eus poussé dans mes retranchements, c'est donc que je choisis de m'éloigner de plus en plus de toi. » Dont acte de votre part.

La frontière est ténue entre le choix immature de rester avec quelqu'un qui ne satisfait pas nos besoins et le choix adulte de tolérer la situation de façon temporaire. Une personne saine sait faire la différence entre occasionnel/circonstanciel et continu/certain. C'est ne pas faire preuve d'un grand respect de soi que de se laisser imposer un modèle négatif permanent ou de vivre sans jamais recevoir aucune satisfaction de ses besoins. Mais c'est autre chose de tolérer des manquements occasionnels. En fait, dans la mesure où grandir de façon adulte implique des périodes pendant lesquelles on éprouve du chagrin face aux pertes et aux changements, il y aura toujours des périodes pendant lesquelles au moins l'un des deux partenaires sera triste, en colère, déprimé ou terrorisé et par conséquent indisponible pour l'autre. Accepter qu'une personne puisse avoir des manquements occasionnels, respecter ses difficultés présentes ou passées est une forme de tolérance proche de la compassion spirituelle : « J'accepte ce passage à vide parce que je sais ou je devine ce que tu peux ressentir. »

## S'engager

*Essentiel* signifie intrinsèque et nécessaire. *Existentiel*, pour notre propos, signifie ici et maintenant, expérientiel. Un lien essentiel est le produit d'un mode relationnel adulte – en général physique, souvent psychologique et spirituel. Comme toute énergie, il ne peut être créé ou détruit. Il ne vient au jour que dans la phase de conflit d'une relation. Le lien qui se crée pendant la phase de passion est constitué d'excitation, de besoin et d'attachement à un idéal. Lors de la phase de conflit et de travail, il évolue en un lien durable, indépendant de la qualité de la relation. Comme le lien religieux, il peut survivre à une séparation. Un lien essentiel se poursuit même après un divorce. L'amour inconditionnel peut se défaire, il ne sera jamais détruit.

Nous manifestons le lien essentiel de l'amour en prenant un engagement existentiel, qui est la décision quotidienne de gérer les problèmes qui surgissent et de respecter nos accords. Nous ne nous jetons pas au cou de toute nouvelle personne qui passe quand bien même elle serait plus séduisante que notre partenaire, car nous avons accepté de rester auprès de ce dernier tant qu'existait une relation entre nous et que nous nous y sentions suffisamment investi pour la faire fonctionner.

L'obstination n'a rien à voir avec l'engagement, pas plus qu'avec le mariage ou la cohabitation. La personne équilibrée peut aimer sans réserve, pour autant l'engagement qu'elle prend n'est pas sans réserve. Elle décide de sa durée et de sa profondeur, faute de quoi s'engager équivaudrait à se soumettre, à une absence de frontières, de valeur personnelle, de sentiment de soi.

L'adulte s'engage auprès d'un autre adulte avec qui il pense pouvoir construire quelque chose et se soustrait à son engagement quand cela n'est plus viable. À la différence de l'engagement, le vœu est la promesse de rester à tout prix dans une relation, que celle-ci fonctionne, ou puisse fonctionner, ou pas. Dans la mesure où le but d'une relation est la recherche du bonheur, pas la préservation d'une institution – comme le mariage –, les engagements sont raisonnables et les vœux dangereux. L'engagement a un rapport avec la faisabilité, le vœu avec le temps (« jusqu'à ce que la mort nous sépare »). Il peut même être aussi une tentative subtile de se soustraire aux données douloureuses des relations humaines : l'autre peut trahir, blesser ou partir. Un adulte comprend que les vœux ne sont guère plus que des désirs et certainement pas les lois qui régissent les relations. Le penseur du religieux Mircea Eliade décrit le héros comme celui qui « accepte avec enthousiasme d'être habité par la loi de la vie ».

L'intimité est totale quand un engagement existentiel vient dynamiser un lien essentiel : les accords sont respectés et les obstacles affrontés, ce qui constitue le noyau d'un engagement adulte. Un adulte pourra continuer à aimer son partenaire de façon inconditionnelle, il ne restera pas dans une relation impossible. « Je t'aime en dépit de tout, mais je ne peux pas vivre avec toi. » Ici, la différence entre le lien essentiel et l'engagement existentiel est cruciale. Le lien amoureux perdure sans être affecté par les événements, mais ceux-ci conditionnent l'engagement au quotidien. *L'adulte est celui qui combine amour inconditionnel et engagement conditionnel*, à la différence d'un parent à l'égard de ses enfants pour qui amour comme engagements sont inconditionnels. L'étreinte adulte est normale et saine et non addictive et compulsive. L'amour inconditionnel est une victoire spirituelle, car il n'est pas conditionné par la personnalité protéiforme de l'ego (peurs, attachements, contrôle, sentiment de dû). Nous montrons un amour inconditionnel pour ce qui n'est pas conditionné, la bonté fondamentale de chacun, l'esprit de Bouddha.

Il est aussi sain de dire « Je peux t'aimer et pourtant te quitter » que « Ceci me fait peur et pourtant je le ferai ». La codépendance est une relation dans laquelle moins nous recevons les cinq A dans notre couple, plus nous les distribuons autour de nous dans l'espoir que notre générosité nous attire plus d'amour. Le raisonnement est le suivant : puisque nous nous sentons en manque d'amour, c'est que nous n'en donnons pas assez. Nous culpabilisons et nous oublions que nos relations devraient être fondées sur un échange équitable.

Rappelons que selon la théorie psychanalytique de la relation d'objet, les éléments vertueux de l'intimité que je viens de décrire sont censés être en place en chacun avant l'âge de trois ans. Cela rend modeste…

## Âmes sœurs

Notre ego surdimensionné ne nous donne qu'un aperçu partiel de la personne que nous sommes vraiment. S'accrocher à son ego, c'est comme vivre sous un nom d'emprunt, un nom qui cache l'ensemble de ce que nous sommes, notre potentiel à donner et à recevoir un amour inconditionnel fait des cinq A à l'état pur.

Certaines personnes traversent notre vie et nous donnent les cinq A. Nous nous persuadons alors que Paul ou Jeanne sont notre autre moitié et nous oublions la nôtre qui est formée de l'archétype animus/anima, les énergies masculine et féminine présentes en chacun de nous. C'est comme si nous avions en nous un Robin des Bois, personnification de la générosité et de l'héroïsme, que nous remplacerions automatiquement par Paul (ou Jeanne). Nous laissons la personne extérieure et littérale prendre la place de la personnification intérieure et métaphorique de nos pouvoirs. Au lieu de l'imiter, nous lui vouons un culte et nous nous rabaissons du même coup. Rompant nos fiançailles avec notre Soi entier pour nous jeter dans les bras d'un autre alors que nous avons besoin de l'un comme de l'autre, nous mélangeons travail intrapersonnel et besoins interpersonnels. Seul notre Robin des Bois intérieur, celui qui demeure dans la forêt de Sherwood de notre psyché, a l'énergie vitale nécessaire pour nous amener à rejoindre notre Dame Marianne intérieure et se lancer dans l'aventure coopérative de l'amour adulte. *Pour une femme, l'âme sœur, ce n'est pas un homme qui assume ses fonctions, mais celui qui les réfléchit en miroir en l'encourageant*.

Nous cultivons l'illusion que notre prétendue âme sœur est la seule à pouvoir combler nos manques. Alors que ce n'est qu'en nous, en allant à la rencontre de la part féminine ou masculine de notre Soi, que nous aurons accès à l'ensemble de ce que nous sommes. Notre âme sœur ne fait que prendre la place de notre autre moitié intérieure et le vide que nous ressentons correspond à l'absence de cette dernière. *Ce vide s'ouvre quand je ne suis pas là pour moi-même mais que je place tous mes espoirs dans les pouvoirs messianiques d'un autre, que celui-ci soit présent ou absent*. C'est en réalité un vide de moi.

Le mystérieux paradoxe, c'est que pour atteindre notre archétype sacré animus/anima, nous devons passer par l'intermédiaire d'une autre personne. C'est un processus semblable à celui par lequel nous avons appris à nous aimer en nous reflétant dans l'amour que nous renvoyaient nos parents, parce qu'ils nous trouvaient dignes d'être aimés et nous donnaient les cinq A. Ainsi, c'est grâce à des sources nourricières extérieures que nous accédons à nos sources intérieures.

Mais quand nous confondons notre parent ou notre partenaire avec l'un de nos pouvoirs intérieurs, nous prenons une image personnelle pour une image archétypique universelle, le canal pour la source, le radeau pour la rive, l'acteur pour le héros, le saint pour le dieu, cet homme pour notre animus, cette femme pour notre anima. C'est ainsi que nos parents ou nos partenaires en viennent à occuper une place si importante dans notre psyché, se substituant à notre Soi supérieur au lieu de n'en être que les messagers. S'affranchir de son attachement aux gens et aux objets au niveau littéral ou de l'ego, c'est une façon de s'ouvrir à l'esprit de Bouddha présent derrière les apparences. Or, comme Énée qui n'a reconnu sa déesse mère qu'au moment de lui dire adieu sous ses traits humains et mortels de nourrice, les choses ne nous apparaissent qu'au moment où nous les quittons.

Mais n'est il pas merveilleux qu'il faille l'amour d'une autre personne pour nous conduire à nous-même et accéder à notre moitié intérieure, à notre véritable âme sœur, à notre énergie complémentaire ? Quoi d'étonnant alors que nous confondions notre attente la plus profonde d'un partenariat spirituel avec un partenariat tangible et une personne en particulier.

Les adultes acceptent le fait que la satisfaction ne soit qu'un moment temporaire et même passager. Ils se contentent et se nourrissent de ces instants pendant lesquels les cinq A sont donnés de manière parfaite, le bonheur est parfaitement ressenti, l'amour inconditionnel parfaitement reçu. Quand nous acceptons l'impermanence qui caractérise le vivant, nous cessons de chercher, de demander, de manipuler dans l'espoir d'atteindre un jour la permanence ou la perfection pour éprouver une gratitude immense envers l'instant. Et pourtant, qui pourrait nous reprocher nos erreurs ? La logique qui a présidé à l'élaboration de nos psychés nous dépasse. Il faut une profonde détermination et beaucoup d'humour pour garder le cap et progresser le long de la route tortueuse qui n'en finit pas de nous mener vers notre complétude.

L'ambition de la pleine conscience est de nous faire renoncer à notre fascination pour le miroir aux alouettes que nous présente notre ego pour nous émerveiller à la place du spectacle intérieur d'images qui ne cesse de surgir des abîmes de notre psyché sans y avoir été invitées. Ces images se manifestent dans nos rêves et notre imagination, souvent porteuses d'un message ou d'un bienfait. Toute image qui retient notre attention ou comporte une dimension archétypique peut être un cadeau du Soi. Notre âme est images et elle est notre âme sœur.

## Pratiques

### Rester en contact et intact

Posez les questions suivantes à votre partenaire (ou dans votre journal) : au lieu de me sentir menacé par tes réactions à mon égard, puis-je m'en servir pour avancer ? Suis-je capable de te voir en colère sans me mettre dans tous mes états ? Saurai-je ne pas me sentir envahi par ta dépression ? Confronté à n'importe lequel de tes sentiments, aurai-je la force de ne pas répondre par la peur mais par les cinq A ?

Lisez le paragraphe suivant, d'abord pour vous-même puis à voix haute à votre partenaire.

> Je te demande de respecter mon noyau le plus tendre que je n'exhibe pas comme un trophée mais ne révèle qu'à ceux qui se montrent désireux de le découvrir. Pour y parvenir, il

te faudra me montrer les cinq A : attention, approbation, appréciation, affection et autorisation à être moi-même, à avoir le droit d'accéder à mes besoins, valeurs et désirs les plus profonds. Je peux être comme la marguerite qui offre ses charmes à tous ses amants potentiels qui l'effeuillent à tous vents ; ou bien comme la pivoine qui ne montre son cœur qu'à l'abeille qui ose s'aventurer dans les replis de ses pétales pour y trouver son suc. Mais il ne faut pas confondre frontière et cuirasse, et trop de sécurité finit par former une barrière qui empêche de découvrir la douceur de la vie et les risques qui la rendent excitante. Le danger est de s'enfermer derrière des couches de protection et de défense. Quelques chutes et blessures ne peuvent-elles pas nous amener à grandir et à prendre de l'assurance ?

## Faire face à sa peur de donner ou de recevoir

Les deux paragraphes suivants décrivent l'un la peur de donner, l'autre celle de recevoir. Lisez celui qui vous concerne à voix haute à votre partenaire. Prenez l'engagement de faire comme si vous aviez de moins en moins peur. Demandez à votre partenaire de vous aider dans votre démarche.

*Ma peur de donner* : quand on donne, on risque de perdre. Tu vas en vouloir de plus en plus et il ne me restera plus rien. Je veux bien te parler de moi, mais il n'est pas question que je te montre mes sentiments. Je garde pour moi. Quand nous faisons l'amour, je ferme les yeux, de peur que tu ne voies mon âme effrayée. J'écoute ce que tu me dis et je te donne des conseils, mais je ne m'aventure pas à la rencontre de tes sentiments, de tes souffrances, de tes besoins et de tes yeux, ces dangereux étrangers. Je veux vivre sur la crête de notre amour, protégeant de mon mieux mon cœur frugal, terrorisé et cadenassé.

*Ma peur de recevoir* : mon regard fuit le tien car tu pourrais voir en moi trop profondément. Je n'aime pas être surpris par un cadeau ni, de toutes les façons, en recevoir parce que cela implique d'accepter ce que tu choisis de donner. Cela me fait peur car je ne contrôle plus rien, alors je me montre très difficile à satisfaire. Et si tu me fais un cadeau, je veille à t'en faire un de valeur équivalente. Je me tends quand tu me prends tout simplement dans tes bras car je me sens envahi et je préfère sexualiser nos caresses, c'est plus sûr. Impossible d'être à la fois un partenaire sexuel et un ami. Je ne te montre que mes envies, jamais mes manques et je veille à n'avoir besoin de rien et surtout pas de ton aide. C'est moi qui prends soin de toi et je ne me mets jamais à la merci de ton amour. Ma capacité à l'autosuffisance est en réalité une protection : j'ai peur de dépendre de toi dans la mesure où la dépendance implique la proximité. Rigide, contraint, fermé, bloqué, tout plein de mon ego, je suis incapable d'exprimer la moindre critique constructive. Si je m'engage un jour auprès de quelqu'un, il faudra qu'il soit parfait et je suis attiré par des personnes plus jeunes, bien sous tout rapport. Tu as peut-être déjà remarqué qu'après le repas, je me précipite pour ranger. Maintenant que nous ne sommes plus occupés par ce que nous avons dans nos assiettes, je ne veux pas prendre le risque de te voir et d'être vu si je reste assis là sans rien faire. Pour fuir la proximité, je me passionne pour le sport, les voitures, mon ordinateur, la télévision. Je suis souvent sauvé par mes cigarettes qui me donnent un prétexte pour sortir. Mais j'attends de toi tout ton amour et toute ton attention, quoi qu'il arrive.

## Utiliser la pleine conscience pour donner et recevoir

Cette approche implique de traiter ses peurs de donner et de recevoir comme des informations, sans rejeter le blâme sur les autres et sans se sentir coupable. Il s'agit d'appliquer les cinq A aux réalités et contraintes de ce qu'on est : les autoriser à exister, les considérer avec attention, éprouver de l'affection à leur égard, les approuver telles qu'elles sont et les apprécier pour ce qu'elles sont. Asseyez-vous tranquillement en pratiquant une respiration consciente. Accueillez chacune de vos peurs de donner et de recevoir avec les cinq A.

## Les cinq A dans la vie professionnelle

Les cinq A peuvent être sources de pratiques vertueuses de coopération et d'échange entre collègues, surtout quand ils sont pratiqués avec sincérité par le management et non pas utilisées comme un outil destiné à augmenter la productivité – quand bien même cela peut avoir aussi ce résultat. Il s'agit de se montrer attentif aux sentiments et préoccupations de ses équipes, accepter leurs compétences et leurs limites, apprécier leurs résultats et leurs difficultés, leur témoigner de l'affection et les autoriser à prendre des responsabilités tout en leur manifestant confiance et encouragements. Trouvez le moyen de mettre en pratique ces idées au travail et autour de vous.

## Soutenir/assister : jusqu'où prendre soin des autres ?

Faire preuve de compassion, ce n'est pas être au chevet de tout le monde et faire les choses à leur place. La compassion respecte le potentiel de chacun à faire soi-même, mais n'assiste pas. Lisez le tableau ci-dessous et faites votre propre diagnostic de compassion. En fonction des résultats, fixez-vous des objectifs à partir de la colonne de gauche :

| *On soutient quand...* | *On assiste quand...* |
|---|---|
| ■ on pousse l'autre à faire les choses lui-même et le soutient dans son action ; | ■ on fait tout pour les autres et on entretient leur dépendance ; |
| ■ on a pour but premier de donner à l'autre les moyens de faire lui-même ; | ■ on est persuadé de l'impuissance et de l'incompétence de l'autre ; |
| ■ on cherche à aider puis laisse faire ; | ■ on cherche à garder un rôle dans la vie de l'autre ; |
| ■ on aide l'autre à devenir adulte ; | ■ on assume toutes les responsabilités adultes et on infantilise l'autre ; |
| ■ on transmet des techniques et des outils qui serviront dans le futur ; | ■ on fait à la place de mais on ne cherche pas à transmettre ; |
| ■ on s'adapte aux demandes de l'autre ; | ■ on s'impose sans prendre vraiment en considération les besoins de l'autre ; |
| ■ on maintient des frontières personnelles et on n'impose pas son aide à tout bout de champ (on reste raisonnablement conditionnel) ; | ■ on est prêt à sacrifier ses frontières personnelles pour satisfaire les besoins de l'autre (on est démesuré et inconditionnel) ; |
| ■ on répond avec sincérité aux besoins de l'autre ; | ■ on cherche la satisfaction de ses propres besoins ; |
| ■ on témoigne du respect. | ■ on exerce peut-être une forme de contrôle. |

## Différencier la colère vraie de la colère abusive

La colère comme l'abus viennent des tripes et se manifestent physiquement par des gesticulations, un énervement, une prise à parti. Il existe cependant des différences essentielles entre les deux comme le montre le tableau ci-après. Repérez-y votre manière de montrer votre colère : faites-vous preuve d'une pleine conscience qui vous permet de garder un certain recul ou bien vous laissez-vous posséder par la colère ? Parlez-en à votre partenaire puis étudiez le tableau ensemble au point de le savoir

| *La colère vraie...* | *La rage abusive : l'ombre de la colère...* |
|---|---|
| ▪ expression de soi authentique (la colère du héros) ; | ▪ est exprimée de façon théâtrale, à la manière d'un méchant ; |
| ▪ n'oublie jamais l'autre ; | ▪ conduite par l'ego et dépend de l'état d'esprit de celui qui le manifeste ; |
| ▪ exprime un sentiment ; | ▪ se transforme en caprice ; |
| ▪ s'accompagne d'un comportement expressif (visage enflammé, gestes excités, voix forte) ; | ▪ s'accompagne d'un comportement menaçant, de cris, d'insultes ; |
| ▪ est une forme d'assertion qui montre du respect ; | ▪ est agressive ; |
| ▪ l'amour plus rude qui s'y exprime enrichit ou « répare » (cicatrise) la relation ; | ▪ explose et dérive sur des maltraitances qui mettent en danger la relation ; |
| ▪ surgit face à l'injustice ; | ▪ est générée par un ego outragé ; |
| ▪ considère l'injustice comme intolérable mais réparable ; | ▪ voit l'autre comme méchant et mauvais ; |
| ▪ informe l'autre, suscite une réaction attentive ; | ▪ a pour but de menacer l'autre et de l'éloigner ; |
| ▪ a pour objectif de créer une communication, un impact ; | ▪ vise à réduire au silence, intimider, écraser, effrayer ou rabaisser ; |
| ▪ désire provoquer une réaction chez l'autre, mais ne l'exige pas ; | ▪ tient à ce que l'autre reconnaisse expressément ses torts ; |
| ▪ aimerait que l'autre change, mais lui laisse le choix ; | ▪ impose à l'autre de changer ; |
| ▪ demande des comptes* pour établir les responsabilités et est prêt à faire amende honorable si on lui montre ses torts ; | ▪ rejette le blâme et les torts sur l'autre, culpabilise* ; |

* Quelle est la différence entre blâmer/culpabiliser et demander des comptes ? Dans le premier cas, il y a une censure qui s'accompagne d'une volonté de rendre responsable et d'humilier. Le but est de montrer que l'autre a tort. Dans le second cas, l'intention est d'essayer de comprendre qui a tort et qui a raison et de rétablir un équilibre. Quand on vit de façon adulte et en pleine conscience, personne n'est coupable mais tout le monde est responsable.

| *La colère vraie...* | *La rage abusive : l'ombre de la colère...* |
|---|---|
| ■ concerne l'ici et maintenant et n'est pas ressassée ; | ■ trouve souvent son origine dans des problèmes anciens non résolus (une rage réprimée que l'on déplace) et gagne en intensité d'incident en incident ; |
| ■ est capable de mettre les choses en perspective et de hiérarchiser les problèmes ; | ■ est prisonnière de l'instant et explose au moindre prétexte, aussi mineur soit-il ; |
| ■ est capable d'une certaine distance par rapport à sa colère ; | ■ possède et domine ; |
| ■ la colère coexiste avec d'autres sentiments ; | ■ occulte tous les autres sentiments ; |
| ■ accepte de reconnaître sa détresse ; | ■ fonctionne par amalgame et déplace les reproches d'une cause à une autre ; |
| ■ ne fait pas preuve de violence, contrôle sa réaction et respecte les limites (garde son sang-froid) ; | ■ violente, incontrôlable, offensante, méprisante, cherche à punir, hostile et dans la vengeance (perd son sang-froid) ; |
| ■ relâche son énergie et finit par retomber ; | ■ absorbe toute l'énergie des autres et crée un stress permanent ; |
| ■ la crise est brève et on n'y revient plus une fois qu'elle est passée ; | ■ s'accroche à sa rage en la transformant en ressentiment, haine, rancune ou amertume (comme un volcan bouillonnant) ; |
| ■ assume son chagrin ; | ■ masque son chagrin sous une invulnérabilité feinte ou du déni ; |
| ■ pense que l'autre n'est que le catalyseur de la colère ; | ■ pense que l'autre est une cause de colère. En fait son bouc émissaire ; |
| ■ traite l'autre comme un pair. Prend son origine dans un ego sain qu'il alimente ; | ■ prend sa source dans un ego arrogant qu'elle contribue à entretenir ; |
| ■ a pour objectif de créer un lien plus profond et plus fort : la colère saine est un mouvement vers l'autre ; | ■ a pour but d'exprimer la rage sans se soucier des dommages collatéraux : paroles et actes sont dirigés contre l'autre ; |
| ■ coexiste avec l'amour qu'elle contribue à renforcer : sans peur. | ■ l'amour est remplacé par la peur qui régit tout. |
| *Tous ces moyens ont pour but d'affronter, traiter et surmonter.* | *Tous ces moyens ont pour but d'éviter son chagrin et sa détresse.* |

par cœur et de pouvoir vous y référer la prochaine fois que vous sentirez monter en vous la colère. Promettez-vous alors de marquer un temps d'arrêt avant afin d'exprimer une colère animée par la pleine conscience plutôt que par l'abus. Entraînez-vous à faire des pauses au milieu de vos activités quotidiennes pour vous préparer lorsque surgira une prochaine crise. D'une manière générale, cela permet d'avoir des réactions moins dirigées par les stimuli extérieurs et de faire des choix plus libres, plus sains et plus responsables. Les réactions à chaud et inconscientes surviennent souvent sous le coup de la peur et de l'ignorance. Elles sont blessantes autant pour nous que pour les autres. La colère a ceci d'ironique qu'elle semble nous soulager quand elle sort, mais c'est en réalité une voie sans issue.

## Dire non à l'abus

La gratuité et l'échange sont la base d'une vraie relation et aucune ne devrait nous priver d'un seul de nos droits humains. Quand l'un des partenaires passe son temps à chercher l'approbation de l'autre, nous ne sommes pas en présence d'un couple adulte-adulte mais enfant-parent. Dans la première, nous pouvons abandonner nos postures pour être aimé tel que nous sommes. Nous n'avons rien à prouver.

De plus, l'adulte ne craint pas d'être blessé car si on peut le haïr, on ne peut l'atteindre. Il refuse d'être une victime de l'abus des autres et n'a pas peur de faire entendre sa voix : « Tu as l'air de me détester, et je regrette la souffrance que cela implique pour chacun de nous, mais la violence dont tu fais preuve à mon égard est inacceptable. Tout ce que je peux faire, c'est écouter ce que tu ressens » (la violence n'est pas que physique et se manifeste aussi au travers des invectives et des insultes). Voici l'approche que je recommande face à une situation abusive : (1) tenez bon en montrant votre souffrance et en posant des limites ;

(2) prenez votre mal en patience et restez auprès de votre partenaire s'il se montre ouvert et prêt à discuter ; (3) partez s'il refuse de se calmer.

Ces trois étapes contribuent à renforcer l'intimité car elles en contiennent les éléments cruciaux : exprimer sa peine tout en tenant bon montre une grande force de caractère ; exprimer ses limites, c'est défendre son territoire tout en s'ouvrant à l'autre ; rester n'implique pas de supporter l'abus sans broncher mais d'affronter, traiter et surmonter. Rester avec/auprès d'une personne maltraitée signifie que l'on maintient le lien sans autoriser l'abus. C'est une pratique de pleine conscience qui implique une dévotion aux réalités de l'amour. Quand une personne qui vous déteste vous voit souffrir sans que vous la rejetiez, il est probable qu'elle finisse par vous faire confiance et ouvre son poing plein de haine. Toutefois, rester n'est pas une énergie qui devrait servir à faire changer les autres. Nous restons à cause de notre volonté de mettre la pleine conscience avant le jugement et la compassion avant l'ego. Nous répondons à la haine par de l'amour et recherchons une communion non une rétribution. Si nous parvenons à nous sentir proche de l'autre, nous sommes heureux. Si cela prend du temps, nous prenons notre mal en patience. Si cela échoue, nous lâchons prise.

## Être plus direct

À partir du tableau ci-dessous, déterminez quel est votre comportement. L'agressivité passive, qui consiste à exprimer sa colère indirectement, n'a pas sa place dans une relation amoureuse adulte. Si vous y avez tendance, admettez-le et parlez-en à une personne de confiance qui vous aidera à mettre au point une stratégie pour changer de comportement.

Exprimez vos ressentiments et appréciations de façon directe en énonçant simplement les faits. Le ressentiment cache en général une attente implicite, une demande non

| *Exprimer sa colère directement, c'est...* | *Exprimer sa colère indirectement, c'est* |
|---|---|
| ■ manifester son désaccord ouvertement ou dire ce que l'on a sur le cœur en exprimant son déplaisir devant ce qui se passe ou s'est passé ;<br>■ admettre, analyser et se libérer de ses sentiments. | ■ ne pas respecter ses engagements, faire semblant de ne pas comprendre les messages ;<br>■ narguer/être en retard ;<br>■ bouder/se murer dans le silence/râler ;<br>■ critiquer/railler ;<br>■ refuser tout rapport sexuel ou tromper l'autre par vengeance ;<br>■ être systématiquement contre (et refuser de le reconnaître) ;<br>■ placer volontairement l'autre dans une situation embarrassante (tout en clamant son innocence) ;<br>■ ridiculiser et tourner en dérision ;<br>■ faire du mal en secret ;<br>■ priver l'autre des cinq A. |

exprimée. Quelles sont les vôtres ? Les compliments dissimulent souvent l'espoir d'en obtenir encore plus. Admettez-le. La culpabilité est fréquemment du ressentiment non exprimé que l'on retourne contre soi. Qu'en est-il pour vous ?

## Travailler seul

Si vous êtes seul ou si vous voulez être seul avec votre colère, essayez la méthode suivante : marchez en cercles, de préférence à l'extérieur, en répétant « Non » à de nombreuses reprises. Ou bien, marchez au rythme de courtes phrases qui décrivent la raison de votre colère, comme par exemple : « Tu ne m'écoutes pas ! » Tapez des pieds fermement quand vous prononcez le mot sur lequel vous souhaitez insister, puis passez à un autre mot.

## Combiner amour et colère

L'amour peut coexister avec la colère quand nous intégrons les cinq A à l'expression de cette dernière. Ainsi, on peut manifester sa colère tout en prêtant attention aux réactions de l'autre si on la module afin qu'elle soit reçue sans dommage. Ce faisant, nous reconnaissons et acceptons ses limites. C'est une forme d'affection et cela laisse la possibilité à l'autre de s'ouvrir à notre ressenti. Toute la palette des sentiments devient plus sûre quand ceux-ci sont exprimés dans le contexte des cinq A, qui forment comme un support affectif. Posez les questions suivantes à votre partenaire et demandez-lui de faire de même avec vous :

- J'ai le droit d'éprouver de la colère. Peux-tu accepter ce fait ?
- J'ai le droit d'exprimer ma colère ouvertement. Peux-tu l'accepter ?
- Ma colère est un moyen de te faire part de quelque chose qui me tracasse. Peux-tu être attentif à mes préoccupations ?
- Je continue de t'aimer, même en colère. Et toi, penses-tu en être capable ?

Exprimer ses sentiments active l'amour chez ceux qui nous aiment. Tous sont légitimes et doivent être affrontés, traités et surmontés en faisant appel à la pleine conscience. Qu'en est-il pour vous ? Vos sentiments éveillent-ils la compassion et l'attention de votre partenaire ou bien activent-ils son ego, le conduisant à vous ridiculiser, vous mépriser ou vous fuir ? Si c'est le cas, comment être présent dans de tels moments tout en se sentant suffisamment en sécurité et en confiance pour trouver une solution dans un respect mutuel ?

## Accepter l'autre

Un proverbe zen dit : « Voici les faits ; et maintenant, comment vais-je m'y prendre ? » Cette acceptation adulte de la réalité ou d'un partenaire tels qu'ils sont – qui se décline sous la forme du proverbe zen ou d'une des affirmations suivantes : « Je ne peux pas me plaindre « ou « Quels changements envisages-tu de faire ? » ou « Je vais réagir » – s'appuie sur la pleine conscience. Tout est différent quand l'un des partenaires accepte l'autre tel qu'il est – procrastinateur par exemple – et qu'au lieu de se plaindre regarde en lui-même et s'interroge sur la stratégie à mettre en œuvre : « Et maintenant, je fais quoi ? Est-ce que j'attends qu'il change ou bien est-ce que je me recentre sur moi et sur mes besoins en puisant dans mes propres ressources ? » Il ne s'agit pas de s'éloigner de l'autre, mais d'assumer son comportement et sa situation. Cela rend plus fort en mettant au contact de sa propre autorité intérieure. À vous maintenant d'essayer d'appliquer le principe zen à votre relation.

## S'affirmer

Reprenez ce livre et relisez tous les mots et phrases que vous avez soulignés ou recopiés dans votre journal. Ils représentent probablement votre propre vérité, quand bien même elle n'est pas encore consciente. Reformulez-les à l'affirmative, à la première personne du singulier, au présent et comme s'ils étaient déjà une réalité pour vous. Ainsi la phrase : « Un engagement adulte est une démarche d'amour au long terme qui s'ancre dans la vérité » deviendra « Je m'engage à aimer loyalement » ou « Il faut appliquer les cinq A à la peur car celle-ci fait partie de soi ; c'est alors qu'elle révélera sa sagesse et prendra son sens » se transformera en « Je trouve de la sagesse et un sens à mes peurs dès lors que je les considère avec l'attention nécessaire, que je les approuve, que je les apprécie, que je les autorise et que je traite mon pauvre moi terrorisé avec l'affection nécessaire ».

## Explorer le présent et le passé

Réagissez aux questions suivantes dans votre journal : Avez-vous le sentiment qu'il existe un lien essentiel entre vous et votre partenaire et cherchez-vous à le vivre au quotidien ? Quelle forme cela prend-il ? Posez-vous la question à propos de chacun de vos parents et interrogez-vous sur la façon dont ils vous ont traité enfant. Votre comportement actuel s'est-il élaboré à partir de cette expérience originelle ? Êtes-vous en train de reproduire ou au contraire de réécrire le passé ? Qu'est-ce qui continue de vous empêcher de reconnaître, traiter et résoudre tout cela en thérapie au lieu de le transposer dans votre relation ? Maintenant, transformez vos réponses en une lettre à votre partenaire.

Le seul moyen d'éviter la répétition, c'est d'élaborer une stratégie de changement et c'est à cela que sert la pratique. Pour avoir une bonne santé spirituelle et psychologique, il ne s'agit pas d'être parfait, mais de pratiquer. La plénitude est un sentiment rare et fugace, pour autant, cela ne veut pas dire qu'elle soit impossible à atteindre. L'amour constitue le mont Everest de la psyché et l'ego est taillé pour l'atteindre. Mais pour renaître de ses cendres il doit d'abord être anéanti.

## L'amour bienveillant

L'amour bienveillant, ou *maītrī* en sanskrit et *metta* en pali, est une pratique bouddhiste qui part de l'idée que nous voulons tous atteindre le bonheur et en trouver les causes et que notre lien de parenté avec tous les êtres nous pousse à les aimer – autrement dit, à vouloir leur bonheur et leur bien. Voici une pratique très simple : asseyez-vous tranquillement et imaginez-vous rempli des « quatre incommensurables » : bienveillance, compassion, joie sympathisante et équanimité. Appelez chacune de ces qualités en vous puis renvoyez-les vers un cercle de plus en plus large de personnes jusqu'à avoir inclus l'ensemble du monde dans vos vœux d'amour. « Que je demeure dans la joie. Que ceux que j'aime demeurent dans la joie », etc. Commencez par ceux qui vous aiment, puis ceux qui vous ont fait du bien, et élargissez progressivement à ceux que vous aimez, à vos amis, à vos connaissances, etc. Continuez avec des personnes que vous croisez dans votre quotidien sans les connaître vraiment (le boulanger, l'hôtesse à la banque, la caissière, etc.). Ajoutez-y ensuite les personnes qui ne vous aiment pas, celles que vous n'aimez pas, les gens difficiles, hostiles, vos ennemis (personnels, professionnels, publics et même personnages historiques malfaisants). Pour finir, étendez cet amour bienveillant à tout le monde – nord, sud, est et ouest.

Soyez attentif aux résistances qui se font jour au fur et à mesure que vous élargissez le cercle. Ne cherchez pas à les combattre, mais formez simplement une intention plus forte et vous verrez que vos résistances diminueront. Quelque chose changera sans doute en vous à mesure que vous souhaitez de l'amour et de la joie à des personnes que vous n'aimez pas ou à vos ennemis. Cette pratique nous montre les limites de notre amour, nous aide à les surmonter tout en nous apprenant à prendre refuge dans notre cœur et non dans la gloire ou la richesse.

Voici une autre manière de formuler votre intention : « Faites que je fasse preuve de compassion à l'égard de _________. Faites que _________ [nom de la personne] trouve le bonheur et les causes du bonheur. Faites que ceux qui _________ [action] se libèrent du mal ». Vous pouvez allumer une bougie ou un bâton d'encens pour ajouter une dimension rituelle à votre pratique qui vous aidera à amplifier et à concentrer l'énergie bienfaisante. Exercez-vous quotidiennement au gré de vos rencontres. Par exemple, en sortant de chez le dentiste, dites : « Puisse cet homme et les personnes qui travaillent avec lui faire du bien à leurs patients et à eux-mêmes. » Notre intention est dirigée non seulement vers nos connaissances et leur entourage, mais aussi vers tous ceux qu'ils approcheront.

Plus vous vous exercerez sur une base régulière et plus les quatre incommensurables se déclencheront automatiquement lorsque vous serez confronté à quelqu'un qui vous fait souffrir. Éprouver de la reconnaissance et souhaiter du bien ne signifie pas que l'on approuve le comportement de l'autre, mais que l'on prend en compte le potentiel de croissance présent dans toutes les situations. C'est une autre façon de ne jamais se soumettre à qui que ce soit, de ne jamais abandonner.

L'affirmation de compassion nous affranchit du désir de vengeance généré par l'ego, celle d'amour nous rend libre d'aimer plus. Souhaiter aux autres la joie nous en procure à nous-même et l'équanimité nous apporte à tous tranquillité et détachement, conditions nécessaires à l'existence pour tous les êtres. Ces quatre sentiments aimants, spiritualisés, sont la réponse à toutes les situations qui relèvent du contact social et du rapport aux autres. Nous commençons par les éprouver et les actualisons en attitudes et comportements. C'est cela, l'intégrité spirituelle. Les principes organisateurs du monde sont les conditions de l'existence et de la synchronicité. En disant oui aux conditions de l'existence et en nous ouvrant aux messages de la synchronicité, cette intégrité spirituelle estompe la dualité et se transforme en unité spirituelle.

Avancez à votre rythme : il faut du temps et de la persévérance pour maîtriser cette pratique et atteindre le niveau de compassion nécessaire à une formulation sincère de ces affirmations. Il vous faudra aussi vous transformer et transformer vos relations, mais vous verrez qu'une attention quotidienne à la pratique finira par payer.

Laissez-moi ici vous faire part d'une anecdote personnelle. Bien avant de connaître cette pratique, j'ai participé à un voyage en Égypte au cours duquel notre groupe a passé deux heures en méditation dans la chambre du pharaon de la Grande Pyramide. Alors que j'étais étendu sur le sol, j'ai spontanément décidé d'appeler à mon esprit les images de toutes les personnes présentes dans ma vie, leur offrant ainsi la possibilité d'être à un endroit où elles ne se rendraient sans doute jamais. J'ai donc invoqué les uns après les autres les membres de ma famille, mes amis, des personnes de connaissance, etc. C'était le seul cadeau que je pouvais leur faire à ce moment précis et j'ai eu le sentiment de les aimer encore plus à la fin de la méditation. J'ignorais tout à l'époque de la pratique des quatre incommensurables et je n'ai donc pas inclus l'ensemble des êtres dans ma méditation – mais je le fais ici après coup.

> Que le pouvoir des pratiques de ce livre
> m'aide à accueillir l'aube de l'amour et de l'abondance
> qui illumine tout,
> et à étendre ma compassion à ceux qui sont encore perdus
> dans l'obscurité toujours plus profonde de la peur et du désir.

# ÉPILOGUE

« Le ton d'un monde éloigné
Où musique, clair de lune et sentiments ne font qu'un. »

SHELLEY

En guise de conclusion, je voudrais faire un retour sur les thèmes principaux de notre voyage – les idées et outils auxquels j'espère vous reviendrez quand la danse des relations amoureuses se fera trébuchante et hésitante. Les cinq A sont : l'attention, l'acceptation, l'appréciation, l'affection et l'autorisation. Nous avons d'abord eu besoin que nos parents nous les apportent, puis nous les recherchons chez des partenaires adultes avant d'être capables de les donner au monde dans une démarche spirituelle : ce sont les trois étapes de notre voyage héroïque.

Une enfance aux côtés de parents suffisamment bons affecte favorablement nos relations adultes. Mais cette période peut avoir des répercussions négatives si elle nous a laissés avec le sentiment d'avoir été négligés ou abandonnés. Toutefois il est possible de s'affranchir de ce sentiment et les trous que l'enfance a laissés en nous peuvent nous mener à plus de compassion et à mieux affirmer notre caractère.

Nous relevons nos défis d'adultes en affrontant, traitant et surmontant nos problèmes, et nos défis spirituels en pratiquant la pleine conscience et l'amour bienveillant.

Nous progressons sur le plan psychologique et spirituel dès lors que nous sommes prêts à abandonner le PACS

– peur, attachement, contrôle et suffisance – que nous avons conclu avec notre ego démesuré. Cette progression se produit grâce à une combinaison d'efforts et de grâce : quand nous nous affranchissons du PACS, nous nous ouvrons la possibilité d'aimer notre partenaire et le monde. Les affirmations suivantes sont prononcées par des partenaires qui s'aiment et se consacrent aussi bien l'un à l'autre qu'au monde.

- Nous croyons avoir l'un et l'autre un amour infini à donner au monde. Nous voulons nous réconcilier avec ceux qui nous blessent et aider nos amis à faire de même. Leurs querelles nous font du mal et nous cherchons toujours à rapprocher les personnes fâchées.
- Ce qui compte pour nous, c'est le résultat bien plus que le crédit qu'on retire d'une action, l'efficacité de notre coopération et non les compliments que nous pourrions en retirer car notre force est relative et non individuelle. Nous préférons le leadership à la domination et si d'autres partagent ce choix, notre statut dépend de notre capacité à résoudre les conflits, à voir les choses sous un jour nouveau ou à servir les autres de manière créative.
- Nous n'abandonnons pas les autres. Leur inadaptation, bêtise ou insensibilité apparente ne nous les rend que plus chers. Notre tolérance à leur égard et notre envie de les aider et de les protéger plutôt que de se moquer d'eux s'en trouvent décuplés. La souffrance des autres nous touche et nous ne la jugeons pas. Nous gardons les autres au sein de notre cercle d'amour même s'ils nous effraient, nous détestent ou nous trahissent.
- Nous ne méprisons pas ceux qui agissent de façon irresponsable ou délétère. Nous ressentons de la compassion pour ceux qui sont prisonniers de leur ego ou de leur addiction au point de perdre la raison

et de mettre en danger leur bonheur. Ce sont nos frères et nos sœurs, pas nos inférieurs. Nous cherchons à les mettre sur la voie de la guérison et ne les maintenons pas à l'écart.

- Nous croyons que le changement est toujours possible, pour nous comme pour les autres. Penser « c'est ainsi et on ne peut rien y faire » est une forme de désespoir, un choix qui rend impossible le possible. Nous osons persévérer avec une foi subversive dans la vie. Comme le dit le maître hindou Nisargadatta Maharaj : « On peut être sûr que l'inattendu se produira alors que l'anticipé n'arrivera peut-être jamais. »
- Nos qualités de cœur ne viennent pas d'un moralisme ou de règles que nous nous imposons, mais d'un amour bienveillant inaliénable. Nous sommes nés avec et/ou nous les acquérons à force de pratique. C'est une tendance généreuse, une attention sincère aux autres, une capacité à être touché par la souffrance comme pouvait l'être Bouddha. C'est d'ailleurs sa compassion pour la souffrance d'autrui qui l'a précipité sur la route de l'éveil.
- Nous nous sentons tenus de servir les autres sans pour autant prétendre avoir de réponses aux dilemmes et aux contradictions de la vie. Ainsi, la réponse à la question « Si l'amour mène le monde, pourquoi alors y a-t-il des enfants qui meurent de faim ? » est simplement « Nourrissons les enfants affamés » ; ou à « Pourquoi les bonnes personnes meurent-elles aussi souvent dans la souffrance ? », « Soulageons les mourants ». Autrement dit, nous recherchons le sens de la vie en vivant. À partir du moment où nous mettons en acte notre interconnexion durable et intense avec tout et tout le monde, la compassion devient la seule réaction possible et la chair de nos moindres pensées, paroles et actions.

- Nous ne perdrons pas espoir devant l'amour mais irons dans sa direction. L'ensemble de l'entreprise humaine tourne autour de l'amour : trouver à quoi il ressemble puis apprendre à le donner et à le recevoir. Après avoir lu et travaillé avec ce livre, nous comprenons mieux ce qu'est l'amour et sommes plus aptes à le partager dans une relation adulte.
- Libérés de nos peurs et de nos désirs, nous pouvons maintenant recevoir et, de ce fait, donner. Cet échange est au cœur de l'intimité et son but ultime nous apparaît désormais : il s'agit de nous élever dans l'amour. Nous y arrivons en refusant de nous laisser tomber pour choisir de plonger.

Alors que ce livre touche à sa fin, le lecteur n'a plus qu'une seule question à se poser : *est-ce que je commence à aimer mieux* ?

ANNEXES

# Faire son deuil en pleine conscience

« En larmes, nous devons
Défaire un amour tricoté au fil des années. »

Henry KING

Faire son deuil en pleine conscience, c'est vivre son chagrin et s'affranchir de son passé en étant libéré de ses attentes, peurs, censures, reproches, honte ou tentatives de contrôle. Sans cette démarche, rien ni personne ne peut trouver de repos. Il nous faut ainsi mettre derrière nous chaque déception, insulte et trahison ; chaque abus physique, sexuel, affectif ; le fait que nos parents ne nous ont pas désiré, nous ont mal aimé ou ont été incapables de dépasser suffisamment leurs propres besoins pour voir combien nous étions digne d'être aimé et nous permettre de nous révéler ; les fois innombrables où ils ont refusé le cadeau que nous cherchions à leur faire, la vraie visibilité de notre moi authentique qui n'a rien à voir avec celui que nous avons dû élaborer pour leur faire plaisir ou les protéger ; les moments où ils ont vu à quel point nous étions effrayé, seul et triste sans pour autant avoir cherché à nous consoler, à s'excuser ou à céder ; le fait que même après toutes ces années, ils n'ont toujours pas reconnu leurs abus ou leur manque de compassion – tout cela appartient à un passé irrémédiablement perdu.

Pourquoi faire le deuil de quelque chose que nous n'avons jamais eu ? Parce que nous savions instinctivement ce qu'aurait dû être un parent pourvu des cinq A et ce qui nous manquait ; parce que nous y avions droit à la naissance et ne l'avons pas reçu ; parce que nos parents le savaient et l'ont ignoré ; parce que nous avons été blessé par ceux-là mêmes qui nous aimaient.

Le deuil est un processus qui dure toute la vie au fur et à mesure que nous mettons au jour d'autres strates dans notre souffrance et nos pertes du passé. Nous n'aurons d'ailleurs pas assez de notre existence pour tout mettre derrière nous, mais il suffit de faire de notre mieux pour que les énergies fossilisées dans notre passé puissent être réinventées dans le présent.

Le chagrin est comme le coucou, il occupe le nid laissé vide : si je m'autorise à pleurer l'abandon que je subis aujourd'hui, tous les abandons passés qui attendent leur tour depuis des années me sautent aussitôt sur les épaules. Il en va de même pour les aspects collectifs de la souffrance comme le sentiment d'une fin inévitable, de la fugacité de l'intimité, d'un manque. Nous les portons en nous et nos chagrins personnels les appellent. C'est de cette bien étrange manière que nous comprenons que nous ne sommes pas seul ! Nous charrions l'héritage de notre passé archétypique et ne cessons de l'enrichir de nos expériences personnelles.

Selon Jung, travailler sur les difficultés héritées de l'enfance est la première des étapes nécessaires vers une conscience spirituelle : « L'inconscient personnel doit être traité en premier… faute de quoi la porte qui mène vers l'inconscient cosmique ne s'ouvrira pas. » Les étapes proposées dans cette annexe ont été conçues à partir du travail que je fais avec mes clients et des ateliers que j'anime sur le deuil des traumatismes de l'enfance. Elles peuvent être adaptées à d'autres types de deuils comme la mort d'un être cher, la fin d'une relation amoureuse et toutes les pertes que nous subissons au cours de notre existence. Il nous est impossible de réparer ce que nous avons enduré, mais nous pouvons apprendre à le tolérer et à le circonscrire. C'est le but du voyage de deuil : « Notre âme est amour et un adieu permanent » écrit W. B. Yeats.

Le deuil est une action, pas une transaction. C'est un travail qui relève d'une responsabilité personnelle, aussi ne fera-t-il pas intervenir les auteurs des abus, y compris nos parents. *Tant que nous éprouvons encore le besoin de dire à nos parents à quel point ils nous ont fait du mal, le processus ne pourra s'accomplir*. Il convient cependant de leur demander des détails sur les événements. Si vous décidez de parler à vos parents de votre travail de deuil, assurez-vous que vous le faites dans le but de partager une information, pas pour essayer de les convaincre de leurs torts, de les blesser ou par vengeance.

Tout le monde n'est pas prêt à affronter ce qui lui est vraiment arrivé. Nous avons l'impression et même parfois la conviction que nous n'avons plus la force de mener le processus à son terme qui peut être douloureux. Il est important de respecter ces hésitations et de suivre son propre rythme. Il peut vous arriver de pleurer aujourd'hui, l'année prochaine ou dans trente ans. L'enfant intérieur du passé raconte son histoire par bribes car il ne saurait tout affronter d'un seul coup. Selon D. W. Winnicott : « La précipitation comme le report sont des ingérences. » Le fait que le deuil soit un processus si long n'est pas anormal, mais plutôt le signe d'une profondeur de l'âme.

## Première étape : S'autoriser à savoir ou à se souvenir

> « Pour montrer ce qu'il y avait de bon dans ce que j'ai vécu, il me faut dire tout ce qui l'était moins. »
>
> DANTE, *L'Enfer*

Bien que le souvenir obsédant d'événements passés demeure à jamais gravé dans notre psyché, nous n'y avons pas toujours accès facilement. Un sentiment ou une intuition, le souvenir d'un besoin non satisfait, sont parfois tout ce qu'il faut pour commencer le processus de deuil. Et si rien de précis ne vient à la conscience, une impression de tristesse suffira.

Une fois revenue en mémoire la cause d'un chagrin, nous pouvons en discuter avec une personne de confiance. Nous authentifions les vicissitudes subies en les racontant et, comme pour tout témoignage, il faut un témoin – non pas l'auteur de l'abus mais un individu extérieur juste, clairvoyant et fiable comme un thérapeute ou un ami – qui saura entendre notre histoire en pleine conscience sans chercher à juger, à réparer, à exagérer ou à minimiser. Cette discussion peut conduire à un effet de miroir, c'est-à-dire à la réaction aimante de tiers qui comprennent, acceptent et autorisent nos sentiments, nous indiquant ainsi que ceux-ci sont légitimes et nous libérant de la honte et du secret. Si nos parents n'ont pas su réfléchir nos peines autrefois, toute peine future nous déstabilisera et sera difficile à supporter à moins de pouvoir nous réapproprier nos peines anciennes grâce au miroir qu'on nous tend enfin aujourd'hui. C'est un autre type de voyage qui nous conduit cette fois de l'abandon à la communion.

Un petit mot sur le souvenir : la réminiscence cognitive du passé n'est que le souvenir d'un souvenir à moins d'être reliée fortement à une sensation corporelle, parce que chacune de nos cellules se souvient de tous les éléments qui nous ont affecté pendant l'enfance. Le vrai inconscient de l'homme, c'est le corps plus que l'esprit car il emmagasine à la fois notre souvenir de la douleur et les efforts déployés pour y échapper. Ce qui compte, c'est comprendre ce que nous avons ressenti plutôt qu'être capable de raconter précisément les événements qui se sont déroulés ; c'est moins le contenu des souvenirs que les conflits qu'ils incarnent et la répétition de comportements dont nous ne parvenons pas à nous libérer. Tels sont les vrais objectifs du travail de deuil.

Il est fort possible que nous ne sachions jamais ce qui nous est vraiment arrivé, non pas parce que nous l'avons oublié, mais plutôt parce que le souvenir ne cesse de bouger dans notre mémoire. À chaque phase de notre existence, il prend une place différente pour correspondre au nouveau sentiment que nous avons de nous-même et du monde. Les souvenirs sont une sélection du passé et il s'agit d'abord pour nous de restructurer le *sentiment* général que nous avons de notre passé pour l'adapter à nos besoins en évolution. Comme le disait facétieusement Mark Twain : « Plus je vieillis et plus je me souviens de ce qui ne s'est jamais produit. »

## Pratiques

### *Convoquer le passé*

Levez la main droite puis placez le bras à l'horizontal devant vous. Faites la même chose avec le gauche. Répétez les quatre mouvements lentement les yeux fermés tout en vous remémorant à chaque fois l'une des quatre situations suivantes vécues pendant votre enfance : (1) Un adulte me tient la main pour traverser la rue ; (2) Je tends le bras à travers la table pour attraper un plat ; (3) Je pose une question en classe pour la première fois de ma vie ; (4) Je tends la main pour attraper celle de mon premier ami.

Soyez attentif à ce que vous ressentez à mesure que vous vous remémorez ces événements. L'expérience d'origine était-elle associée à une souffrance ou à un réconfort ? – comme par exemple : on vous a tiré par le bras pour vous forcer à traverser une rue/tendu de la nourriture/fait honte à l'école/repoussé la main que vous tendiez à un autre enfant dont vous vouliez vous faire un ami. Essayez de voir si les différentes situations qui vous reviennent à la mémoire ont des répercussions sur votre niveau actuel d'estime de soi et sur vos relations.

### *Se souvenir*

Certaines situations vécues autrefois sont parfois trop pesantes ou douloureuses pour être abordées directement et il arrive que l'on se soit dissocié de l'abus (en l'oubliant ou en s'insensibilisant par rapport à son souvenir). C'était un outil utile quand nous étions des victimes impuissantes, mais pour faire la paix avec ses souvenirs, il est nécessaire de s'associer à nouveau avec son passé en rassemblant ses capacités d'adulte à regarder la douleur en face afin de la mettre derrière soi.

Commencez par imaginer une scène passée et décrivez, à voix haute ou par écrit, tout ce dont vous vous souvenez : quel était le cadre ? Comment les choses se sont-elles déroulées ? Où étiez-vous placé et dans quelle position (assis ? Debout ?) ? Quelles paroles ont été échangées ? Comment avez-vous été traité ? Ce qui a été autorisé, refusé, interdit, etc. Pour chaque situation, racontez jusqu'au moment où vous parvenez à vous souvenir de ce que vous avez ressenti. Puis identifiez les fois où, aujourd'hui, vous avez éprouvé la même chose. Cela vous permettra de comprendre comment la blessure originelle continue de vous lancer. Jadis vous n'aviez pas les moyens d'agir sur ce qui vous faisait mal mais désormais vous pouvez choisir d'avoir des réactions différentes face à des situations similaires.

Ainsi par exemple, supposons que vous vous souveniez que l'on se soit moqué de votre propension à poser des questions quand vous étiez petit (« Et pourquoi ci… ? Et pourquoi ça ? »). Il est possible qu'aujourd'hui vous ayez peur d'être rejeté si vous vous intéressez de trop près à ce que disent ou font les uns et les autres. Du coup, vous vous surveillez, vous n'osez pas poser de questions et vous vous comportez comme si vous étiez encore un enfant qui craint les réprimandes. Réunissez votre expérience d'enfant et celle d'adulte et exprimez le ou les sentiments qui en émergent : colère, tristesse, peur. Confiez-vous à quelqu'un qui leur rende honneur. Il ne s'agit pas forcément de vous en prendre à celui qui les a provoquées, mais de vous autoriser à exprimer en toute liberté ce que vous ressentez afin d'inverser l'abus et le silence d'origine. Vous montrez ainsi : d'abord que vous n'avez pas besoin de l'autorisation de qui que ce soit ; ensuite vous exprimez vos sentiments au lieu de les cacher ; enfin, vous vous en détachez (au lieu de vous y accrocher en les refoulant). Vous avez évolué : avant, c'était les autres qui vous dictaient ce que vous étiez censé ressentir ; aujourd'hui, vous leur dites ce que vous ressentez vraiment.

Voici quelques trucs qui vous aideront peut-être à ce stade :

- Racontez votre histoire plusieurs fois. C'est comme cela que l'on absorbe les chocs. Si vous avez du mal à en parler, pourquoi ne pas l'écrire, la dessiner, en faire un collage, etc. Et soyez attentif à vos résistances : c'est peut-être un signal de votre psyché vous notifiant que ce type de travail est prématuré. Le simple fait de respecter ce message fait du bien.

- Servez-vous de vos troubles actuels comme d'un véhicule qui vous ramènera vers le passé.

- Considérez le souvenir comme la manifestation de quelque chose dont vous aviez jusque-là trop peur de reconnaître l'importance ou la gravité et que vous vous admettez enfin à vous-même et aux autres. Peu importe qu'il corresponde à la réalité : ce qui vous intéresse, c'est l'impact subjectif pas la précision historique.

- Ne vous préoccupez pas trop du « pourquoi » car de telles interrogations ramènent à l'esprit qui raisonne, l'ego malin qui nous jouera son numéro habituel de distraction et consolation. Transformez chaque « pourquoi » en un « oui », car, comme l'affirmait Maître Eckhart, « La seule façon de vivre, c'est d'être comme la rose et ne pas se demander "pourquoi". »

- Faites la différence entre un parent angoissé et névrosé qui se soulageait de sa souffrance en s'en prenant à vous et un parent méchant, mesquin ou cruel qui prenait plaisir à vous voir souffrir. Les blessures infligées par le second sont plus douloureuses et les cicatrices laissées sur votre capacité à faire confiance à l'avenir plus profondes.

- Dans les premiers moments de souvenir et de ressenti, ne mettez pas trop rapidement vos parents hors de cause (« Ils manquaient de recul et faisaient de leur mieux à l'époque » « Les choses ont changé maintenant »). N'oubliez pas que la compassion et le pardon font suite à la colère.
- Le souvenir amène une question complexe et perturbante : « Qu'est-ce qu'on me faisait payer ? » Quelle souffrance mes parents me forçaient-ils à réparer ? Les tourments que j'ai subis avaient-ils pour but de me faire racheter les fautes de mes ancêtres ? Toute ma vie adulte n'est-elle qu'un syndrome de stress post-traumatique à mon enfance ?
- Il est préférable de commencer par travailler sur l'établissement d'un sentiment de sécurité intérieur avec un thérapeute avant de vous lancer bille en tête dans un travail sur vos souvenirs. En outre, les suggestions qui suivent s'adressent à ceux qui n'ont connu ni abus ni traumatisme sévères (car en ce cas, il faut un travail préparatoire encore plus grand avant de pouvoir commencer à traiter et apaiser les souvenirs douloureux).
- Les blessures ne nous détruisent pas, mais activent nos pouvoirs d'autoguérison. Il ne s'agit donc pas tant de « mettre derrière soi » que de continuer à tirer profit de la force que cela a éveillée en vous.
- Examinez des photos de vos parents avant qu'ils ne se rencontrent. Placez-les côte à côte et dites (ou écrivez) à chacun quelque chose que vous avez sur le cœur et dont ils ne se sont jamais doutés – par exemple leur divorce, les punitions ou les mauvais traitements subis, votre version de votre histoire avec eux.

Évoquez ensuite les aspects positifs. Soyez attentif à la compassion qui peut se faire jour en vous.

La première étape est en réalité la seule à procéder d'une démarche volontaire car les suivantes se mettront en place d'elles-mêmes. Des sentiments complets émergeront et vous revivrez instinctivement les événements, le pardon compassionnel, le lâcher-prise et les rituels commémoratifs du processus. Et quand nous en venons à nous rappeler avec envie des *bonnes* choses du passé, c'est que nous sommes empli de *nostalgie*, le léger chagrin qui marque la fin du travail de deuil.

## Deuxième étape : s'autoriser à ressentir

Tristesse, colère, douleur, peur et même terreur accompagnent le travail de deuil. Quand celui-ci est accompli en pleine conscience, nous devenons la piste qui accueillera tous ces sentiments. Il en est qui nous écrasent, d'autres qui se posent doucement ; certains nous blessent, mais jamais de façon durable. Et quand ils vont se ranger à leur place ou quand on parvient à évacuer leurs débris, nous pouvons avoir confiance en notre survie car nous avons été conçus dans ce but.

Vous serez peut-être surpris d'apprendre que le déni est nécessaire à un travail de deuil. Pour le drogué, il est le moyen de ne pas affronter la réalité, mais pour ceux qui cherchent à dépasser des traumatismes hérités de l'enfance, il est un moyen sain de laisser entrer la souffrance petit à petit afin de se laisser le temps d'y faire face. Il est normal d'éviter le choc frontal d'une perte et ses implications. Le deuil *terrifiant* est celui qui ne nous permet pas de digérer progressivement les informations – par exemple la nouvelle de la mort brutale d'un proche – mais nous laisse désarmé, sans défense et impuissant face à une nouvelle permanente et irréversible.

La terreur est une réaction forte à une situation particulière et peut être l'indication qu'il y a quelque chose en nous qui demande à être restauré. Je me souviens ainsi avoir vu un film dans lequel une mère apprend la mort de son fils. J'ai ressenti sa terreur d'une façon extraordinairement puissante, comme un coup violent au creux de l'estomac. Environ un mois plus tard, peut-être en signe de synchronicité, mon fils m'a parlé de deux de ses clients dont la mère était décédée brusquement. J'ai alors éprouvé la même terreur intime que pendant le film. C'était au-delà de la compassion : la nouvelle de ces morts me menaçait directement. Je me suis alors interrogé sur la violence de ma réaction. Quelques jours plus tard, je me suis réveillé avec en tête un événement de mon histoire familiale que j'avais toujours su. Juste avant ma naissance, ma grand-mère avait appris la mort subite de son fils, Blaise. En y repensant, j'ai ressenti la même douleur à l'estomac. C'est alors que, me concentrant sur cette partie de mon corps, je me suis souvenu que ma mère avait appris la nouvelle du décès de son frère préféré *pendant qu'elle me portait en son sein*. Elle m'avait toujours raconté qu'elle en avait été très affectée et avait pleuré pendant des semaines par la suite. Autrement dit, j'avais entendu d'une certaine façon la même chose et me suis senti menacé dans ma santé/survie. La psyché garde en mémoire toutes ses souffrances et ses pertes. Est-ce que celle-ci, inachevée et jamais prise en compte, pouvait expliquer ma réaction à une peine équivalente ressentie par d'autres ? La connexion archétypique entre les êtres humains est-elle aussi puissante que cela ? J'ai eu l'impression que ma terreur et mon impuissance par rapport à un choc ressenti par d'autres m'indiquaient qu'il me restait un travail personnel à accomplir.

## Pratique

Cela ne concerne pas tant qui je suis que ce qui m'est arrivé

Cette pratique a pour but de laisser ses sentiments émerger. Il s'agit essentiellement de faire sortir sa tristesse qui s'exprime avant tout au travers de nos larmes – et il n'y a pas d'âge pour cela quand on nous prive de l'amour auquel nous aspirons instinctivement. Ce n'est pas l'indication d'une immaturité infantile mais le signe que nous autorisons notre enfant intérieur à éprouver ses sentiments de façon authentique. Le meilleur moyen d'y parvenir, c'est de s'abandonner à la tristesse que l'on ressent par rapport aux pertes du passé comme à celles du présent. Nous pleurons de ne pas avoir reçu les cinq A de nos parents et/ou de ne pas les recevoir de notre partenaire.

N'oubliez pas que le travail de deuil peut aussi porter sur d'autres sentiments que la tristesse, lesquels, faute de s'exprimer et d'être traités, dégénéreront : la souffrance se transformera en apitoiement sur soi, la colère en amertume, la tristesse en dépression et la peur en panique paralysante. Ils sont une continuation de l'abus sauf que désormais nous en sommes l'auteur et nous nous l'infligeons à nous-même.

Au cours de cette phase, nous reconnaissons chacune de nos émotions et leur totale légitimité avant de les exprimer physiquement avec emphase – par exemple en pleurant, en faisant de grands gestes ou en prenant une autre voix – afin d'arriver à une catharsis qui est la purification des passions au moyen de la représentation dramatique et conduit à un relâchement (des recherches ont montré que les pleurs liés au chagrin ont une composition chimique réductrice de stress que n'ont pas les larmes que l'on verse en épluchant un oignon). N'oubliez jamais que moins l'on ressent d'émotion, plus la blessure a dû être profonde. Et cela vaut aussi pour votre partenaire : s'il n'exprime jamais ce qu'il éprouve, n'est-ce pas parce qu'il est rempli d'un chagrin ignoré depuis l'enfance ?

Les sentiments liés au chagrin ont des sons qui sont profonds, gutturaux et même effrayants. Ils sont bruyants et imprévisibles, ni agréables ni polis. Assurez-vous de pouvoir les exprimer tous. Vous avez le droit à tous vos sentiments sans avoir à les justifier ou à leur trouver une logique. Méfiez-vous toutefois du rejet, de la déception, de l'humiliation, de l'abandon ou de la trahison qui ne sont pas des sentiments, mais des jugements, une forme subtile de reproche, une manifestation de l'ego malin qui vous murmure à l'oreille : « C'est toi qui as raison » ou « Ne la/le laisse pas s'en tirer à si bon compte ! » au lieu de « Je souffre terriblement et j'ai une peur bleue de ce qui va se passer ! ». Cela aide à identifier le sentiment que masque le jugement. La déception cache la tristesse et l'idée que toutes les attentes doivent être comblées. Chaque jugement est d'ailleurs un débat entre un fait de l'existence et la conviction d'avoir droit à un traitement spécial. Libéré de l'ego enfantin, l'adulte s'attend à traverser des périodes de rejet et de déception, car cela fait partie des données normales des rapports humains. Voyez ainsi comment le chagrin nous pousse à maîtriser et à transcender l'ego ! En ce sens, il s'agit d'un travail autant spirituel que psychologique.

Selon la mythologie grecque, le vin est né des larmes de Dionysos pleurant la mort du jeune satyre Ampelos. Ainsi, du chagrin naîtra la joie. Laisser s'exprimer sa peur et sa colère dans le travail de deuil permet de trouver sa sérénité et sa liberté d'adulte. Comme il est dit dans le *Baghavad Gita* : « La coupe de chagrin finit par se transformer enfin en un vin immortel. »

## Troisième étape : la possibilité de rejouer les scènes du passé

La troisième étape consiste à rejouer la scène qui est à l'origine de notre souffrance, mais en intervenant et en l'interrompant. Dans ce psychodrame, vous vous replacez dans le contexte d'origine pour revoir ou réécouter ce qui vous a été fait avant d'affirmer votre pouvoir et refuser l'abus. Vous pouvez avoir recours à la parole, au théâtre, à l'écriture, à la danse, au dessin, à la sculpture et d'une manière générale à toute expression artistique ou corporelle. Exprimez-vous devant un témoin en vous concentrant sur votre partie sans chercher à transformer votre tourmenteur. Maintenant que vous avez refusé l'abus, vous n'êtes plus la victime de la scène mais le héros. Vous avez transformé la fin de votre souvenir et c'est ce nouveau dénouement qui vous viendra désormais en mémoire quand vous y repenserez.

Cela peut vous paraître futile car il est impossible de changer le passé. Mais si c'est vrai du passé historique, nous pouvons modifier le passé que nous portons en nous, son impact. Quand nous autorisons le souvenir originel à devenir un simple fait, la charge qu'il porte s'estompe et cesse de nous faire souffrir. Désormais, le souvenir est associé à la façon dont nous avons réussi à apaiser nos tourments. Ce souvenir reconstruit conduit à la sérénité et à la force tout comme le souvenir d'une souffrance devient supportable et même grisant quand la personne qui en est à l'origine s'excuse.

## Quatrième étape : renoncer à ses attentes

La quatrième étape est de cesser d'imaginer qu'il existe sur terre une personne qui comblera tous les manques de votre enfance. Passez en revue vos choix et votre mode de vie : avez-vous de telles attentes ? Attendez-vous de votre partenaire qu'il pourvoie aux besoins que vos parents ont négligés ? Faites-vous en sorte de le pousser à vous traiter comme vous l'étiez autrefois ? Le considérez-vous comme votre gourou ? Êtes-vous pris dans un mouvement sectaire ? Êtes-vous dépendant à une substance, au sexe, à une personne ou à une relation ? Avez-vous un comportement obsessionnel ou compulsif à propos d'un objet, d'une situation, d'une personne auquel vous ne parvenez pas à renoncer ? En somme, cherchez-vous à obtenir à nouveau ce que vous avez eu étant petit, ou ce à quoi vous aviez aspiré et que votre famille a toujours refusé de vous donner ?

Nous nous imaginons parfois que nous pourrions trouver confort, sécurité ou paix de l'esprit si seulement notre mère voulait bien répondre à nos attentes et s'occuper de nous comme elle ne l'a pas fait autrefois. Alors nous pourrions cesser enfin de vouloir qu'elle comble nos besoins. C'est elle qui détient la clef de notre bonheur et on la lui reprend en travaillant sur soi, en utilisant les outils psychologiques et pratiques spirituelles qui nous amènent à nous concentrer sur nous-même et à devenir nos propres parents. Nous cessons ainsi d'attendre que les autres remplissent cette fonction, nous avons besoin d'eux sans être en demande : le besoin commence avec la sensation d'un manque à laquelle succède une mobilisation de l'énergie dans un but de contentement et se résout soit par la satisfaction du besoin, soit par l'acceptation que cet assouvissement est impossible (parce que ce n'est pas le moment ou parce que nous ne nous adressons pas au bon interlocuteur). L'attente est un état permanent, insoluble et stressant de manque et d'incomplétude dans lequel aucun apaisement n'est possible.

Mon père m'a abandonné pour ne jamais revenir quand j'avais deux ans. J'ai perdu tout contact avec lui. À l'âge adulte, je suis parti à sa recherche et j'ai cherché à faire de lui le père que j'avais rêvé qu'il soit. Mais il refusait le rôle que je voulais lui faire jouer : il n'avait tout simplement pas la fibre. Cela n'a cessé de me poursuivre et j'en ai conçu une immense frustration. J'étais obsédé et j'ai travaillé avec acharnement sur la question en thérapie. Un jour que je n'oublierai jamais, je traversais une rue quand j'ai tout d'un coup entendu une voix résonner dans ma tête : au lieu de l'habituel « Mais pourquoi ne peut-il pas __________ ? » elle disait : « Pour lui, être un père c'était participer à ta conception et il l'a fait à la perfection, mais dans son esprit, son rôle s'arrêtait là. » Je me suis arrêté au milieu de la rue, choqué d'avoir enfin compris cette vérité et à partir de ce moment-là, je me suis senti mieux : mes attentes par rapport à lui ont cessé.

D'où est venue cette voix ? Cette grâce, je ne l'avais ni prévue ni fabriquée, elle était le résultat de tout le cheminement que j'avais fait. Le but du travail psychologique et spirituel est de se libérer de ses illusions et on y parvient parfois. Ce jour-là, quand j'ai enfin réussi à laisser à mon père la place qui lui revenait dans mon cœur, je me suis senti plus grand. C'est un processus indispensable pour se sentir complet.

## Cinquième étape : dire merci

Au cours de la cinquième étape, il s'agit de remercier votre Soi intérieur (et/ou pouvoir supérieur) d'avoir survécu à la souffrance, aux abus et à l'insatisfaction de vos besoins les plus intimes. Ce faisant, vous faites écho à un thème de cet ouvrage : l'idée qu'il y a une dimension positive à tout ce qui nous arrive. Notez en quoi la maltraitance de départ vous a amené à compenser et à développer de nouvelles aptitudes comme par exemple la capacité à faire face à la douleur par la fuite ou par la confrontation directe – deux réactions légitimes et sages en fonction de vos possibilités du moment. Identifiez les forces en vous qui évoquent vos premières souffrances et pertes. C'est ce à quoi on fait allusion quand on dit que le héros est celui qui a réussi à traverser la souffrance et en est sorti renforcé.

Composez une phrase de remerciement car ce qui vous est arrivé c'est ce qui vous a donné votre force d'aujourd'hui. Ce n'est pas à l'égard de la souffrance que l'on vous a infligée que vous éprouvez de la gratitude, mais à l'égard de votre capacité à la surmonter et à y faire face aujourd'hui. Comme l'affirmait Nietzsche : « Tout ce qui ne me tue pas me rend plus fort. »

Vous sentez-vous fort désormais ? Êtes-vous au moins prêt à affronter la douleur qu'il y a à pleurer les souffrances du passé ? Voyez de quelles diverses façons ce dernier peut révéler le présent. Il nous indique ce dont nous avons besoin et pourquoi, l'origine de nos atouts et de nos faiblesses, actualise notre potentiel, il est la feuille de route qui nous montre le chemin vers notre vie adulte. Pour peu que nous soyons capable de le déchiffrer, il nous parlera de notre tendre vulnérabilité, de toutes nos attentes et de nos peurs.

*Ma plus grande joie, c'est de me rendre compte que ma capacité à aimer est demeurée intacte en dépit de tous les revers que j'ai subis. Que l'amour ait survécu à tout cela signifie que je m'en suis sorti.*

## Sixième étape : la grâce du pardon

> « Je garde une foi inébranlable dans la bonté du cœur de l'homme. Cette bonté m'a aidée à traverser tous les jours de ma vie. »
>
> Helen KELLER

Le pardon est une expérience plus qu'une étape. Il est impossible de l'organiser ou de le décider à l'avance. Il est fait d'une compassion automatique à l'égard de ceux qui nous ont fait du mal à qui nous donnons notre absolution. Il implique de renoncer au reproche et au ressentiment sans pour autant nier les responsabilités et c'est pourquoi il ne peut venir qu'après la colère.

La compassion suppose de faire taire les indignations de l'ego assez longtemps pour apercevoir la souffrance de ceux qui nous ont blessé, comprendre qu'ils ont eux-mêmes subi des abus qu'ils ont reproduits sur nous sans jamais en faire le deuil. Nous sommes capable de dire qu'ils ont eu tort tout en remarquant pour la première fois leur douleur et en l'éprouvant. Le pardon éloigne enfin de nous le fardeau de leur douleur. C'est de l'amour inconditionnel et cela contribue à notre bonne santé personnelle, psychologique, spirituelle et même physique.

Le pardon, c'est un pouvoir, une grâce qui nous donne les moyens d'aller au-delà des limites normales de notre ego. L'ego névrotique a souvent pour objectifs de punir et de se venger, qui sont autant de manières de résister au processus de deuil. La vengeance substitue à la vulnérabilité de se sentir triste par rapport à l'injustice l'impression d'avoir un pouvoir sur l'injustice. Alors qu'un chagrin sain conduit à l'engagement d'employer la non-violence, de rechercher la réconciliation et la transformation plutôt que la vengeance et la rétribution. C'est une façon de dompter le pouvoir plutôt que de se laisser dominer par lui ou de l'utiliser pour écraser les autres.

*Le pardon, c'est la pleine conscience appliquée à nos blessures*. Se sentir capable de pardon et de compassion, c'est la preuve que nous avons transcendé l'ego et que nous avons été assisté dans ce travail par des forces adjuvantes. C'est un moment qui associe le travail psychologique auquel nous sommes parvenu grâce à notre volonté et les dons spirituels que nous avons reçus comme une grâce et qui renforcent et complètent nos actions. Comme les héros mythiques, nous nous débattons et ressentons de toutes nos forces jusqu'à ce qu'un pouvoir supérieur se manifeste avec ses cadeaux.

L'ego s'imagine que le pardon a pour prérequis la punition et la vengeance. Mais un pardon authentique suit un modèle de pure générosité. Le pardon est la forme la plus haute de lâcher-prise parce que ainsi on renonce à tout ressentiment envers les autres comme à notre propre ego. C'est en quelque sorte un événement olympique spirituel.

Quand ma mère perdait le contrôle et me frappait, elle faisait naître en moi la peur qu'elle me reprochait ensuite de montrer, me traitant de mauviette si je mettais les mains au-dessus de ma tête pour me protéger. Je comprends aujourd'hui qu'elle ne prenait pas plaisir à me battre, mais qu'elle était prisonnière de la compulsion qui la poussait à se venger sur moi de la honte et des souffrances qu'elle ressentait. Je n'excuse pas son comportement, mais j'éprouve de la compassion à l'égard de ses souffrances prises au piège et ma compassion, à l'inverse du ressentiment qui ne connaît jamais de fin, ne me détourne pas de mon travail de deuil.

Répétez de temps en temps la phrase suivante jusqu'à avoir l'impression que c'est devenu vrai : « Quand je me souviens des mauvais traitements infligés par certains membres de ma famille, j'éprouve de la compassion pour les problèmes, l'ignorance et la peur que cachait leur comportement. Je n'éprouve aucun désir de vengeance ou de faire du mal à qui que ce soit ou même de les amener à me comprendre. J'étends sur ma famille un voile d'amour inconditionnel qui pardonne tout. Et je ne cherche plus à leur faire entendre mon point de vue, mais je réserve mes histoires pour mes amis ou mon thérapeute. »

## Septième étape : rituels de guérison

Un rituel est la mise en actes d'une prise de conscience nouvelle afin d'en rendre la réalité la plus profonde proche et palpable. Il sanctifie à la fois la place à laquelle nous nous trouvons et notre ressenti en les consacrant à quelque chose qui se situe au-delà du transitoire. Imaginez un rituel qui à la fois prenne en compte les rituels de votre enfance tout en allant plus loin. Trouvez les gestes qui expriment vos intentions et vos progrès dans le travail de deuil accompli jusque-là. Manifestez votre reconnaissance pour les offrandes spirituelles que vous avez reçues. Les rituels font appel au corps. Les mains et les yeux sont porteurs d'une sagesse ancienne qui est plus efficace que l'esprit pour le processus d'intégration.

En faisant son deuil du passé, il faut aussi prendre en considération les disparus et les morts qui continuent de faire partie de notre système familial. Personne n'est complètement exclu quand bien même il a été rejeté ou il s'est éloigné de la famille. Quand nous honorons et réintégrons les exclus, ils cessent de dominer notre psyché comme des âmes sans repos. Et recréer un lien avec les ombres de notre passé non seulement nous fera du bien, mais nous réconciliera avec nos ancêtres tout en leur étant bénéfique. Et si nous étions sur terre pour travailler sur une partie du karma de ceux qui nous ont précédé ? Que s'est-il passé dans la vie de notre grand-mère et de notre mère qui n'a jamais été pris en considération ni traité ? Qu'ont-elles subi qu'elles nous ont transmis au lieu de le soigner ? Suis-je en train de reproduire leur destin ? Le rituel fonctionne avec d'autant plus de puissance qu'il prend en compte nos connexions avec notre passé et fait de nous le thérapeute blessé de tout cela.

## Pratique

Élaborez un rituel de deuil en quatre parties :

1. Admettre – Rédigez le récit complet de vos expériences douloureuses et racontez le processus de deuil.
2. Abolir – Brûlez les feuilles sur lesquelles vous avez écrit votre histoire et enfouissez les cendres avec des graines ou sous un arbre.
3. Renouveler – Prononcez des paroles qui affirment votre désir de laisser aller le passé, de trouver une issue à votre souffrance et de poursuivre dans la joie et en toute liberté. Réitérez votre engagement envers la satisfaction de vos besoins d'adulte et votre liberté en criant ou en chantant vos pouvoirs en pleine nature. Repensez à des moments agréables de votre enfance : si les traumatismes et les abus subis forment des souvenirs perturbants et douloureux, la mémoire de moments agréables et réconfortants fait du bien. À partir de maintenant, veillez à associer chaque mauvais souvenir à l'évocation d'un bon. N'oubliez pas d'inclure le souvenir du processus de deuil et faites-en le chapitre final de votre enfance.
4. Rendre – Au fur et à mesure que la peine s'estompe vous commencerez à vous sentir plus joyeux, détendu et apaisé. Ces sentiments sont le produit de votre travail autant que d'une grâce que vous rendrez un jour par un don, une faveur, une action bénévole envers une cause qui reflète

votre propre travail de deuil – comme par exemple une association de lutte contre l'illettrisme, la faim ou la violence. Donnez à ceux qui ont encore beaucoup de chemin à parcourir. Peut-être est-ce ce que le poète W. B. Yeats voulait dire quand il écrivit : « J'ai été béni et j'ai pu bénir. »

## Huitième étape : être son propre parent

Pour pouvoir affirmer que nous avons accompli notre travail de deuil, nous devons parvenir non seulement à une catharsis de nos sentiments, mais à atteindre une intimité sans peur avec les autres. La douleur liée au travail de deuil est comparable à celle du travail de l'accouchement : c'est notre moi adulte qui naît. Faire son deuil, c'est être attentif à la partie éplorée et effrayée de notre être et la consoler comme le ferait un parent. La vulnérabilité que nous exposons ce faisant conduit à des relations saines. Comme l'écrivait Grégoire de Nysse au IVe siècle av. J.-C. : « Nous sommes en un sens nos propres parents et nous nous donnons naissance à nous-même en choisissant librement ce qui est bon. »

Être son propre parent, c'est se donner soi-même les cinq A : nous sommes attentif à notre souffrance et à nos ressources intérieures, à la façon dont notre passé a empiété sur notre vie amoureuse et de quelle manière cela nous a aidé à nous trouver. Nous pratiquons l'auto-acceptation en accueillant tous nos talents, vertus, faiblesses et échecs. Nous apprécions notre parcours semé d'embûches et de découvertes, de raccourcis et de voies sans issue, nos parents et partenaires pour les contributions qu'ils ont apportées à notre caractère, pour le meilleur et pour le pire. Nous nous aimons tel que nous sommes, avec respect et compassion pour ce que nous étions et confiance à l'égard de ce que nous serons. Nous nous autorisons à vivre en harmonie avec nos besoins, valeurs et désirs les plus profonds. Personne ne peut nous arrêter ; personne ne l'a jamais pu.

Être son propre parent signifie aussi s'ouvrir à ses ressources intérieures et à un réseau de soutien fait de personnes aimantes, sages et bienveillantes. La souffrance et la perte nous coupent des autres ; le travail de deuil nous relie à ceux en qui nous pouvons avoir confiance. Dans le lot, il y aura peut-être aussi certains de ceux qui nous font souffrir, mais l'essentiel sera formé d'un cercle plus large aux bras accueillants. Elie Wiesel, survivant de l'Holocauste, affirme : « Il n'y a pas de messie, mais il y a des moments messianiques. » Peut-être n'avons-nous plus nos parents, mais il existe des moments paternels et maternels quand une personne qui nous aime – qu'il s'agisse de nos parents biologiques ou de n'importe quel autre adulte attentionné – nous tend la main. Être son propre parent, c'est accepter et chérir ces moments-là et ceux qui les rendent possibles. *Et si on ne nous avait jamais promis un amour parental continu, mais simplement un amour intermittent, émanant de nos parents biologiques comme d'autres adultes ? Ce que nous attendons s'est déjà manifesté dans nos vies à de nombreuses reprises, qu'en est-il aujourd'hui ?*

La dernière étape du deuil est la première sur le chemin de l'intimité à laquelle un parent intérieur attentif à notre bien-être nous rend capable de nous ouvrir. À mesure que nous nous construisons, nous nous mettons plus consciemment en quête d'un environnement au sein duquel nous pourrons en toute sérénité ranimer nos tentatives avortées de trouver un miroir. En même temps, de crainte que nos blessures originelles ne se rouvrent, nous entamons nos relations animé par le désir et par la peur, l'espoir et la terreur, l'optimisme et le pessimisme. Chaque espoir et chaque plainte à l'égard d'un partenaire cachent une attente insatisfaite. Nous passons notre vie à exiger/rechercher une correspondance à nos sentiments sous la forme des cinq A. La peur peut nous servir de guide et nous montrer l'origine de notre attente.

Pour finir, en élargissant le regard, le travail de deuil se prolonge dans une prise de conscience compassionnelle à l'égard de détresses similaires. Ainsi les survivants de la

Shoah pourront se sentir particulièrement concernés par l'oppression brutale dont sont victimes les Tibétains. Le chagrin est donc le chemin qui conduit à la vertu de la compassion et au progrès universel, ce que la vengeance n'a jamais été en mesure d'accomplir.

## Pratiques

Une fois que l'agonie que je vis dans le jardin secret de mon âme est finalement autorisée à venir au jour, admise, comprise et accueillie avec amour, ma capacité à tolérer toutes sortes de sentiments, même les plus douloureux, se développe librement. C'est ainsi que je peux être en harmonie avec moi-même, devenir mon propre parent, m'accorder les cinq A. En me réfléchissant dans le miroir que tu me présentes, je réduis le niveau de mes exigences et je trouve un équilibre heureux entre les besoins et attentes que j'ai à ton égard et ma capacité à y répondre moi-même.

### *Accueillir ses sentiments*

Prenez note de vos sentiments et, avant de chercher à les faire évoluer, laissez-les se dérouler dans leur intégralité afin de pouvoir mieux les travailler par la suite. Prenez le temps de vous accorder à ce que vous éprouvez puis traitez vos sentiments comme un nourrisson que vous apaisez en le berçant dans vos bras. En l'occurrence, cela revient ici à s'accorder à soi-même les cinq A, à s'accueillir avec ses côtés positifs autant que négatifs. C'est une pleine conscience personnelle dont l'alternative, désormais impossible à l'issue du travail que nous avons accompli, est le mépris de soi.

Une acceptation réconfortante de soi-même confère un sentiment de sécurité et rend plus fort. Elle est semblable à l'attitude d'un père qui console son enfant en larmes, se met à sa hauteur, le prend dans ses bras pour l'écouter et le rassurer. Progressivement, l'enfant se sent mieux et repart jouer tout ragaillardi et confiant. Agissons ainsi à l'égard de notre enfant intérieur : trouvons en nous la voix si peu familière de l'empathie, celle de l'oncle dont nous adorons les visites parce qu'il dit à nos parents de se montrer moins sévères avec nous, mettant l'accent sur nos qualités, nous glissant une pièce pour nous acheter des friandises. Affirmez que vous êtes cet oncle-là. Vous êtes en contact avec l'archétype du protecteur qui vit en vous. Souvenez-vous que vous avez un enfant intérieur, mais aussi un adulte intérieur robuste et protecteur.

### *Trouver la joie*

Il est important de contrebalancer le travail de deuil avec un travail de joie. Partez à la recherche de votre aptitude au plaisir et exprimez-la. Sachez apprécier la vie. Trop de sérieux finit par faire mal : sachez mettre de la légèreté et de l'humour dans vos relations, votre vie de famille, vos activités professionnelles et de loisir. Demandez conseil à vos amis et vos proches. L'intégration, c'est transformer ce que nous avons appris en art, fiction, humour et même divertissement. Notre potentiel intérieur peut être activé si l'esprit conscient se prend au jeu avec joie et enthousiasme. D'ailleurs, l'inconscient attend toujours avec amusement que le conscient vienne le débusquer et fasse appel à ses qualités insoupçonnées.

### *Se mettre au clair avec ses enfants*

Si vous avez maltraité vos enfants ou négligé leurs besoins, il vous faudra un jour le reconnaître devant eux. Demandez-leur en quoi ils ont le sentiment d'avoir été blessés et trahis. Revenez avec chacun sur son expérience des besoins humains fondamentaux – les cinq A. *Armés de la volonté d'examiner et de traiter nos propres blessures, nous sommes désormais capable de faire face avec tendresse à celles des autres ; et parce que nous avons reconnu avoir été blessé, il nous est impossible de blesser les autres de la même façon*. Nous nous affranchissons aussi de la critique, du besoin de punir, du désir de vengeance, de la culpabilité, du contrôle, du jugement, du déni, de la haine et de l'amertume. Renoncer au reproche c'est de l'indulgence ; renoncer à la honte, c'est de l'estime de soi.

Un parent n'a pas à avoir honte de s'excuser auprès de ses enfants. Je suis un père et je prie mon fils de m'excuser de m'être montré autoritaire, manipulateur et exigeant si souvent au cours de notre vie commune. Je le fais car je l'aime et que je voudrais que la vérité la plus complète règne entre nous, quand bien même celle-ci peut se révéler difficile à accepter. C'est ainsi que pour chacun de nous la première phrase de ce livre devient vraie grâce au travail et à la pratique : l'amour est la possibilité des possibilités.

### *Écrire l'histoire de sa vie*

Soyez attentif à tout ce qui vous est arrivé au cours des différents chapitres de votre vie et rédigez-en le scénario par décennies en faisant ressortir les moments forts. Quand vous avez terminé, accrochez ce récit à un endroit visible. Un jour, quand vous êtes prêt, bénissez les différents chapitres les uns après les autres et laissez aller en disant : « Tout cela m'est arrivé. Ce sont les cartes qui m'ont été distribuées au départ et je les accepte. Ça aurait pu être mieux, mais ça aurait pu être pire aussi. Dans ce moment de compassion sereine, je dépose tous mes reproches, plaintes et regrets. J'accueille par un oui inconditionnel les cartes qui ont été les miennes et je les apprécie car elles m'ont enseigné ce que j'avais à apprendre. J'éprouve de l'affection envers moi-même et envers tous ceux qui ont fait un bout de chemin avec moi. Je m'autorise à continuer sans peur et sans me raccrocher au passé, à ses leurres et à ses distractions. Je fais la liste de tout ce qui s'est produit au cours de ma vie en constatant simplement : "C'est *arrivé*. Et puis maintenant ?" Ce qui est tragique, ce ne sont pas tant les événements particuliers que la perte de notre capacité à aimer. Ma vie a été une histoire, pas une tragédie. Puis-je, ainsi que tous ceux qui ont croisé mon chemin, accéder à l'éveil grâce à tout ce que nous avons traversé ensemble. »

# REMERCIEMENTS

J'adresse mes remerciements à mon éditrice Eden Steinberg pour son accompagnement chaleureux tout au long de l'écriture de ce livre. Elle a été la première à comprendre ce que j'avais en tête et a encouragé mes envies poétiques. J'admire la façon dont elle mène à bien un projet sans jamais sacrifier à la qualité.

Je dois beaucoup à David Reich qui a relu et corrigé mon texte avec un respect et une compétence implacables. Ses questions m'ont amené à prendre conscience de mes propres débats intérieurs. Tel le mythique Argus aux cent yeux, David a traqué les incohérences et invraisemblances sans perdre de vue le cœur de mon livre.

J'éprouve le plus grand respect pour Adam Friedson, ami cher et homme généreux, qui le premier a cru à ce projet. C'était il y a longtemps et qu'il en soit remercié. Le couple remarquable qu'il forme avec sa femme Allie m'a montré qu'une relation pouvait fonctionner et aidé à comprendre de quelle manière.

Mes patients et étudiants m'ont eux aussi, au cours des trente et quelques dernières années, fourni un matériau vivant inestimable. Grâce à eux, j'ai pu observer les surprenantes étincelles jaillissant du feu de camp des relations humaines, leur lien avec le passé et leur rôle dans l'élaboration d'un futur scintillant.

Je suis reconnaissant à tous ceux avec qui j'ai eu des relations au cours de mon existence : famille, amis, collègues et partenaires amoureux. Ils m'ont chacun donné un morceau de leur cœur, plus particulièrement ceux qui m'ont aimé de façon inconditionnelle et que j'ai aimés de la même manière. L'amour que j'ai reçu a duré et *m'a* protégé.

Pour finir, je rends hommage au travail de Chögyam Trungpa Rinpoche, mon premier maître sur l'indépassable chemin de Bouddha, qui dès 1971 a ouvert la voie dans l'intégration d'un travail psychologique et d'une pratique spirituelle. C'est sous cette arche radieuse que j'ai osé entreprendre de rapprocher psychologie, catholicisme, approche jungienne, mythologie, poésie, mon histoire personnelle et toutes les richesses étonnantes qui ont fait de ma vie un spectacle unique.

Je forme le vœu que ces forces soient toujours à mes côtés pour qu'ensemble nous continuions à laisser entrer la lumière.

## TABLE

INTRODUCTION ........................................................ 7

PREMIÈRE PARTIE

**Le foyer que nous quittons**

CHAPITRE PREMIER. Et c'est ainsi que tout a commencé ........................................................ 15

*Le pouvoir de la pleine conscience* ........................ 20

*Une approche positive du passé et du présent* ....... 27

*Les cinq A, clefs de notre intimité* ........................ 37

L'attention, 40. – L'acceptation, 43. – L'appréciation, 46. – L'affection, 47. – L'autorisation, 51.

*Pratiquer la présence inconditionnelle pour lutter contre les cinq états de l'ego* ........................ 55

*Pratiques : de quels merveilleux outils disposons-nous pour devenir un adulte autonome ?* .......... 59

Méditer au quotidien, 61. – Lâcher prise, 62. – S'ouvrir aux critiques, 62. – Répondre à ses besoins et à ceux de l'autre, 64. – Se sentir aimé, 66. – Toucher, 67. – Offrir son soutien, 67. – Être attentif à ses états d'esprit, 68. – S'engager en faveur des cinq A, 69.

CHAPITRE 2. Ce qui nous a manqué en amour ........ 71

*L'amour est un miroir* ........................................ 71

*Lorsque nous nions avoir souffert de manques* ..... 77

*Ce qui nous blesse nous réconforte* ..................... 79
*Ce qu'apporte la famille* ..................... 82
*Transformer les blessures en espoir* ..................... 87
*Un voyage héroïque* ..................... 92
*Pratiques* ..................... 94
Reconnaître le terrain, 94. – L'effet miroir, 94. – Des attentes adultes, 95. – Assumer ses choix, 96. – Prendre soin de soi, 96. – Refuser l'abus, 97. – Reformuler les messages que l'on a reçus, 97. – Accepter le blanc comme le noir, 100. – Prendre conscience de ce qui a été accompli, 100. – Repérer les failles, 101. – Servir de témoin à la douleur de l'autre, 102. – Trouver la perle, 102. – Faire son deuil du passé, 103.

DEUXIÈME PARTIE
**Les difficultés du voyage**

CHAPITRE 3. Choisir un partenaire ..................... 107
*Suis-je fait(e) pour les relations intimes ?* ..................... 108
*Trouver le bon candidat* ..................... 112
*Dans le fond, que cherche-t-on ?* ..................... 114
*Se livrer entièrement* ..................... 118
*Sexualiser ses besoins* ..................... 123
*De si grandes attentes* ..................... 127
*Le rôle du destin* ..................... 129
*Pratiques* ..................... 133
Comparer ses aspirations, 133. – La technique du « même si », 135. – Vœu/désaveu, 136. – Faire son bilan sexuel, 137. – Ouvrir les fenêtres, 137.

CHAPITRE 4. La première phase d'une relation amoureuse ..................... 139
*S'élever dans l'amour* ..................... 141
*Quand l'amour est une drogue* ..................... 148
*C'est comment quand on aime ?* ..................... 152

*Pratiques* .......... 155
À quelle phase de la relation suis-je ?, 155. – Passion ou addiction ?, 156. – Mettre au jour le déni, 157. – Lutter contre l'obsession, 158. – Le phénomène séduction/fuite, 159. – Choisir ses outils, 159. – Que faire quand on est amoureux de quelqu'un qui ne nous aime pas ?, 161. – Découvrir ce que je cherche, 163. – Être présent de façon aimante, 163. – Créer l'intimité, 164.

CHAPITRE 5. Les conflits .......... 167
*Travailler pour que ça marche* .......... 170
*Le passé dans le présent* .......... 176
*Les hommes et les femmes* .......... 179
*Introverti ou extraverti ?* .......... 182
*Pratiques* .......... 185
Évaluer son bonheur, 185. – Affronter, traiter et surmonter, 187. – Évaluer l'impact qu'a sur nous notre partenaire, 188. – *In medio stat veritas*, 189. – Protéger son énergie, 190. – Ne pas toujours tout affronter, 191. – Bilan, audit et contrôle qualité, 192. – Ne pas confondre conflit et drame, 193. – Vivre l'expérience et rien de plus, 193. – Faire preuve d'intégrité, 196. – Se montrer plus adulte, 197. – Voir les choses honnêtement, 198. – Introverti ou extraverti ?, 200. – Guérir, 201.

CHAPITRE 6. Quand la peur s'en mêle… le danger gronde .......... 203
*Peur d'être englouti, peur de l'abandon* .......... 203
*Apprendre de ses peurs* .......... 206
*La jalousie* .......... 207
*L'infidélité* .......... 209
*Faire face à la déception* .......... 213
*Pratiques* .......... 218
Faire face aux sentiments d'abandon et d'engloutissement, 218. Traiter sa peur par l'approche « triple A » : admettre, autoriser, agir comme

si, 220. – Accueillir la proximité, 223. – Être seul, 224. – L'argent dans le couple, 224. – Quand votre partenaire est jaloux, 227. – Être le gardien de son couple, 227.

CHAPITRE 7. Laisser aller l'ego ........................ 229
*Anatomie d'un ego arrogant* ........................ 233
*Anatomie d'un ego déprimé* ........................ 237
*Les richesses de l'ego et comment les trouver* ........ 240
*Dire oui à ce que nous n'avons pas le pouvoir de changer* ........................ 241
*Pratiques* ........................ 245
Au-delà du ou/ou, 245. – Devenir non violent, 246. – Transformer notre besoin d'avoir raison, 246. – Transformer l'autojustification, 247. – Se libérer du sentiment de dû, 248. – Tomber les masques, 249. – Cesser de bouder, 250. – Prendre rendez-vous pour un audit de l'ego, 250. – Se libérer du reproche, 251. – Au-delà de nos défauts, 252. – Admettre, 252. – Développer la compassion, 255. – Se libérer de l'ego pour pouvoir aimer, 256. – Devenir présent, 256. – Pratiquer le lojong, 258. – Se façonner un ego sain, 259. – Et maintenant, c'est à vous, 260.

CHAPITRE 8. La fin d'une relation ........................ 261
*Savoir rompre avec grâce et tourner la page* .......... 263
*Quand on est quitté* ........................ 272

TROISIÈME PARTIE

**Rendre la grâce que l'on a reçue**

CHAPITRE 9. Renforcer l'engagement et la sincérité ........................ 281
*Les vertus de l'intimité amoureuse* ........................ 284
*S'engager* ........................ 293

*Âmes sœurs* ........................................................ 295
*Pratiques* ........................................................ 298
Rester en contact et intact, 298. – Faire face à sa peur de donner ou de recevoir, 299. – Utiliser la pleine conscience pour donner et recevoir, 300. – Les cinq A dans la vie professionnelle, 301. – Soutenir/assister : jusqu'où prendre soin des autres ?, 301. – Différencier la colère vraie de la colère abusive, 302. – Dire non à l'abus, 305. – Être plus dircct, 306. – Travailler seul, 307. – Combiner amour et colère, 308. – Accepter l'autre, 309. – S'affirmer, 309. – Explorer le présent et le passé, 310. – L'amour bienveillant, 310.

ÉPILOGUE ........................................................ 315

ANNEXES. Faire son deuil en pleine conscience ..... 319
*Première étape : s'autoriser à savoir ou à se souvenir* ........................................................ 321
*Deuxième étape : s'autoriser à ressentir* ................ 327
*Troisième étape : la possibilité de rejouer les scènes du passé* ........................................................ 330
*Quatrième étape : renoncer à ses attentes* ............ 331
*Cinquième étape : dire merci* ............................ 333
*Sixième étape : la grâce du pardon* .................... 334
*Septième étape : rituels de guérison* .................... 336
*Huitième étape : être son propre parent* ............... 338

REMERCIEMENTS ........................................................ 343

*Mise en pages :* FACOMPO, Lisieux

Achevé d'imprimer par Corlet, Imprimeur, S.A. - 14110 Condé-sur-Noireau
N° d'Imprimeur : 138810 - Dépôt légal : août 2011 - *Imprimé en France*